KEEPING PACE WITH THE TIMES
MY PATH TO
PHILOSOPHICAL RESEARCH

与时代同行

我的哲学研究之路

陈晏清　著

人民出版社

目　录

代序言　我的哲学道路

陈晏清

讲我的哲学道路无非讲我是怎样走上哲学的道路的，我在哲学的道路上是怎样走的。我是哲学事业的一名地道的"志愿兵"。60年前，1956年，我高中毕业后，作为理工类考生被保送考入北京俄语学院留苏预备部。但在俄语学院学了一年俄语后，情况发生了变化，国家决定不再向苏联大规模派遣留学生，这批预备生留在国内培养，可以任选学校和专业。我的许多同伴都去了北大、清华学习理工，我却选择了中国人民大学的哲学系。我的这个选择是绝对自主的，没有任何人干预。我家祖祖辈辈是生活在湖南省一个贫困山沟里的农民，父母都是文盲，对于我上什么学校、学什么专业，他们没有能力过问。当时学校里和社会上流行的一句话是"学好数理化，走遍天下都不怕"。许多中学时的同学对于我的这个选择很不理解，或许有人认为这是一种幼稚懵懂状态下的盲目行为，可实际上，这是一种非常清醒的自觉选择。

我为什么选择学哲学？一个最简单的回答就是兴趣使然。读中学时，因为觉得功课轻松，所以课外阅读的时间比较多，但阅读的范围却很窄，主要是政治理论读物。那时候，总有一些新的事情发生，希望获得理解，便去看讲这些事情的文章和书。读得多了，兴趣也就越来越浓，并且逐渐由对一般政治理论的兴趣转向了对哲学的兴趣。当然，当时作为一个中学生所知道的哲学主要是马克思主义哲学。我非常热爱中国共产党，并在刚满 18 岁时就入了党，也就十分关心党的理论和实践，相信马克思主义。1988 年，我的母校中国人民大学派出记者对一部分校友做过专访。在对我的访谈中，当问到我为什么选择哲学专业时，我是这样说的："中华人民共和国建立初期，党风、民风很好，国家一派兴旺景象，充分显示了马克思主义改造社会的巨大威力。"我认为，"对于国家民族的振兴，哲学比什么都重要"。这百分之百是我当时的真实思想。我就是带着做一名马克思主义理论家的梦想走上哲学道路的。

凭着兴趣走上了哲学这条道路之后，我才越来越深切地体验到，哲学的道路并不像当初想象的那样铺满了鲜花，它竟也是一条荆棘丛生的道路。几十年里，我见证了哲学的"热闹"和混乱，也见证了哲学的冷落和贫困。在这样的非常情况下，单凭兴趣是很难支撑下去的。不少人就是乘兴而来，败兴而去，不干哲学了。所以，一定要把兴趣升华为一种信念，这样才能使兴趣持续和更加理性。如果有了对哲学的坚定信念，有了马克思主义的理论信念，就会有在哲学的道路上披荆斩棘的意志和力量。当你面对哲学的混乱时，你就会觉得自己有责任去清除这些混乱；当你感受到哲学的冷落和贫困时，你就会和自己的同道们一起去探寻哲学发展的新路向，让哲学走出困局。这个话题就已经涉及我在哲学的道路上是怎样走的问题了。

从 1957 年走进中国人民大学哲学系算起，到今年正好是第 60 个年头。这 60 年可以划分为两个时期。前 20 年主要是学习时期，既是向书本学习，在课堂上学习，也是向实践学习，包括在实践的失败和挫折中学习。后 40 年是边学习边研究的时期，我的真正意义上的学术研究活动是在"文化大革命"结束之后这 40 年的事。这两个时期，是有着密切的相互关联的。

中国人民大学 5 年的教育影响了我的一生，它塑造了我的基本面貌，规定了我人生道路包括治学道路的大致轨迹。人大教育对我在治学上影响最深的是两个方面：一是强调精读马列原著，二是强调理论联系实际，强调哲学的现实关怀。对于前一个方面，人们几乎没有争议，都认为是一种应当坚持和发扬的优良学风，而对后一个方面却争议多多。有些人对当时的理论联系实际这种教育方式是持基本否定的态度的，我却不是这样看的。那个年代，国家的政治生活、理论生活多不正常，一些本来符合马克思主义的正确原则在其运用过程中常被扭曲，因此，我们应正确地总结历史经验，将理论联系实际的原则在其运用过程中发生的问题同这个原则本身区别开来。我至今认为，让哲学系的学生思考一些现实生活中的问题，适当地参加一些实际工作，有助于深化、活化对基本理论的理解，培养分析、解决问题的能力，更重要的是有助于学生逐渐树立起一种同马克思主义哲学的实践批判的本性相符合的学术观念、学术信念。我的母校为我们培育的强调哲学的现实关怀、注重理论联系实际的学风，成为我后来几十年治学的基本风格。

我曾经借用新儒家常用的"返本开新"这个词来概括自己几十年来的学术活动历程。所谓"返本"就是恢复马克思主义哲学的真精神，所谓"开新"就是开创马克思主义哲学研究的新局面。不论"返本"还是"开新"，都是力图适应中国社会变革发展的现实需要，都是由明确而强烈的问题意识引导的。"返本"的第一步是哲学理论上的拨乱反正。"文化大革命"结束不久，1977年初，我就萌生了对"四人帮"的哲学进行系统批判的念头。这是一项难度极大的工作，完全没有把握做成和做好，但再难也得做。我之所以有勇气做这件事情，大概因为在被整整耽误了二十年的中国学界，我当时还算是"初生之犊"吧。《"四人帮"哲学批判》于1979年1月由人民出版社出版，这是我做的第一件有益的哲学工作。

《"四人帮"哲学批判》只是结合政治批判而对"四人帮"所做的理论批判。要真正实现拨乱反正的任务，还必须结合总结新中国成立以来的理论教训，在理论和学术的深层上推进。这部著作出版以后，我就着手清理20世纪50年代以来我国主要错误哲学思潮，主要是唯意志论和"斗争哲学"。唯意志论思潮是披着马克思主义的主观能动性理论的外衣出场的，因此，我写了《论自觉的能动性》一书，于1983年7月由上海人民出版社出版。"斗争哲学"就是在对立面的同一和斗争这两个方面中只讲斗争不讲同一的这样一种哲学思潮。针对这种斗争哲学，我连续写了几篇阐释对立统一学说的文章，还为教育部统编教材《辩证唯物主义原理》改写了"对立统一规律"一章，为《中国大百科全书·哲学卷》撰写了相关的词条释文。除了这两个做出了系统性清理的问题外，对于传统解释框架内涉及的其他一些重要问题，我也都尽力做了一些思考和清理。20世纪80年代初期，我连续几年为南开大学哲学系本科毕业班开设了一门叫作"哲学原理提高课"的课程，讲了四十多个专题，多是当时有所争论或有所疑惑的问题。这门课程讲授的内容，大都有选择地纳入了我编写的教科书《马克思主义哲学纲要》。但上述这些，还都只是一些局部性的工作。

20世纪80年代中期，要求改革整个哲学体系的呼声越来越高，国家教委设立了"哲学原理体系改革研究"的重点课题（后来又提升为国家社科规划的重点课题），由肖前、黄楠森主持，由全国高校马克思主义哲学专业博士点共同承担，我也参加了课题组，并担任了作为这一课题最终成果的新编教科书《马克思主义哲学原理》的副主编，协助肖前主编做了一些事情。按我的理解，哲学体系改革的基本目标是清除苏联教科书的消极影响。我们以前使用的哲学教科书基本上是以苏联教科书为蓝本的，我们接受的马克思主义哲学在很大程度上是经过苏联人过滤了的，因此，改革哲学教材体系也是一种"返本"，而且是一种具有全局性或总体性意义的"返本"。真正的"返本"就是要返回到学说的创始人那里去，返回到原创性学说去，这样才有可能有效地剔除后人附加于它的东西而把它的真精神剥显出来，释放出来，并进而根据变化了的现实生活予以发挥和发展。这一课题的研究是有重要成就的，特别是其中对于马克思哲学的实践论思想和建立在实践论基础上的主体性维度的深入发掘和阐释，是在实际上顺应了中国社会奔向现代化的历史潮流的。只是由于课题组内部在一些重要问题上认识分歧较大，一时难以完全统一，我们的一些观点和意图难以在最终成果中得到贯彻和体现。因此，我又在南开组织队伍，在课题组研究的基础上继续推进，撰著了《现代唯物主义导引》一书，并将其改编为教科书《马克思主义哲学高级教程》（供研究生使用）。到这个时候，我所理解的"返本"工作告一段落。这个"返本"的工作是中国的马克思主义哲学工作者必须去做并且必须做好的工作，否则，哲学的发展就会寸步难行，甚至南辕北辙。

"文化大革命"结束后，学术界被压抑束缚了多年的活力解放出来了，学者们都在努力构筑自己学科的学术高地。那时候我想，我这个学科的高地在哪里？所谓"学术高地"也是个历史的概念，不同的历史时期有不同的发展水平。就当时中国的社会状况和哲学状况来说，这个"高地"就是那块被清理好了的地基。不可能超越或绕开这个地方而在其他的地方冒出一座什么"高峰"，不可能在未经清理的地基上建造起新的哲学大厦。这就是我理解的"返本"与"开新"的关系。"返本"是为了"开新"，必须在"返本"的基础上开新。"开新"应是一种原创性的研究，是新的研究领域的开拓，新的观念、新的理论的创造。这就必须探寻哲学的新的生长点。这个生长点不在书本上，不在历史中，不在任何别的地方，而只能存在于我们时代的现实生活的土壤中。

因此，哲学的创新，其基础性和前提性的工作是寻找哲学走向现实生活的通道。在我看来，社会哲学就是哲学与现实社会生活会通的最佳渠道之一。

20 世纪 80 年代中期，我就开始社会哲学的研究，并于 1990 年出版了由我主编的《当代中国社会哲学》一书。这本书以中国社会由自然经济向商品经济的转变为中心线索，阐明当前中国社会的整体性变动及其规律性。这当然是一种社会哲学的研究，但这个研究是从哲学教学改革的需要出发的，主要是为了解决哲学教育脱离中国实际的问题。在研究方式上还只是运用原来的哲学教科书的理论原理所提供的观念框架去解释当今的社会生活，尚未建立起社会哲学的独自的理论和方法，总之，尚不具备社会哲学的学术自觉。从学科角度关注和研究社会哲学，是在这本书出版以后，亦即 20 世纪 90 年代初哲学体系改革的高潮过去之后。

经过几年的探索，到 20 世纪 90 年代初，我们在社会哲学的学科观念上获得了具有决定性意义的突破，这就是把握到了马克思社会历史理论的两个哲学维度即历史哲学和社会哲学维度的关系。历史哲学的维度即一般历史观的维度，它研究人类历史的客观的、辩证的本性及历史发展的一般规律。我们所熟悉的唯物史观就是历史哲学的维度。社会哲学的维度则是直接关注现实社会生活的维度，它从具体社会形态的社会结构切入研究人们的现实社会生活过程。这两个维度的关系，实质上就是唯物史观与现实历史的关系。明确这两个维度的区别和联系，就为建立马克思主义的社会哲学找到了最基本的理论依据，也找到了研究社会哲学的基本方法。

社会哲学研究人们的现实社会生活过程，就应当从现实生活中的问题出发，而不能从概念出发，最好的切入点就是当代中国的社会转型。

考诸思想史，近代西方社会哲学的兴起，也是与西方国家由市场经济的发展所推动的社会转型相伴随的。只是中国作为"后发"国家，与"先发"国家相比，有自己不同的国情、不同的制度前提，即社会转型的不同的历史起点，也面临着完全不同的世界格局。因此，固然应当借鉴西方"先发"国家的有益经验，但必须建立起中国自己的社会哲学体系。依据这种认识，我们选取了当前我国社会转型中的若干重大问题进行了系统的研究，并于1998年、1999年出版了由我主编的"社会哲学研究丛书"，含《当代中国社会转型论》、《从领域合一到领域分离》、《转型社会控制论》、《社会转型的文化约束》、《社会转型代价论》、《市场经济的伦理基础》、《效率与公平：社会哲学的分析》、《社会转型与信仰重建》、《可持续发展——新的文明观》以及《社会转型与人的现代重塑》等共十种，实际上是一套中国的社会转型理论丛书。因为出版条件的限制（我们没有得到任何资助），还有几本未能纳入丛书的著作，只能自找门路，单本出版。这些著作的作者都是我指导的博士研究生，或在读的，或已毕业的。可以说，我们初步构建了一个中国人自己的社会转型理论的框架。

社会哲学和历史哲学是马克思主义社会历史理论的两个不可割裂的哲学维度。我们在把社会哲学作为主要研究方向的同时，也没有忽视历史哲学的研究。历史哲学的研究虽属哲学基础理论的研究，但仍是由明确的、现实的问题意识引导的。20世纪80年代中期以后，关于社会历史规律客观性的讨论日趋活跃。讨论的核心问题是决定论和选择论的关系，焦点在于是否承认社会历史规律的客观性。这是一个涉及马克思主义世界观的根本哲学基础的重大问题，不能不予以高度的持续的关注。如果在历史哲学即唯物史观的基本立场上有了动摇，社会哲学的研究也会偏离正确的方向。因此，我们承担了国家社科规划的重点课题，并由我和阎孟伟合著了《辩证的历史决定论》一书。

广义的社会哲学也包括政治哲学。20世纪末，社会现实生活的变化和哲学自身的发展，都把政治哲学的研究飞快地推上了一种重要而显赫的地位。我们便把社会哲学的研究集中到了政治哲学方面。自2003年起，政治哲学成为南开大学马克思主义哲学学科的主要博士研究方向。鉴于政治哲学与社会哲学的学科状况有所不同，我们在研究方式上也做了一些调整。对于政治哲学，我们是现实政治问题的研究与基础理论的研究并举并重，一方面选取现实政治生活中的重大问题如社会正义问题、民主问题等进行研究，另一方面对政治哲学的基础理论进行深入系统的研究，力图在理论和实际的结合上探索现实性马克思主义政治哲学的建构。

2011年，我又积极支持和参与了当代中国问题研究院的创建。这个研究院的创建宗旨是对一些重要的社会现实问题进行专门的理论研究，形成一些新的理念，为党和国家的战略决策提供理论的支持。目前正在进行的研究课题有三项：一是京津冀协同发展研究，二是京津冀地区PM2.5污染防治对策研究，三是协商民主理论研究。其中，规模最大的是协商民主课题。我担任这个研究院的学术委员会主任，并直接主持协商民主课题的研究。我已经是往80岁奔的人了，之所以还愿意在这个研究院尽绵薄之力，就是因为这个研究院的创办很符合我的学术理想。有人说，社会哲学研究、政治哲学研究、创办当代中国问题研究院是南开社会政治哲学研究的三部曲，这说法大体符合实际。

几十年的哲学之路走下来，我获得的最真切、最深刻的体会是，现实生活才是哲学这棵大树生长的厚土，只有扎根于现实生活，才能推动哲学的进步，才能让哲学发挥它应有的社会功能。

（原载2016年5月16日《人民政协报·学术家园》）

哲学理论上的拨乱反正

严格地说，我的真正意义上的学术研究是从批判"四人帮"的哲学开始的。讲我的学术经历也就应当从这件事情讲起。

对"四人帮"的哲学作系统的批判，推进理论上的拨乱反正，当时在我看来是一项十分重大且难度极高的工作。这不是写遵命文章，完全是自己选定的研究课题。以我的学识和研究基础而论，实在没有把握做成和做好。工作启动以后，我还知道同时有几家理论工作者十分集中的大单位已组织专门班子在做这件事，而我是单枪匹马，身边连个学生都没有。在这种情况下，我为什么还要硬着头皮做下去？我到底做了什么样的思想准备、学术准备？弄清楚这些问题就同了解我在"文化大革命"中的思想经历直接相关了。

一、我在"文革"中的思想经历

我在"文革"中的思想经历，大体上可以说是早期盲从，中期彷徨，后期觉醒。

"文化大革命"开始的时候，我毫不怀疑地认定，这是毛主席发动的旨在反修防修的革命运动。顾名思义，"文化革命"就是思想文化领域即意识形态领域的革命。我作为一个理论工作者，更应当在这场革命

1

运动中发挥积极的作用。

那个年代，反修防修是"时代的最强音"。不论在媒体上还是在日常生活中，出现频率最高的词语就是"阶级斗争"、"防止资本主义复辟"、"防止和平演变"、"警惕党和国家改变颜色"等等，这些同"反修防修"是同系列的词语。我在中国人民大学上学的最后两年，接受的最重要的教育就是反修教育。1962 年 10 月毕业分配到南开大学哲学系任教以后，一直处在反修防修斗争的第一线。我报到后，系领导给我的第一项任务，就是主编《马克思主义经典作家论哲学与政治》的资料集。这显然是一个将哲学进一步政治化的步骤，是同当时"反修防修"的阶级斗争形势相适应的。随后，1963 年春天开学不久，我便被派往天津市委党校参加整理苏联修正主义的资料；从党校回来后，又去河北宾馆（现天津宾馆）参加天津市党员政治理论课教师的反修学习班。1964 年春夏率哲学系师生约 20 人赴河北省安次县参加"四清"运动；从安次县回校后又马不停蹄地把我送到河北省委组织的写作组撰写反修文章"无产阶级知识分子成长的道路"。1965 年 9 月至 1966 年 5 月又率哲学系 62 级的十余名学生和几位教师参加了天津市冶金实验厂的"四清"运动，这是河北省委确定的"四清"重点单位，工作队由省委派遣。在城乡两次"四清"运动的间隙，即 1964 年秋季至 1965 年春季，学校里也开展了和工厂、农村的"四清"性质相同的社会主义教育运动，我是进驻哲学系的工作组选定的积极分子。运动的中后期，还进行了教育改革，教改的方向当然也是"反修防修"。在教育体制上，根据刘少奇"两种教育制度和两种劳动制度"的报告，试行"半工半读"制度。在教学内容上，突出毛泽东哲学思想，毛泽东的《矛盾论》、《实践论》等经典著作被视为基本教材，中外哲学史乃至马列经典著作都大幅度减少课时。在教学组织形式上，撤销教研室，全系建立一个教师党支部，以便加强对教学活动的政治领导，我被增补为支部委员，并主持支部工作。如果把哲学系看作一个"反修防修"的战斗队，我大概就可以视为这个战斗队里的一名尖兵。"文化大革命"开始的时候，我正处在这种"反修防修"的亢奋状态中，自然成了"文化革命"运动的积极分子，并当上了哲学系"文化革命委员会"的委员。

这个"委员"当了一个来月（6月21日—7月26日），便被大字报轰下台了。我不再是"文化革命"的积极分子，但好在也没有被打成别的什么"分子"，例如修正主义分子、"三反分子"。什么"分子"都不是，就意味着我不属于任何体系。在那个年月，这恐怕是一种最佳的角色定位。又过了一个月（8月26日），哲学系的两位主要领导干部（"文化革命委员会"的正副主任）率领全系师生造反，这是一个震惊整个南开园的大事件。绝大多数人都跟随了，只有极少数的学生和教师没有响应，我是其中之一，在当时的哲学专业课教师中是仅有的一个。有人不无挖苦地说我是"独立寒秋"，意思是我孤立了。我自己却认为，在那个年月，孤立未必不是好事，不孤立未必不是坏事。在无政府状态下的群体行为大多是非理性的，一种行为的后果乃至后果的后果，谁也无法推断，无能负责。而"孤立"则可能有助于独立思考、独立决断，或许可能在较大程度上把命运掌握在自己的手里。他们起事后的第三天，乔沙主任①约我谈话，开导我不要因为受到一点挫折就不革命了，劝我回到大队伍中去。态度诚恳，可以明显地看出是一片爱护之情。我回答说这同"挫折"、"革命"等等没有关系，我只是需要冷静冷静，把事情想明白了。可见这种孤立是自己经过再三考虑做出的选择。所以，没有使

---

① 乔沙，时任南开大学哲学系文化革命委员会主任，是从经济研究所调至哲学系任职的。

自己感受到多大的不适。当时没有，后来持续那么多年也还是没有。

在这种处境中，显然不可能有任何作为，而只能是冷眼旁观。旁观也是观，但只看不说。看了当然也会想，但只想不做。1967年1月，学校里的造反派夺了权。他们中有个人为了泄点私愤，趁机约集了几个造反的学生，以某造反组织的名义，"勒令"被他们废除了的哲学系党总支把我作为所谓"刘邓派党员"开除了党籍。这场闹剧只上演了几天就被上边制止了。当时哲学系教师群众组织的负责人洪治是一个很正派的同志，他向我道歉，并表示了对肇事者的极端不满。这件事没有给我造成任何伤害，只当是个别人搞的一场政治游戏，不屑一提。我提出这个话题，是想说另外一件事情。据说，那些人把高帽子都糊好了，只要查出点什么"罪证"就会拉出去游街。后来造反派里的一位朋友说："你这家伙够能的，硬是一点事也没有找着。"我说："隐藏得太深了"。这说明，我在那些日子，确实做到了只看不说，只想不做。我看到的情景跟运动开始时想象的"文化大革命"越来越不一样了，一些"革命者"的思想和行为同"反修防修"不沾边了。"踢开党委闹革命"这种露骨的无政府主义思潮，怀疑一切、打倒一切、砸烂一切的极左思潮泛滥，正常的社会秩序被破坏，真是天下大乱了。但毛主席说，这是"乱了敌人，锻炼了自己"，"天下大乱会达到天下大治"。所以，我对"文化大革命"的基本态度并没有改变，认为这种混乱状况只是一些坏人借机兴风作浪造成的。后来又派工人毛泽东思想宣传队进驻学校和一些事业单位，派解放军执行"三支"、"两军"①似乎是力图控制局面。但这些措施都难以使局面从根本上改观，甚至还不可避免地产生了一些新的消极后果，人们的徘徊、观望、不安的心理也未能消除。直到1971年林彪事件发生，才使

---

① "三支"即支左、支工、支农，"两军"即军管、军训。

人们想象到这段历史过程的拐点可能要到了。

毛主席说"乱了敌人",果然"乱"出了一个林彪。林彪就是极左思潮的最重要的煽动者之一。我想,通过批判林彪,转向对极左思潮的全面批判,就可以消除这些年造成的思想混乱,使各项事业回归正常的轨道。我认为这是按照正常的逻辑所作的推论,是非常可靠的推论。因此,对于批判林彪,我是格外积极和努力。

批判林彪,首先要批判的是他的天才论。天才论是他的理论纲领。他成为"二号人物"是靠称天才起家的,又是因称天才而自毁的。天才论提出的问题又是地道的哲学问题。所以,批判林彪的天才论,哲学工作者更是责无旁贷。但是,要把这个批判做好、做深也不是很容易的事情。林彪是"打着红旗反红旗",他"打红旗"的时候说了一些绝话、过头话。如果我们的批判也说过头话,说另一种过头话,那就是用另一种片面性去对付他的这一种片面性,就有可能伤到"红旗"本身,伤到自己。所以,一定要把理论上的是非界限把握得清清楚楚,准确无误。

就对于林彪天才论的批判这件事来说,我在校内做过许多次讲演,还去校外的工厂、部队、机关、学校作过报告和参加讨论。不知是谁推荐,当时天津驻军的军长刘政还把我喊去给他写过批判稿。在讨论中,不少人说,天才是有的,个人的天分是有高下之分的。这说明人们在思想上还是有些困惑。"文化大革命"已经五六个年头了,许多人对于那种简单化的、谩骂式的大批判,已经开始有了视觉疲劳或听觉疲劳。所以,我的讲稿也必须不断修改,力争在学理上站得住脚。

关于"天赋聪明"的问题即所谓"天分"问题,我引用了马克思在评论普鲁东时说的一段话,非常具有说服力。马克思说:"亚当·斯密比蒲鲁东先生所想象的要看得远些。他很清楚地看到:'个人之间天赋才能的差异,实际上远没有我们所设想的那么大;这些十分不同的、看来是使从事各种职业的成年人彼此有所区别的才赋，与其说是分工的原因，不如说是分工的结果。'从根本上说，搬运夫和哲学家之间的差别要比家犬和猎犬之间的差别小得多，他们之间的鸿沟是分工掘成的。"①马克思的话说明，人的头脑的原始差别即所谓"天分"的差别是存在的，但这种差别对于人的聪明才智高低的形成没有决定性的意义。人们聪明才智上的差别是由分工造成的，即由实践的地位、实践（及在实践基础上的认识）的广度和深度等等造成的。人的聪明才智当然与人脑的完善化程度有关，只有人脑才具有思维的特性即具有进行抽象思维的可能性。但是，要使这种思维的可能性成为现实的思维，使人脑的能思维的特性成为现实的思维能力，成为聪明才智，则必须依靠后天的长期的实践。人脑只是思维的器官，只是思维产品的"加工厂"，如果脱离改造外部世界的实践，不能通过实践获得思维的原材料，那么，"加工厂"再完善也是无所作为的。唯心主义天才论在认识论上的理论错误，就是混淆了思维的器官与思维的源泉，混淆了思维的可能性与现实的思维能力。

马克思主义不是不说天才，它在历史观上明确肯定天才人物即杰出人物的历史作用。问题在于如何正确地说明杰出人物的产生及其历史作用，以及这种作用同人民群众创造历史的关系。任何杰出人物都是一定历史时代的产物，政治上的杰出人物都是各个时代的革命的或进步的阶级群众斗争的产物，是一定阶级的代表，而不是什么超阶级的"圣贤"。无产阶级领袖会表现出过去时代任何杰出人物所不可比拟的杰出才能，这也不是因为什么"个人天分"，而是因为"社会的发展到了今天的时代，正确地认识世界和改造世界的责任，已经历史地落在无产阶级及其政党

---

① 《马克思恩格斯选集》第 1 卷，人民出版社 2012 年版，第 238 页。

的肩上"①。是因为他们代表了历史上最革命最先进的阶级，处在人类历史上空前壮阔空前伟大的群众斗争时代。是伟大的时代、伟大的群众斗争锻炼和筛选出了自己的最杰出的领袖人物。林彪说什么是"全世界几百年中国几千年才出现一个"，把革命领袖描绘成从天而降的"偶像"，这是要使人们对革命领袖的信念离开科学的唯物主义世界观的基础，而建立在某种神秘主义、蒙昧主义的"信仰"之上，以便随时可以动摇、摧毁。这是一种战略诡计，同当年俄共党内托洛茨基一伙颂扬列宁是天才中的天才如出一辙。

这样讲，听者普遍认可。我自己也基本满意，至少不用担心会有什么负面影响。1973 年，筹备南开大学学报复刊，学报编辑部向我要个稿子，我便将讲稿修改成文章，题目是《林彪唯心主义"天才论"的破产》，约一万字。这期学报作为 1974 年第 1 期已经印出，但没有发行，因为刊登的刘泽华先生的文章《论秦始皇的评价问题——兼论儒法政治思想上两条路线的斗争》，不符合"上头"只能批右不能批左的精神，校领导不得不决定将此期学报全部销毁。刘先生在他的《八十自述》里有关于这件事情的记载："《学报》正准备发行，没想到，风云突变，突然传来上头的指示，说林彪'右得不能再右'了，指挥棒于是乎从批判林彪的'极左'转为批'极右'，校领导于是下令把新印的八千份《学报》一本不留，送到造纸厂化为纸浆，以免留下把柄和证据。"②我的文章似乎没有涉及什么极左和极右，是为泽华先生的文章"陪葬"的，同时"陪葬"的还有我和方克立合作，署名"田凯"的《历史上劳动人民的反孔斗争》一文，但那是《红旗》杂志约稿，已于《红旗》1974 年第 1 期

---

① 《毛泽东选集》第 1 卷，人民出版社 1991 年版，第 296 页。
② 刘泽华：《八十自述》，生活·读书·新知三联书店 2017 年版，第 176—178 页。

刊登了。

对于"上头"不许批"左"这个情况，其实早有感觉，我在给学报准备文章之前不久，从另外一个渠道也听说了。1973年9月份《人民日报》的汪子嵩先生来天津组稿，约我们写一篇文章批判林彪的"党性在上头，唯物论在下头"的怪论。汪先生原来是北京大学哲学系的教师，待人特别谦和，我也不完全把他当作《人民日报》的编辑，而主要当作学界的前辈，当作我们的老师，所以说话毫不拘束。我说，林彪的这种话经过一番分析也可以同先验论、英雄史观挂上，是可以批的。但这种话只是一种怪话，同当前的政治生活没有太重要的直接联系（写作任务我们当然接受了，文章也写了，并于10月17日的报纸上发表了）。这么说来说去，就扯到了批"左"批"右"的问题上。汪先生说，《人民日报》曾组织过几篇批极左的文章，其中有一篇是批判无政府主义的，反响也比较大，但上边说这是右倾回潮，文章是毒草，《人民日报》做这事的人还挨了批。这"上边"显然指的就是江青、张春桥、姚文元这一帮，即后来人们所称呼的"四人帮"。批判无政府主义的文章居然是毒草，不可思议吧?!

这时候我才明白，林彪事件发生后我所做的推测完全错了。我还以为是按正常的逻辑所作的推论，殊不知那个年月正常的逻辑行不通，恰恰是反逻辑的东西倒有可能被视为"正常"。"四人帮"才是制造和煽动"极左"思潮的罪魁祸首，他们在这方面所起的作用比林彪有过之而无不及，批"极左"就是批他们。在他们还掌握舆论大权的时候，怎么能让人们去批"极左"呢？

不能批左，只能批右，没有"右"怎么办？那就造出一些"右"来！1973年的下半年，"四人帮"在教育领域制造和利用了一连串的事件，如辽宁的"白卷英雄"张铁生的"反潮流"，河南的"马振扶中学事件"，北京的"黄帅事件"等，以此为根据，制造出了一个所谓修正主义教育路线回潮。另外，"评法批儒"中制造出什么"现代大儒"，评《水浒》制造出一个"投降派"，批判"资产阶级法权"时制造出"新资产阶级"，设想出打不尽的"土围子"。随着对这些假想之"敌"、假想之"右"的接连不断的大批判，到张春桥的"全面专政"论出笼，这股"极左"思潮也推向了顶峰，并具有了相当完备的理论形态。所谓"全面专政"论，概括地说，就是在社会主义发展的"一切阶段"和社会生活的"一切领域"对资产阶级实行"全面的专政"。这个"资产阶级"主要是指的所谓"新资产阶级"，那是一种可以随意指认的存在。张春桥引证了马克思和列宁的一些重要论著，如马克思 1852 年致约·魏德迈的信、《1848年至 1850 年的法兰西阶级斗争》、列宁的《共产主义运动中的"左派"幼稚病》等，但他的引证不是掐头去尾，就是随意解释，在每一段被引证的话的后面或前面，都加上了一句话，说这就是他张春桥说的对资产阶级的全面专政。（对于这种引证和解释的荒谬，我在后来写的《"四人帮"哲学批判》一书中作了比较详细的揭露和批判[1]）经过张春桥的解释，这个专政确实全面得很了，领导干部、知识分子，包括小商品生产者在内的劳动群众，哪一类人都逃脱不了！这不只是一般的"左"，而是公然宣布要对全国人民实行专政，要与全国人民为敌！

不知道是不是巧合，张春桥的这篇文章发表之后，即 1975 年的夏天，人民反抗"四人帮"的情绪普遍地急剧地增长。不知什么时候传出毛主席批评"四人帮"的事，很快就是各种各样的传言不翼而飞，此即所谓"七、八、九三个月谣言四起"，这实际上是推翻"四人帮"的舆

---

① 参看《"四人帮"哲学批判》，人民出版社 1979 年版，第 266—270 页；《陈晏清哲学文集》第 1 卷，南开大学出版社 2017 年版，第 251—254 页。

论准备。越来越多的人们在各自认为合适的范围内，已经将反"四人帮"的情绪公开化了。7月份，我去了一趟《光明日报》。报社理论部的编辑马骕先生原来是《天津日报》的编辑，也是南开的校友，我们之间因工作关系已成为很好的朋友，谈话很是投机。他问我："张春桥的文章你觉得怎么样？"我几乎未加思考，冒出了五个字："满纸荒唐言。"他说，这篇狗屁文章在知识分子圈里没有人不反感，"要不咱们捅他一下？"我又是几乎未加思考，立即回答："好啊，你说怎么个捅法？"他说可以写一篇关于资产阶级法权问题的文章，内容应是紧紧扣住毛主席关于"只能在无产阶级专政下加以限制"的提法，正面阐述马克思主义关于社会主义时期资产阶级法权的理论，当然在观点上应是针对张春桥的。马骕是政治经济学版的编辑，他的想法是很合理的，如果直接碰那个"全面专政"，文章不知从哪里下笔，而且在当时那种形势下，这会非常麻烦的。资产阶级法权问题不管怎么说总还是一个学术问题，并且一直有所争论。这个问题又非常重要，关于资产阶级法权问题的错误理论，是张春桥的"全面专政"论赖以成立的重要基础。所以，我当时很痛快地答应了下来。文章初稿写出来后，又改了两次，排过三次小样，但迟迟未能发表。一是这种文章分寸很难把握，不痛不痒不行，太痛太痒也不行；二是当时政治形势又有了变化。9月份，我又去了一趟《光明日报》，和马骕做了各种分析和推测之后，决定暂时放下不发了。直到粉碎"四人帮"以后，1977年夏，马骕又提文章的事，才又重新拾起，花了半个来月的时间把它写完，发表在10月17日的报纸上。

1975年9月以后，我的心情变得更加糟糕，这倒不是因为那篇文章未能发表，而是因为国家的整个政治形势变得更加恶劣。"四人帮"变得更加疯狂了。他们掀起的所谓"反击右倾翻案风"的黑浪，把那几年在邓小平等主持下进行整顿的初步成果几乎一一推倒。那些颠倒是非、混淆黑白的大批判文章，不用说有什么说服力，有的对马克思主义的理论常识都要发出挑战。人民的愤怒和反抗不可遏制，4月清明节的"天安门事件"达到了巅峰，上百万人聚集天安门广场，发出了震天动地的怒吼，声讨"四人帮"。

南开大学历史系的魏宏运先生在他的自订年谱里有这样的记载："10月8日刘泽华得知逮捕'四人帮'的消息。当晚，刘泽华、陈晏清、王黎和我在我家设酒食庆贺。"① 消息传得如此之快，说明人们盼望"四人帮"倒台的心情是何等急切！泽华兄这是给我们报喜：共和国的春天，知识分子的春天又来了！吃饭时，我说："我们现在可以做些事了！"我心想该做的第一件事就是在理论上批判"四人帮"。

二、对"四人帮"哲学的系统批判

粉碎"四人帮"，人们都有一种"天亮了"的感觉，都沉浸在"第二次解放"的欢庆之中。当时最急迫的任务无疑是政治上、组织上的清理，思想理论的批判方面在开始时还是有所滞后，当然也做了不少工作。我也写过几篇文章，如与方克立、刘泽华合作写过《评"四人帮"的评法批儒》等。有意思的是，还和魏宏运先生等合作写过《"五四"时期反孔的英勇战士周恩来同志》，洋洋万言，原本是《红旗》约稿，后发表于《光明日报》上。"四人帮"不是搞"批林批孔批周公"吗？我们就写文章来论证，周恩来早在"五四"时期就是反孔的英勇战士了。这些说明，这个时候对"四人帮"的思想理论的认识还是相当有限、相

① 《魏宏运自订年谱》，商务印书馆2015年版，第118页。

当表浅的。我也还写过几篇哲学批判的小文章，如批判"四人帮"的形而上学、"斗争哲学"等，但只是零敲碎打，不得要领，更谈不上什么深刻。这种状况，显然是不能令人满意的。"文化大革命"是我们国家历史上极其沉重的一页。"四人帮"祸国殃民，给我们国家和民族造成了如此深重的灾难，如果对它只是停留于情感上的愤恨，而不深入进行思想理论上的清理和批判，就不仅很难迅速地改变林彪、"四人帮"横行十年所造成的政治局面，而且会留下无穷的后患。而在思想理论的批判中，哲学的批判又具有根本性的意义。因此，粉碎"四人帮"后不久我就萌生了对"四人帮"的哲学进行系统批判的念头。

正好在这个时候，天津人民出版社来南开组稿。编辑部理论组的负责人杨清文（不久后担任了这家出版社的社长）来哲学系找了一部分教师座谈。会上，冒从虎先生提出应该出一本系统批判"四人帮"哲学的小册子，并且说"老陈就可以做这件事"，同时也还有几个人附和他。冒先生的意见同我的想法完全一致，但我在会上不敢表态，因为实在是心里没有底。凭我在"文革"中后期的印象，"四人帮"在哲学上的谬论确实不少，就单个的错误观点进行批判，单篇的文章一篇一篇地写，这没有多大困难，当时在我脑袋里已经装了一大堆这样的问题，但要构成一个系统就不那么简单了。我还需要一个比较长的时间去思考。可是，系里的主任赵文芳上心了。散会后的当天晚上，他就跑到我的家里，动员我接受这个任务，说我笔头快，写个四五万字的小册子不费什么劲。老赵是那么诚诚恳恳，而且那么反反复复，我架不住他"磨"，只得应了下来。老赵出了我家的门，就走进了牛树春家的门。牛树春是天津人民出版社的一位负责人，原来是南开中文系的教师，也住在南开，离我家很近。第二天，杨清文便奉命再次来到南开，和我正式议定了这件事情。同杨清文说好之后，又见到了方克立，同他谈起此事。

老方说："四五万字算个什么！至少要照着十五万字左右写，那才像本书。"我心想，这四五万字还在发愁呢，十五万字更没谱了。但老方的意见我不能不听。老方是很有眼光的，在学问上我是很佩服他的。后来按照他的建议把二十万字的稿子写出来了，并且是由人民出版社出版了，取得了同最初的设想大不相同的结果，我当然很是感谢我的这位老同学，感谢他在关键时刻提出了关键性的建议。

目标确定之后，第一步也是基础性的一步工作，就是搜集材料，尽可能详尽地搜集"四人帮"的哲学言论及一切应当作出哲学分析的言论。这不只是王、张、江、姚四个人的言论，而应包括"四人帮"的帮派体系中所有骨干人物的言论。为此，我必须查阅"四人帮"横行十年期间由他们控制的报刊，主要是《人民日报》和《红旗》，还要特别注意他们的帮刊如《学习与批判》上的文章。粉碎"四人帮"后，在报刊上发表的一些批判文章中，揭露了"四人帮"及其党羽许多未曾公开发表的言论，这些材料十分珍贵。所以，"文革"结束后出版的主要报刊，我也必须跟踪阅读，一天都不能落下。这项工作是十分艰难的。我没有组建什么写作组，也没有助手。那时候的工作方式也是很原始的，要去图书馆一篇一篇、一页一页地翻看，不似现在可以利用互联网，鼠标一点就都可以看到了。这项搜集材料的工作做了好几个月。至少在马骕先生重提写作资产阶级法权问题的文章之前是没有做完的，因为在我开始写作这本书的初稿以后就再没有承担任何其他的写作任务了。

这些材料堆在一起，庞杂得很。有些带点理论色彩，有些则是信口雌黄。直观地看，那就是一个大杂烩。我的批判不能也搞成大杂烩，用我的大杂烩去对付他们的大杂烩。这就是要从庞杂的材料中把握到"四人帮"哲学的基本思想和基本特征，弄清楚"四人帮"的哲学究竟是一种什么哲学。这是最困难也是最重要的工作。弄清楚它是什么之后，对它的批判倒不是特别难做的事情。"四人帮"不是什么著作家，更不是哲学家，他们的哲学思想不仅从一些零散的哲学言论或同哲学相关的言论中表达出来，而且更是在他们的政治实践中体现出来。因此，必须把对他们的哲学言论的分析和对他们的政治实践的分析结合起来，并且应以政治实践的分析为主。

采取哲学言论的分析和政治实践的分析相结合的方法，可以清晰地看出，"四人帮"哲学的主要内容是唯心论的先验论、斗争哲学、上层建筑决定论包括唯心论的阶级斗争观，而其整个世界观的核心则是权力意志决定论。这是我们应当深入批判的主要的东西。另外，作为他们理论活动的手段，并最能表现他们的作风、人品的东西，如实用主义、唯我论、诡辩论、流氓史观等等，也应加以揭露和批判，这不仅能使批判工作做得更加完整，也大大有助于人们认识"四人帮"的丑恶面目。这样，我就大体上构造出来了一个批判的基本框架。1977 年 9 月份，当我按照这个框架拟出了一个初步的写作提纲的时候，真有一点"欣喜若狂"的感觉。

全书分十一章加一个绪论和一个结束语，其主要内容概述于下。

（一）批判"四人帮"的唯心论的先验论

林彪曾经把唯心论的天才论作为他们反党的理论纲领。"四人帮"和林彪一样也曾是天才论的狂热鼓吹者。"九·一三"之后，"四人帮"不敢再直截了当地称天才，而是改换名目，抛出"反经验主义为纲"。他们的"反经验主义"同"天才论"一样，也是反对一切反映客观实际的实践经验，反对革命实践，用唯心主义的先验论对抗马克思主义的实践论。

1. 颠倒理论和实践的关系，宣扬理论决定论

张春桥在一次煽动大反经验主义的讲话中说："思想上正确与错误，决定于理论，理论主要是讲思想问题"（1975 年 3 月 1 日在全军各大单位政治部主任座谈会上的讲话）。1971 年他就曾经抛出"理论——实践——理论"的公式，对抗马克思主义的"实践——理论——实践"的公式。所谓"思想上正确与错误，决定于理论"，正是"理论——实践——理论"这个公式的要害。按照这个公式，不是一切从实际出发，而应当是从理论原则出发；不是理论经受实践的检验，而应当是实践由理论去剪裁。按照这个公式，理论是先于实践而由某个天才人物凭空创造的先验原则，并且它一经被创造出来就是万古不变的教条，而实践则只不过是实行某种先验原则，决然谈不上检验理论和发展理论。显然，张春桥的这种理论决定论，正是"天才论"、"顶峰论"的老调重弹。

人的正确思想只能是从实践中来，而不能是从理论中来。学习马克思主义的书本可以获得马克思主义的理论知识，但却不能代替对于客观实际事物的认识。对于任何客观实际事物的认识，都只有在马克思主义理论的指导下，经过实践，经过调查研究，才能达到。单有马克思主义的理论知识，单凭马克思主义的本本，并不能保证思想的正确。如果不同实践相结合，不从实际出发，那就甚至可能循着本本主义的道路而滑向错误和危险的泥坑。

人的思想的正确与否，即思想认识的真理性，只能由实践去检验，而不能由理论去检验。所谓正确的思想即真理性的认识，就是人们对于客观事物及其规律的正确反映。主观对于客观的反映正确与否的问题，主观的思想不能作出回答，客观的事物本身也不能作出回答，只有能够把主观和客观联系起来的东西才能回答，这就是人们的社会实践。实践

是"主观见之于客观的东西"。人们把自己在实践中获得的认识再放到实践中去，看能否达到思想中预想的结果，这就能够检验思想是否合于客观外界的规律性，即是否具有真理性。马克思主义理论是经过实践证实了的客观真理，但它也是属于思想范畴的东西。它可以作为认识事物的指导思想，但不能作为检验认识正确与否的标准。用认识事物的指导思想去检验对事物的认识正确与否，还是用思想自身去证明自身，还是地道的主观真理论。诚然，马克思主义为我们提供了基本的立场、观点和方法，可以而且应当作为我们评论各种理论、观点的重要依据。但是，当我们以马克思主义的基本原则作为依据去评论各种理论观点的时候，是在理论上去把握它们，而不是用理论去检验它们。它只是评论各种理论观点的理论依据，而不是最终依据。这种评论本身正确与否，最终还是应当由实践去检验。这些基本的理论界限，都是不容混淆的。

2. 颠倒理论和实践的关系以颠倒思维和存在的关系为哲学前提

"四人帮"的理论至上论、理论决定论就是一种意识决定存在、主观决定客观的唯心论。1967年姚文元发表的《评陶铸的两本书》里有这样一段话，可以视为"四人帮"唯心主义认识论的总体性的表述。他说："……把'辩证唯物论'歪曲成'存在第一、思维第二，客观第一、主观第二'。完全抹煞人的主观能动作用，完全抹煞物质变精神，精神变物质的飞跃，完全抹煞实践——认识——再实践——再认识的人们认识发展的辩证过程。这决不是什么'辩证唯物论'，而是反动的形而上学。……取消了改造客观世界，取消了革命，取消了推动历史前进的奋斗，'客观第一'岂不成了一纸空文！"这个"帽子工厂"的姚掌柜一口气给"存在第一、思维第二，客观第一、主观第二"扣了那么多顶大帽子！我可以肯定地说，这几顶帽子没有一顶是可以成立的，这一段话里没有一句话是正确的。

"存在第一、思维第二，客观第一、主观第二"怎么是对辩证唯物论的歪曲？坚持"存在第一、思维第二，客观第一、主观第二"怎么就成了形而上学，而且是反动的？"存在第一、思维第二，客观第一、主观第二"是各派唯物论哲学的共同的基本前提。丢掉了这个基本前提，就不再是唯物论，更不是辩证唯物论。马克思的辩证唯物论同旧唯物论是不同的，但在承认"存在第一、思维第二，客观第一、主观第二"这一点上，却没有也不能有任何的不同。列宁在《唯物主义和经验批判主义》一书的第四章中写了"对杜林的两种批判"一节，我想"大理论家"姚文元肯定没有读过。在那里，列宁写道："就拿杜林来说吧。我们很难想象有比恩格斯对他的评论更轻蔑的了。可是请看一看，在恩格斯批判杜林的同时，称赞马赫的'革命哲学'的勒克列尔，是怎样批判同一个杜林的。在勒克列尔看来，杜林是唯物主义的'极左派'，这派人毫不掩饰地宣称感觉以及意识和理性的各种表现，都是动物机体的分泌物、机能、高级产物、总效果等。"列宁接着写道："恩格斯是因为这一点批判杜林的吗？不是。在这一点上，他和杜林也像和其他一切唯物主义者一样，是完全一致的。他是从正相反的观点批判杜林的，是因为杜林的唯物主义不彻底，是因为杜林具有给信仰主义留下空子的唯心主义的奇思妙想。"①"如果恩格斯看到了勒克列尔和马赫是从哪一方面手携手地去批判杜林的，他就会用比他用在杜林身上的更加轻蔑百倍的话来骂这两个哲学上的反动分子！"②我们看到，姚文元就正是像马赫、勒克列尔一样从事于批判唯物论的"哲学上的反动分子"，只不过披上了一

---

① 《列宁选集》第 2 卷，人民出版社 2012 年版，第 178 页。
② 《列宁选集》第 2 卷，人民出版社 2012 年版，第 179 页。

层"辩证唯物论"的伪装罢了。

"存在第一、思维第二，客观第一、主观第二"怎么就抹煞了人的主观能动作用？毛泽东说："思想等等是主观的东西，做或行动是主观见之于客观的东西，都是人类特殊的能动性。""一切根据和符合于客观事实的思想是正确的思想，一切根据于正确思想的做或行动是正确的行动。我们必须发扬这样的思想和行动，必须发扬这种自觉的能动性。"①根据和符合于客观事实的思想，不就是遵循"存在第一、思维第二，客观第一、主观第二"的认识路线获得的思想吗？姚文元到底要煽动一种什么样的主观能动性，这不是十分清楚了吗？

"抹煞物质变精神、精神变物质的飞跃"和"抹煞实践——认识——再实践——再认识的人们认识发展的辩证过程"这两顶帽子，看起来不像前面说的那两顶扣得那么简单、直接，而是需要绕点弯子。其实，这两顶就是一顶，姚文元为了虚张声势，把它拆成了两顶。他的意思是，"物质变精神"、"从实践到认识"或"从实践到理论"是客观第一、主观第二，而"精神变物质"、"从认识到实践"或"从理论到实践"就应当反过来，是"主观第一、客观第二"了，如果不在讲"客观第一"的同时又讲"主观第一"，那就是抹煞了什么"辩证过程"。这使人们很自然地想起林彪的有名的"倒过来"哲学。林彪说："从思想的形成过程来说，是从客观到主观，从实际到思想；从办事情的过程来说，倒过来，是从主观到客观，从思想到实际。"（1966年8月13日在中央工作会议上的讲话）。张春桥的理论决定论，也是同姚文元、林彪一样的逻辑。"四人帮"在上海的党羽，也是用这种诡辩论为张春桥的理论决定论作论证的。他说："理论和实践的关系，无非是人的两条腿，一会儿

---

① 《毛泽东选集》第2卷，人民出版社1991年版第477页。

理论跑在前面，一会儿实践跑在前面，就是这样一前一后，波浪形的关系。"他们都是企图把马克思主义的"物质——精神——物质"、"实践——理论——实践"的公式偷换成"物质——精神；精神——物质"、"实践——理论；理论——实践"的公式，用物质和精神、实践和理论互相决定或轮流决定的二元论代替物质决定精神、实践决定理论的唯物主义一元论，而实质上则是要通过二元论达到精神决定论、理论决定论的唯心主义一元论。

辩证唯物论认为，由物质到精神、由实践到认识，同由精神到物质、由认识到实践，是统一的认识过程中既有区别又紧密联系的两个阶段。这两个阶段是不允许割裂的，如果割裂了，其结果不是机械唯物论就是唯心论。否定精神变物质，只讲物质变精神，是机械唯物论；抛开物质变精神，只讲精神变物质，则是唯心论。林彪、姚文元显然属于后一种情况。

林彪、姚文元用"物质——精神；精神——物质"的公式代替辩证唯物论的"物质——精神——物质"的公式，把所谓"思想的形成过程"说成只是在认识过程的第一个阶段即由客观物质到主观精神、由存在到思想的阶段就完结了的。这是对人们认识过程的歪曲。事实上，所谓"思想的形成过程"在认识的第一个阶段是没有完结也不可能完结的。毛泽东指出："这时候的精神、思想（包括理论、政策、计划、办法）是否正确地反映了客观外界的规律，还是没有证明的，还不能确定是否正确，然后又有认识过程的第二个阶段，即由精神到物质的阶段，由思想到存在的阶段，这就是把第一个阶段得到的认识放到社会实践中去，看这些理论、政策、计划、办法等等是否能得到预期的成功。"① 由于

---

① 《毛泽东文集》第8卷，人民出版社1999年版，第320页。

人们的认识受着各种客观条件和主观条件的限制，不可能一下子把握事物的本质和全局，因此，把在认识过程第一个阶段形成的思想放到实践中去的时候，全部地实现了的情况一般说来是很少的，部分地不能实现的情况是经常出现的，全部地不能实现的情况也是有的。这就是说，在认识过程第一个阶段形成的思想，全部符合客观实际的情况是很少的，特别是对于比较复杂的事物的认识更是如此。只有经过认识过程的第二个阶段，即将第一个阶段形成的思想经过实践的检验，其正确的部分被证实了，错误的部分被纠正了，不完备的方面被充实了，一般的原则具体化了，适合于过去实践情况的思想、理论等等被新的实践经验所提供的新的思想、理论等等所代替和丰富了，这时候，对于一个具体事物的认识来说，所谓"思想的形成过程"才算完结了。从这种意义上说，精神变物质的过程，从认识到实践的过程，仍然是主观反映客观的过程。怎么能说在这个过程中不再是"客观第一、主观第二"，而是"主观第一、客观第二"了呢？

最初看到姚文元的这段文字，很是惊讶于这位"大理论家"对哲学和哲学史的无知。但在深入批判的过程中却认识到，这没有什么可奇怪的。有些人离开唯物论去讲辩证法，甚至打着尊重辩证法的旗号攻击唯物论，正是我们国家在一个时期里哲学状况恶化的一个突出表现，也是哲学状况恶化的一个学术原因。"四人帮"把哲学状况的恶化推到了极端，它就必定会采用一些极端的手段，即常人不可思议的手段。这种把辩证法和唯物论割裂开来，打着尊重辩证法的旗号攻击唯物论的情况流毒深远，在我后来的学术经历里还会一再地同这种情况相遇。

3.唯心论的先验论和经验论相互为用

在"四人帮"那里，"经验主义"只是一条打人的棍子，而不可能是一个科学的概念。在一个时期里，他们又是连篇累牍的文章，又是蛊惑人心的演说，但是，他们不遗余力地攻击的经验主义究竟是什么？人们很难从他们气焰嚣张的文章和演说里找到确定的说明。"四人帮"的帮刊《学习与批判》倒是有一个解释，它把经验主义概括为"三性"，即所谓保守性、惰性、顽固性。这莫名其妙的"三性"同经验主义有什么必然联系呢？难道教条主义就不具备这"三性"吗？连"保守性、惰性、顽固性"这样的词儿都编不出来了，就拿出他们的杀手锏：阶级分析。"四人帮"的干将迟群说："老干部、老知识分子，特别强调经验。但是，是什么经验，要做阶级分析。他们的经验就是复辟倒退的经验，退一步讲，资产阶级民主革命的经验。"

真是可笑！不是反对经验主义吗？这同"阶级分析"有何相干？难道经验主义之为经验主义，是由经验中包含的阶级内容决定的吗？某种经验，即使包含了资产阶级的内容，人们可以把它叫作别的"主义"，例如资本主义、帝国主义、法西斯主义，却不一定是经验主义。

经验主义是一个认识论的范畴。经验主义是一种认识论，它涉及的是主观和客观的关系问题，用什么"三性"之类是说明不了经验主义的理论实质的。对于经验主义，毛泽东有过许多明确的论述。他本人就曾被王明等人污蔑为"狭隘经验主义者"，所以对什么是经验主义，什么不是经验主义都有十分精准的理论表述。根据毛泽东的论述，所谓经验主义就是指的片面强调和夸大感性经验而否认理论即理性认识的重要性，它尊重经验而看轻理论，并且往往只看重自己的狭隘经验，把局部的经验普遍化、绝对化。这就是经验主义的确定内容。这种经验主义，是一种类似哲学史上的唯物主义经验论的错误。在党的历史上，在反对教条主义的同时，也注意进行反对经验主义的斗争，但从来都是把它作为革命队伍内部一部分同志的思想方法、思想作风问题去解决的。而

"四人帮"却把经验主义径直提升为"敌我矛盾",说什么"要把经验主义当作敌我矛盾来写",对经验主义要"擦亮眼睛"、"提高警惕",要把经验主义当作"大敌"去打倒。总之,一方面把周恩来等老一辈革命家污蔑为"经验主义者",另一方面把自己装扮成"权威理论家",结论是"经验主义者"下台,"理论家"上台。这就是"四人帮""反经验主义为纲"的实质。人们能当真把他们的"反经验主义"仅仅作为一种理论态度去对待吗?

按照关于"经验主义"这一概念的哲学规定,"四人帮"倒恰恰是地道的经验主义者,只不过他们是一伙唯心主义的经验主义者。列宁说,"在'经验'这个字眼下,毫无疑问,既可隐藏哲学上的唯物主义路线,也可隐藏唯心主义路线"[1]。如果是遵循从物到感觉的路线,反映客观外界事物的经验,就是唯物的经验;如果是遵循从感觉到物的路线,主观自生的内省体验,那就是唯心的经验。"四人帮"在"文化大革命"中所干的一切,都是篡党夺权的阴谋活动,他们只是把自己篡党夺权的希望变成篡党夺权的行动,只是在不停顿的行动中顽强地表现自己的这种希望。他们的"经验"不是别的,就是这种篡党夺权的希望。所以,这种"经验",只是从他们的反动本性中产生的内省体验,这是他们老早以前就有了的,只不过在"文化大革命"的新的客观条件下又表现出来,更疯狂地表现出来罢了。

"四人帮"就是把自己篡党夺权的希望看成唯一的实在,一切以是否符合于他们的这种希望为转移。他们从篡党夺权的愿望出发,用虚构的矛盾代替客观现实的矛盾,用虚构的联系代替客观现实的联系。他们虚构出"造反派和走资派的矛盾"、"革命派和投降派的矛盾"、"现代法

---

[1] 《列宁选集》第 2 卷,人民出版社 2012 年版,第 114 页。

家和现代儒家的矛盾"等等，去代替社会主义时期的社会客观矛盾；虚构出按劳分配与产生资产阶级的"必然联系"，卫星上天与红旗落地的"必然联系"，社会主义与低速度、有文化和精神贵族的"必然联系"等等，去代替社会主义时期政治、经济、文化生活中的客观联系。他们的一切行动，都是建立在这些虚构的矛盾和联系之上，都是用这些虚构的东西去"矫正"客观现实。这正是用他们的"内省体验"去"拥抱"现实，正是十足的主观唯心论的经验论。

"四人帮"唯心主义经验论的最典型、最恶劣的表现是实用主义。他们对于一切，都是从"我"的需要出发，为"我"所用，为帮所用。"有奶就是娘"、"有用即真理"，是他们的神圣信条。实用主义既集中地表现了"四人帮"主观唯心论的经验论、唯我论，又是同他们宣扬唯心论的先验论相互为用的。他们鼓吹"思想上正确与错误，决定于理论"，大树特树所谓"绝对权威"，都显然并不是真正承认革命理论的权威，而是要"拉大旗作虎皮"，借树所谓"绝对权威"以营私。他们宣扬"句句是真理"、"一句顶一万句"一类的舆论，就是为了便于肢解、割裂、篡改马列主义、毛泽东思想，为了便于用马列主义、毛泽东思想的片言只语作标签，去偷运他们的私货。他们鼓吹理论至上，使理论脱离实践，使理论抽象化，是为了把他们编造的那些荒诞无稽的东西挂上各种"新理论"的牌号，强迫人们当作至高无上的东西去信奉。所以，所谓"决定于理论"，说到底，还是决定于他们的主观需要。

理论的工具不够用了，他们又搬出文艺的工具、史学的工具。他们抓的文艺是阴谋文艺，他们抓的史学是影射史学。所谓阴谋文艺，就是文艺从属于阴谋，阴谋是目的，文艺只是实现阴谋的手段。所谓影射史学，就是史学服从影射，首要的是影射，史学只是附庸。文艺的命运，史学的命运，完全以满足"四人帮"篡党夺权的反革命需要如何而定。

这样的文艺和史学，不能不浸透着实用主义的精神。可以说，阴谋文艺就是实用主义文艺，影射史学就是实用主义史学。

"四人帮"的所谓"写同走资派斗争"的文艺，是在他们篡党夺权的阴谋活动登峰造极的时候出现的，是他们整个阴谋活动的组成部分。张春桥指示他们的党羽说："文艺创作写社会主义革命要写得更深一点，实际斗争和理论上都很深了。"于是，各式各样的写所谓"走资派"的文艺作品，在所谓"努力反映无产阶级文化大革命"的旗号下纷纷出笼。他们的所有这些作品，都不是反映生活中客观存在的矛盾和冲突，而是同他们的"实际斗争"和理论活动相适应，用文艺的形式渲染他们虚构的所谓"造反派与走资派"的矛盾和冲突。他们规定不许写"吃吃喝喝、腐化堕落的走资派"和"既是叛徒特务又是走资派的走资派"，说这两种走资派"没有典型意义"，而只许写"勤勤恳恳抓生产的走资派"、"早就参加革命、不是叛徒、牌子很硬的走资派"。现实生活中哪里有这样的"走资派"呢？他们笔下的"走资派"实际上恰恰就是坚持社会主义道路的好干部！可见，他们的文艺，也同他们的理论一样，只是涂抹现实的工具。他们请出文艺这个"媒婆"来，只是为着帮助他们达到推行反革命政治纲领的目的。

阴谋文艺的实用主义目的，决定了他们的文艺创作和文艺批评也不能不是实用主义的。"四人帮"及其在文艺界的党羽鼓吹的创作从主题开始，即所谓"主题先行论"，就是典型的实用主义创作理论。他们的文艺作品中的主题，同理论作品中的"假设"一样，是"大胆"提出的，是先有了"假设"的主题，然后才根据"三突出"、"三陪衬"的模式去选定人物，凭借主观的臆想去编造情节。

"四人帮"的文艺批评，也完全是以帮划线，顺帮者昌，逆帮者亡。在这个标准面前，像《反击》、《春苗》一类为人民群众所极端憎恶的阴谋作品被捧上了天，而电影《创业》、《海霞》，小说《红岩》等等一大批好的作品，却被一棍子打进了十八层地狱。

在史学领域，"四人帮"的实用主义，比它在文艺领域表现得更为系统、更为露骨。他们把毛泽东提出的"古为今用"的方针，完全篡改成古为帮用的方针。历史成了这一小撮阴谋家手中一块柔软的泥巴，被他们完全根据为帮所用的原则，去随心所欲地捏造。

"四人帮"的御用工具罗思鼎公开宣称他们自己就是搞实用主义的，写历史，编资料，都是为了实用。对他们来说，什么历史规律，历史事实，统统为了实用，统统为了影射的需要，有了的可以抹煞，可以篡改，没有的可以编造。他们为了影射攻击周总理、华国锋、邓小平和中央其他领导同志，就伪造了好几个孔丘。一会儿是"七十一岁"、"重病在床"，一会儿是"抓生产"，一会儿是"五十六岁""司寇代理宰相"，完全因时而异。梁效在1974年写的《孔丘其人》里说："孔老二这个家伙，一不懂革命理论，二不会生产劳动，根本没有什么真才实学"，"他的生产知识等于零"。① 两年之后，同一个梁效，在《再论孔丘其人》里却说：孔丘"装出一副关心民生疾苦的姿态，声称要让老百姓生活富裕"，"还提出'使民以时'，不要影响农业生产"，"关心民众，发展生产"② 等等。历史上的孔丘只有一个，作者也是同一个，为何写出了两个截然不同的孔丘呢？这原因不是别的，就是因为他们在不同的时候需要影射攻击的对象不同。他们把这种影射叫作"画像"。"四人帮"的一个党羽自鸣得意地说："你说像谁就像谁"。他们需要影射什么，画出来的孔丘就是什么。他们大批特批的一大串"宰相"、"代理宰相"都是为了影射今人而

---

① 《红旗》1974 年第 4 期。
② 《北京大学学报》1976 年第 1 期。

塑造古人。

"四人帮"为什么选择史学作为一个重要的反党工具？就是因为涂抹历史比涂抹现实更方便、更容易。在他们看来，"历史死无对证"，是政治流氓、政治骗子们最好的用武之地。其实，这也只是唯心主义的妄想。历史有它本身所固有的规律。研究历史同研究现实一样，必须详细占有材料。只有从掌握到的可靠的历史资料出发，用历史唯物主义作指导，总结出符合历史实际的历史经验，才能成为真正的历史科学。"四人帮"的影射史学并没有帮助他们达到篡党夺权的目的，只是彻底地暴露了他们的政治骗子的丑恶嘴脸。

（二）批判"四人帮"的"斗争哲学"

"四人帮"打着辩证法的旗号攻击唯物论，也打着尊重辩证法的旗号攻击和歪曲辩证法。他们攻击的矛头集中指向唯物辩证法的根本规律——对立统一规律。"四人帮"形而上学猖獗，其最为突出的表现就是"斗争哲学"的猖獗。在这里，只是对于"四人帮""斗争哲学"的几个具有决定意义的论点和手段所作的批判做些说明。

1. 驳所谓"一切矛盾着的对立面都是在'对着干'"

1975年底，正当"四人帮"紧张地部署一场新的篡党夺权的阴谋活动的时候，"四人帮"的帮派体系骨干分子迟群从哲学上公然挑衅，赤裸裸地向马克思主义的对立统一规律进攻。他说："对立统一规律应改为对立统一与斗争规律"，"只叫对立统一规律不是丢掉了斗争吗？"于是，为了不丢掉所谓"斗争"，梁效以"高路"署名发表文章，说什么"从根本上说，一切矛盾着的对立面都是在'对着干'；不'对着干'，还有什么矛盾呢?""对着干"这个风靡一时的行动口号,竟然被抬到了哲学的宝座,被作为一条"普遍规律"强加于客观世界。

"四人帮"及其御用工具用"对着干"偷换"斗争性"的范畴,从根本上歪曲了矛盾的斗争性,也就从根本上歪曲了唯物辩证法关于矛盾的斗争性和同一性关系的学说。

"斗争性"是一个具有广泛意义的哲学范畴,它指的是矛盾双方互相对立、互相排斥、互相否定的趋势、倾向。而"对着干"只不过是表现"四人帮"的反革命行动疯狂性的口号,它意味着(不是等同于)矛盾双方的公开对抗。显然,用"对着干"是绝不能够解释矛盾双方的相互对立、相互排斥、相互否定的哲学现象的。

矛盾双方的相互对立、相互排斥、相互否定,并不是有我无你、非此即彼的绝对对立、绝对排斥,绝对否定,而是既相互对立又相互统一,既相互排斥又相互联结,既相互否定又相互渗透的。"一切对立的成分都是这样,因一定的条件,一面互相对立,一面又互相联结、互相贯通、互相渗透、互相依赖"[1],没有脱离对立的同一,也没有脱离同一的对立。绝对的斗争性即寓于相对的同一性之中,相对的同一性中即包含着绝对的斗争性。这个绝对相对的道理是唯物辩证法的精髓,是唯物辩证法的最重要的道理。

迟群却叫嚣,"对立统一律这个提法就不是马克思主义的,是形而上学的,只讲统一,不包括斗争。"[2]发出这种绝对无知的喊叫,表明"四人帮"及其党羽在理论上、哲学上堕落到了一种多么可悲的地步!所谓对立统一,不就是讲的矛盾着的对立面又统一又斗争吗?怎么能说

---

[1] 《毛泽东选集》第 1 卷,人民出版社 1991 年版,第 328 页。
[2] 转引自《"四人帮"篡党夺权的急先锋——梁效》,《红旗》1978 年第 2 期。

是"不讲斗争"呢？说对立统一中讲的"对立"不是斗争性，只有他们的"对着干"才叫斗争性，这种斗争性就是脱离同一性的斗争性。所谓"对着干"，就是有我无你、非此即彼，就是只有对立、排斥、否定，就是绝对对立、绝对排斥、绝对否定，它根本否认对立面的相互依存的同一性。用"对着干"偷换斗争性，就是要用所谓"斗争性"否定同一性。

否认马克思主义的同一性，这正是一种典型的形而上学观点。毛泽东在批评斯大林的形而上学观点时说："对立面的这种斗争和统一，斯大林就联系不起来。苏联一些人的思想就是形而上学，就是那么硬化，要么这样，要么那样，不承认对立统一。因此，在政治上就犯错误。"①当然，斯大林的形而上学是思想方法问题，"四人帮"则是用形而上学作为反革命的思想工具。但是，毛泽东对于形而上学哲学思想的这种批判，却是同样适用于"四人帮"的"对着干"的。"对着干"就是把这种"要么这样，要么那样"的形而上学推到了极端。

我们只要具体地分析一下各种矛盾运动的实际情形，所谓"对着干"的荒谬性就会充分显露出来。

对于矛盾的两个方面都是积极因素的那一类矛盾，例如红与专，革命与生产，政治与经济，民主与集中，自由与纪律，领导与群众，中央与地方，以及工业与农业，等等，所有这些矛盾着的对立面，绝对不是"对着干"，这是无需多说的。

对于其中一方是积极因素另一方是消极因素的那一类矛盾，也不是就可以用"对着干"去代替"斗争性"的。就说无产阶级和资产阶级的矛盾吧。无产阶级和资产阶级的对立，主要是阶级利益上的对立，政治态度、思想体系上的对立等等，并不是在一切方面都对立。例如，资产

---

① 《毛泽东文集》第 7 卷，人民出版社 1999 年版，第 195 页。

阶级有科学文化，难道无产阶级就要"对着干"，不要科学文化吗？资产阶级建立了规章制度，难道无产阶级就要"对着干"，去废除规章制度，建立什么"没有规章制度的企业"吗？这显然是荒唐的。列宁在谈到资本主义的泰罗制的时候说："资本主义在这方面的最新成就泰罗制，同资本主义其他一切进步的东西一样，既是资产阶级剥削的最巧妙的残酷手段，又包含一系列的最丰富的科学成就，它分析劳动中的机械动作，省去多余的笨拙的动作，制定最适当的工作方法，实行最完善的计算和监督方法等等。苏维埃共和国无论如何都要采用这方面一切有价值的科学技术成果。"[①]"对着干"，看来"革命"得不得了，其实，骨子里却是十足的保守和愚昧。鲁迅曾尖锐地讽刺过那些满口爱国、满身国粹的人，这些人鼓吹一概排外，"……故意和这'洋气'反一调：他们活动，我偏静坐；他们讲科学，我偏扶乩；他们穿短衣，我偏着长衫；他们重卫生，我偏吃苍蝇；他们壮健，我偏生病……这才是保存中国固有文化，这才是爱国，这才不是奴隶性。"[②] 这就是一幅所谓"对着干"的极妙的画像。

即使是对于处在对抗状态的矛盾，用"对着干"去代替"斗争性"的概念，也都只会在理论上和实践上造成混乱。无疑，敌我之间的矛盾和斗争，革命和反革命之间的矛盾和斗争，都是对抗性的，这种斗争是针锋相对的。但是，针锋相对也不是"对着干"。例如，反革命武装到牙齿，难道我们就要"对着干"，去废除武装吗？我们只能"针锋相对"，用革命的武装反对反革命的武装。又如，国民党提出"和谈"，我们就要"对着干"，同它反一调，而拒绝和谈吗？我们只能"针锋相对"，或

---

① 《列宁选集》第 3 卷，人民出版社 2012 年版，第 491—492 页。

② 《鲁迅全集》第 6 卷，人民文学出版社 1959 年版，第 63 页。

者不去谈，或者为了揭露他们假和谈的阴谋而去谈。毛泽东说："'针锋相对'，要看形势。有时候不去谈，是针锋相对；有时候去谈，也是针锋相对。"① 这就说明"针锋相对"同"对着干"根本不是一码事。对于所有的对抗性矛盾，都必须具体地分析矛盾的双方是在哪些方面的对立，以及这些对立如何引起了对抗，而决不能认为在一切方面都是对立和对抗，决不能用"对着干"去硬套。

总之，"对着干"是一个根本没有任何科学性的概念，是一个同马克思主义的辩证法哲学绝对不相容的概念。同"四人帮"及其御用工具的胡说恰恰相反，一切矛盾着的对立面都不是什么在"对着干"。不论对于任何一类矛盾，不论矛盾的运动处于何种状态，也不论矛盾的斗争采取何种形式，用"对着干"去代替"斗争性"的概念，都只会流于荒谬。

"对着干"的最早的提法，是所谓"同十七年修正主义路线对着干"。他们首先把"文化大革命"前的十七年歪曲为修正主义路线统治的十七年，"黑线专政"的十七年，说什么教育战线"彻头彻尾地执行了反革命的修正主义路线"，是"资产阶级知识分子统治学校的十七年"，科技战线是"资产阶级知识分子的一统天下"，文艺战线是"黑线专政"，"不能说工矿企业比文艺战线好"，"公安战线十七年没干一件好事"，外交部是"卖国部"，军队是"军阀统治"等等，把十七年说成一片黑暗。于是，他们在所谓"同修正主义路线对着干"的口号下，对十七年社会主义革命和建设的伟大成绩全盘否定。后来，他们就索性去掉了"修正主义路线"的字样，而直接提"同十七年对着干"，说什么"一天不批十七年，日子就难过"。再后来，连"十七年"的字样也少见了，只剩下一个"对着干"，直到把它提升为哲学，从一个行动口号变成哲学理

---

① 《毛泽东选集》第4卷，人民出版社1991年版，第1159页。

论，变成一种具有普遍适用性的东西。这就说明，从"对着干"这种谬论出笼的时候起，就是作为"四人帮""改朝换代"的工具出现的。"对着干"由行动口号变成哲学理论，它的规格的逐步升级，正反映了"四人帮"篡党夺权的阴谋活动的逐步猖狂。如果它算得上是什么哲学的话，它从始至终就是一种地地道道的反革命捣乱哲学。

2. 驳所谓"斗争就是政策"

"四人帮"为了推行穷凶极恶的反革命捣乱哲学，不仅片面夸大矛盾的斗争性，抹煞矛盾的同一性，而且借口矛盾斗争的绝对性，抹煞矛盾斗争形式的相对性（差别性）。所谓"斗争就是政策"，就是抹煞矛盾斗争形式的相对性的典型谬论。

"斗争就是政策"就是把斗争本身当作政策，就是不要政策。"对着干"和"斗争就是政策"这两个口号加到一起就是想斗什么就斗什么，想斗谁就斗谁，想怎么斗就怎么斗。

我们说矛盾是不可调和的，这只是说任何矛盾都只有通过斗争才能解决。"矛盾和斗争是普遍的、绝对的，但是解决矛盾的方法，即斗争的形式，则因矛盾的性质不同而不相同。"[①]矛盾斗争的不可调和性，决不否定矛盾斗争形式的差别性。

我们说矛盾的斗争是无条件的，这只是说矛盾的斗争不受任何条件的限制，在事物的运动处于相对地静止的状态或显著地变动的状态，在矛盾双方共居于一个统一体中或在矛盾统一体破裂的时候，在矛盾运动处于这种外部条件下或那种外部条件下，都是有斗争的。但这决不是说，矛盾斗争的形式也是无条件的，不受任何条件制约的。

---

① 《毛泽东选集》第 1 卷，人民出版社 1991 年版，第 335 页。

"四人帮"就正是通过抹煞矛盾斗争形式的相对性，混淆矛盾斗争形式的区别，去混淆矛盾的不同性质，而搞乱阶级阵线、挑起"全面内战"的。

"四人帮"与全国人民为敌，他们在"斗争就是政策"的口号下，在党内、军内、工人阶级队伍内，在整个人民内部，大搞"残酷斗争，无情打击"，把好人当坏人整，制造了数不清的冤案、错案、假案，扬言对各级干部"要讲狠，要像斗地主资本家那样"，要用"铁的手腕"，要"一斗二批三枪毙"。谁在人民内部讲团结，讲谅解，谁就被诬为"中庸之道"。在他们的"政策"下，到处都是走资派，而走资派就是反革命，结果到处都是反革命。江青曾经扬言："三千万也是一小撮"。这是什么哲学？这完完全全是反党反人民的法西斯哲学！

毛泽东一再强调，政策和策略是党的生命；一再强调，一定要在各种区别上建立我们的政策，没有区别就没有政策。而在处理社会矛盾时，一切区别中最重要的区别，就是敌我矛盾和人民内部矛盾这两类不同性质的矛盾的区别。因此，一切政策中最重要的政策，也就是正确区别和处理两类不同性质的矛盾的政策，这是我们党的总政策。

3."批判折中主义"的批判

"四人帮"肆意混淆折中主义同辩证法的界限，在"批判折中主义"的旗号下攻击唯物辩证法，这也是他们推行"斗争哲学"的重要手段。他们在"批判折中主义"的问题上，提出了一些似是而非的论点来迷惑人们的头脑，使人们不能像在前两个问题上那样可以一目了然地识别它在理论上的错误和荒谬。因此，对于这个问题更需要做些深入的理论分析。

首先必须弄清楚什么是折中主义。折中主义的根本特征是调和矛盾，就是用诡辩的手法把对立面调和起来。列宁在《关于帝国主义的笔记》中写道："用折中主义代替辩证法。'中庸'：把两个极端'调和'起来，缺乏清楚、肯定、明确的结论，摇摆不定。"① 列宁还指出："在折中主义者看来，一切都是'可以相容的'！"② 折中主义调和矛盾的主要手法，是把互相对立的观点、原则结合在一起，把它们说成是可以相容的。折中主义也表现为矛盾均衡论，这实际上也是一种矛盾调和论，即鼓吹矛盾双方通过均衡达到调和。这就是抹煞主要矛盾和次要矛盾、矛盾主要方面和次要方面这两种矛盾情况的差别性。把主要矛盾和次要矛盾、矛盾主要方面和次要方面说成半斤八两、势均力敌，它们之间就不是一方支配另一方，而是可以互相调和的了。如果不具备这样的特征，就不能叫作"折中主义"。但"四人帮"却把辩证法讲的两点论、全面性都当作矛盾调和论、矛盾均衡论去批判，当作"折中主义"去批判。它把折中主义归结为"又是这个，又是那个"、"一方面，另一方面"这样一个公式。在姚文元控制的《红旗》1976 年第 1 期上，刊登了一篇题为《大是大非问题一定要辩论清楚》的文章，曾这样攻击他们所谓的"奇谈怪论制造者"："政治、业务'两面都讲'……他们采用'一方面，另一方面'的折中主义手法，来贩卖'业务挂帅'的修正主义黑货。"可见，在"四人帮"的"哲学词典"里，"一方面，另一方面"是折中主义的代名词。凡是表现了这个公式的，一概被斥之为"折中主义"。似乎辩证法是根本否认这个公式的，似乎只有根本否认这个公式才是辩证法。

这决不是区分辩证法和折中主义的标准，而是"四人帮"为了混淆辩证法与折中主义的真正界限而主观臆造的标准。折中主义的特征决不

---

① 《列宁全集》第 54 卷，人民出版社 2017 年版，第 5 页。

② 《列宁全集》第 18 卷，人民出版社 2017 年版，第 92 页。

在于"又是这个，又是那个"、"一方面，另一方面"，而在于它企图把两种互相排斥、互相对立的观点、原则调和起来，在两种互相排斥、互相对立的观点、原则中间既"同意"这个，又"同意"那个。列宁说，折中主义是"种种对立原则和对立观点的大杂烩"。① 这里，被揑合在一起的"一方面，另一方面"是不是互相排斥、互相对立的观点、原则，才是区分辩证法和折中主义的一个关键。

我们看看列宁是怎样批判折中主义的吧！

列宁在批判"第二国际的正式代表人物"王德威尔得时说，"王德威尔得也同考茨基一样，是用折中主义代替辩证法的大师。一方面，不能不承认，另一方面必须承认。一方面，国家可以理解为'一个民族的总和'……另一方面，国家可以理解为'政府'……王德威尔得摘抄这个渊博的庸俗论调，称赞这种论调，把这种论调和马克思的言论放在一起。"②

列宁在批判马赫主义者的折中主义时说："马赫和阿芬那留斯在他们的哲学中所以把唯心主义的基本前提和唯物主义的个别结论混在一起，这正是因为他们的理论是恩格斯以应有的鄙视称之为'折中主义残羹剩汁'的典型。"③"彼得楚尔特写道：阿芬那留斯的《纯粹经验批判》，当然和这个学说（即唯物主义）不矛盾，可是它和截然相反的唯灵论的学说也不矛盾。绝妙的辩护！这正是恩格斯所说的折中主义残羹剩汁。"④"他们从折中主义残羹剩汁里获得自己的哲学，并且继续用这种东西款待读者。他们从马赫那里取出一点不可知论和唯心主义，再从马

---

① 《列宁全集》第 4 卷，人民出版社 2013 年版，第 183 页。
② 《列宁选集》第 3 卷，人民出版社 2012 年版，第 679 页。
③ 《列宁选集》第 2 卷，人民出版社 2012 年版，第 59—60 页
④ 《列宁选集》第 2 卷，人民出版社 2012 年版，第 62 页

克思那里取出一点辩证唯物主义，把它们拼凑起来，于是含含糊糊地说这种杂烩是马克思主义的发展。"①

从列宁的批判中看得很清楚，所谓折中主义的"一方面，另一方面"，正是互相对立、互相排斥的两种观点。一方面，庸俗论调，另一方面，马克思的言论；一方面，唯心主义，另一方面，唯物主义；一方面，马赫主义，另一方面，马克思主义。折中主义之为折中主义，就在于它把这样两种互相对立、互相排斥的观点捏合在一起。

如果不是在两种互相对立、互相排斥的观点之间搞调和，那么，"又是这个，又是那个"，"一方面，另一方面"，就不但不是什么"折中主义"，而正是体现辩证法的全面性要求的两点论。在马克思主义的经典著作中，这样运用两点论的"一方面，另一方面"的论述，几乎到处可以见到。

我们就从毛泽东的著作和指示中引出几段这样的论述看看吧！

毛泽东在谈到同民族资产阶级的关系时说："我们一方面要同他们作斗争，另一方面要团结他们。"②

毛泽东在谈到错误的两重性时说："错误一方面损害党，损害人民；另一方面是好教员，很好地教育了党，教育了人民，对革命有好处。"③

毛泽东在抗日战争时期指出：在团结全民族和反对民族中的奸细分子的问题上"只顾一方面，忘记另一方面，是完全错误的"。在扩大共产党和防止奸细混入的问题上"只顾一方面，忘记另一方面，就会犯错误"。在坚持统一战线和坚持党的独立性的问题上"只顾一方面，不顾

---

① 《列宁选集》第 2 卷，人民出版社 2012 年版，第 153 页
② 《毛泽东文集》第 6 卷，人民出版社 1999 年版，第 75 页。
③ 《毛泽东文集》第 7 卷，人民出版社 1999 年版，第 136 页。

另一方面，都将不利于抗日"。①

毛泽东的所有这些关于"一方面，另一方面"的论述，不都正是体现全面性要求的辩证法吗？恩格斯说：辩证法"除了'非此即彼！'，又在恰当的地方承认'亦此亦彼！'"②"亦此亦彼"不就是"一方面，另一方面"吗？世界上一切事物都包含着矛盾，没有矛盾就没有世界。矛盾不就是由"一方面，另一方面"即正面和反面组成的吗？正确地反映事物矛盾两个方面及其关系的认识，不但不是折中主义，而且正是辩证法所绝对要求的，正是辩证认识的本质。

显然，问题决不在于"一方面，另一方面"这个公式本身，而在于这个公式所包含的具体内容。"一方面，另一方面"既可以是折中主义的公式，又可以是辩证法的两点论的公式。正是这个缘故，老的修正主义者才便于用折中主义冒充辩证法，"四人帮"也才便于把辩证法诬蔑为"折中主义"。可见，在"一方面，另一方面"的公式中，被结合在一起的是不是两种互相对立、互相排斥的观点，才是区分辩证法和折中主义的真正界限，这是一条最重要的界限。

1976 年在所谓"反击右倾翻案风"的运动中，曾把著名的 1975年中国科学院《汇报提纲》作为"折中主义"的一个标本去"批判"。1976 年第 2 期的《红旗》杂志刊登了署名纪平的文章《折中主义就是修正主义》，其中写下了这样一段"妙论"："……口口声声讲矛盾的这一方面，矛盾的那一方面。然而，他们根本不谈无产阶级和资产阶级这个主要矛盾，不谈以阶级斗争为纲，不谈修正主义是当前的主要危险。

例如，在政治和业务、政治和技术的关系问题上，他们说什么，一

---

① 《毛泽东选集》第 2 卷，人民出版社 1991 年版，第 523、524、525 页。
② 《马克思恩格斯选集》第 3 卷，人民出版社 2012 年版，第 910 页。

方面，不批判不问政治的倾向'是不对的'；另一方面，不学文化、不钻研科学技术'也是不对的'。在教育、科技工作和生产劳动相结合的问题上，他们说什么，一方面，脱离实际的倾向'是不对的'；另一方面，忽视基本理论的学习和研究'也是不对的'。在科技人员和工农群众相结合的问题上，他们说什么，一方面，不同工农群众结合'是不对的'；另一方面，不发挥专家的作用'也是不对的'。在马克思主义哲学与自然科学的关系问题上，他们说什么，一方面，认为哲学对自然科学没有指导意义'是不对的'；另一方面，以为可以简单依靠哲学的一般原理去解决具体科学问题'也是不对的'，等等。他们在一系列问题上，都是不分第一和第二，不分主要和次要，不分主流和支流。他们玩弄的这一套，像游蛇一样回旋于这一方面和另一方面之间，似乎很全面，很公正，表面上看起来不偏不倚，没有什么倾向性，实质上他们的倾向性是很鲜明的。……实际上，他们是站在资产阶级这'一方面'，向无产阶级这'一方面'进攻。……"①

这样一段又臭又长的文字，我们之所以把它全部摘录出来，是因为它把"四人帮"及其御用工具借口反对矛盾调和论、矛盾均衡论而攻击辩证法的全部荒谬和蛮横，不加掩饰地暴露出来了。我们倒可以说，这一段"妙论"是"四人帮"及其御用工具把辩证法诬蔑为"折中主义"的一个标本。把这个标本剖析清楚了，在这个问题上马克思主义和反马克思主义的界限也就划清楚了。

首先必须指出的是，列宁说过机会主义是"在两种互相排斥的观点之间像游蛇一样蜿蜒爬行"②，这段"妙论"却把它偷换为"像游蛇一样

---

① 见《红旗》1976年第2期。
② 《列宁选集》第1卷，人民出版社2012年版，第515页。

回旋于这一方面和另一方面之间"。看来，作者对于这两种表述之间的区别的意义有多大，心里是十分清楚的。《汇报提纲》中提出加以反对的"一方面，另一方面"，都是应当加以反对的错误观点，并非其中一方面是正确的而另一方面是错误的。它决然不是要调和那两种倾向，而是要坚决反对那两种倾向。因此，它表现的是辩证法的鲜明的战斗风格，而丝毫没有所谓"游蛇"的影子。

这段"妙论"指责《汇报提纲》的主要罪名是所谓"不分第一和第二，不分主要和次要，不分主流和支流"，这完全是莫须有的罪名。

要问这种指责能否成立，首先要问《汇报提纲》是针对什么情况、回答什么问题而写的。《汇报提纲》正是针对"四人帮"长期以来在科技领域里只许反对一种倾向，不许反对并蓄意助长另一种倾向的形而上学片面性，才鲜明地提出必须在两条战线作战，必须注意反对两种倾向。它的任务不是要回答当前的主要倾向是什么的问题，而是回答要不要同时反对两种倾向的问题。"四人帮"创造了一个"宁要……不要……"的著名公式。自狗头军师张春桥抛出"宁要没有文化的劳动者，不要有文化的精神贵族"开始，什么"宁要贫穷的社会主义，不要富强的资本主义"、"宁要社会主义的低速度，不要资本主义的高速度"、"宁要社会主义的草，不要资本主义的苗"，都按照张春桥制定的格式漫天飞舞了。难道要求中国科学院的汇报提纲也按照张春桥的"辩证法"去说"要紧的是搞社会主义还是搞资本主义，地里长苗还是长草是无关紧要的"？那样的话，它还叫作科学院吗？从哲学上说，它的锋芒正是指向"四人帮"的形而上学一点论，而不是指向什么矛盾调和论、均衡论。因此，它只须指出应当反对的两种倾向就够了，而无须去讲什么"第一第二"、"主要次要"、"主流支流"等等。这同蓄意抹煞矛盾主要方面和次要方面的差别性的矛盾均衡论、矛盾调和论，是毫不相干的两回事。

我们看看毛泽东的著作和指示吧！他在许多场合下，针对某种形而上学片面性，就是只提出既要反对一种倾向又要反对另一种倾向，而并没有画蛇添足地去讲什么"第一第二"之类。例如：

"既反对不顾人力物力情况、盲目冒进的主观主义，又反对保守的主观主义。"①

"我们历来提倡艰苦奋斗，反对把个人物质利益看得高于一切，同时我们也历来提倡关心群众生活，反对不关心群众痛痒的官僚主义。"②

"我们既反对政治观点错误的艺术品，也反对只有正确的政治观点而没有艺术力量的所谓'标语口号式'的倾向"。③

"对于外国文化，排外主义的方针是错误的，……盲目搬用的方针也是错误的，……对于中国古代文化，同样，既不是一概排斥，也不是盲目搬用……"。④

在这些论述中，并没有指出什么"第一第二"、"主要次要"，难道因此就可以把它们诬为"折中主义"吗？

毛泽东在长期的革命斗争实践中，总结出必须在两条战线作斗争的重要经验，这是完全符合辩证法的科学经验，而决不是什么"折中主义"。

尤其荒唐的是，这段"妙论"攻击说："实际上，他们是站在资产阶级这'一方面'，向无产阶级这'一方面'进攻"。真是岂有此理！试问：在《汇报提纲》中的那几个"一方面，另一方面"里，究竟哪一方面是资产阶级方面，哪一方面是无产阶级方面？在"四人帮"看来，只有其中讲的"不批判不问政治的倾向'是不对的'"这一方面才是无产阶级

---

① 《毛泽东年谱（1949—1976）》第 2 卷，中央文献出版社 2013 年版，第 148 页。
② 《毛泽东文集》第 7 卷，人民出版社 1999 年版，第 28 页。
③ 《毛泽东选集》第 3 卷，人民出版社 1991 年版，第 870 页。
④ 《毛泽东选集》第 3 卷，人民出版社 1991 年版，第 1083 页。

方面，而其中讲的"不学文化、不钻研科学技术'也是不对的'"这一方面则无疑是资产阶级方面了（其他几例类推）。就是说，政治——无产阶级的；业务——资产阶级的。毛泽东在阐述文艺和政治的正确关系时说过：无产阶级的文学艺术是无产阶级整个革命事业的一部分，党的文艺工作是服从党在一定革命时期内所规定的革命任务的。"反对这种摆法，一定要走到二元论或多元论，而其实质就像托洛茨基那样：'政治——马克思主义的；艺术——资产阶级的。'"①"四人帮"及其御用工具就深深地陷入了托洛茨基式的二元论。这岂不是太可悲了吗？然而，这样的命运却恰恰是"四人帮"的整个理论所无法逃脱的。

毛泽东说："共产党人的任务就在于揭露反动派和形而上学的错误思想，宣传事物的本来的辩证法，促成事物的转化，达到革命的目的。"②我们批判反动派和形而上学抹煞斗争的矛盾调和论，强调矛盾的斗争性和矛盾斗争的绝对性，是因为只有通过矛盾的斗争才能促成事物的革命转化。没有斗争，就没有矛盾的解决，就没有质变、飞跃，没有革命。共产党人是要坚持斗争的。但是，我们的斗争是遵循辩证唯物论和历史唯物论的一切基本前提的，是有党性的。因此，我们决不是把一个孤零零的"斗争"作为自己的口号，甚至作为自己的世界观。毛泽东曾经借用资产阶级政治家说的"共产党的哲学就是斗争哲学"的话，强调我们党就是要领导无产阶级和人民群众同资产阶级及一切剥削阶级进行坚决的斗争。这当然不能说明毛泽东赞成用资产阶级政治家说的什么"斗争哲学"去概括我们党的世界观。林彪、"四人帮"不管毛泽东是在什么语境下说的话，抽出这只言片语，作为他们鼓吹"斗争哲学"的依

---

① 《毛泽东选集》第3卷，人民出版社1991年版，第866页。
② 《毛泽东选集》第1卷，人民出版社1991年版，第330页。

据，完全是别有用心的。

共产党的哲学就是辩证唯物论和历史唯物论，而不是什么"斗争哲学"。如果丢掉辩证唯物论和历史唯物论哲学的基本前提，丢掉无产阶级的党性原则，抽象地谈论"斗争"，那样的所谓"斗争"就不是无产阶级的革命武器，而完全可能成为资产阶级反革命的工具。"斗争"的概念并不是资产阶级不能接受的。问题的关键在于谁向谁作斗争，哪个阶级向哪个阶级作斗争。马克思说过："为历史所证明的古老真理告诉我们：正是这种社会力量（指 19 世纪英国的贵族阶级即马克思说的'过了时的社会力量'——引注）在咽气以前还要作最后的挣扎，由防御转为进攻，不但不避开斗争，反而挑起斗争，并且企图从那种不但令人怀疑而且早已被历史所谴责的前提中作出最极端的结论来。"①"四人帮"就是这样。他们既然是图谋篡党夺权的野心家、阴谋家，他们就不会像老的修正主义者那样回避斗争、害怕斗争，而是挑起斗争，也就完全可以成为所谓"斗争哲学"的最极端的鼓吹者。

（三）批判"四人帮"的上层建筑决定论

张春桥说："8 亿人民主要是抓'上层建筑'。""四人帮"的其他成员及其党羽也都声称，他们对于社会的生产，对生产数字，对出多少吨煤，打多少斤粮等等"不感兴趣"，而只对所谓上层建筑问题感兴趣。这种对于物质资料生产活动的轻蔑决定着他们历史观的整个方向和整个特征。在他们看来，决定社会历史前进的不是社会生产力的发展，不是物质资料生产方式的变化，而是上层建筑的"变更"。他们对于各种历

---

① 《马克思恩格斯全集》第 11 卷，人民出版社 1962 年版，第 363 页。

史现象的解释，都是从这个观点出发的。上层建筑决定论是"四人帮"唯心史观的总表现。

1. 否定生产力在社会发展中的最终决定作用就是整个儿地否定历史唯物论

"四人帮"及其御用工具直言不讳地宣称："人们在生产和交换中的相互关系，是阶级与阶级的关系的反映，是与上层建筑，特别是与人们的思想的影响分不开的。人们之间的关系总是在一定意识形态指导下形成和发展的。"[1] 这就是说，人们在生产和交换中的相互关系即生产关系是阶级关系的产物，是由上层建筑特别是人们的思想决定的。他们又说："生产力的发展离不开生产关系及其上层建筑的改革"[2]，这就是说，生产关系和上层建筑一起又决定着生产力。这样，生产力这个本来是最革命最活跃的因素成了被层层决定着的最消极最保守的因素，而上层建筑特别是人们的思想反而成了决定生产关系、决定生产力发展、决定社会生活的一切的东西。谁要说句反对的话吗？那就是所谓"唯生产力论"，就是"修正主义"！这决不是个别观点的错误，而是整个历史观的颠倒。

列宁在谈到马克思、恩格斯研究人类历史的基本观点和基本方法时说："他们的基本思想……是把社会关系分成物质的社会关系和思想的社会关系。思想的社会关系不过是物质的社会关系的上层建筑，而物质的社会关系是不以人的意志和意识为转移而形成的，是人们维持生存的活动的（结果）形式。"[3] 把社会关系分成物质关系和思想关系，就能够用社会的物质关系去说明思想关系，因而把物质决定精神的唯物主义路

---

① 方海：《学一点政治经济学》，《红旗》1972年第2期。
② 程越：《一个复辟资本主义的总纲》，《红旗》1976年第4期。
③ 《列宁选集》第1卷，人民出版社2012年版，第18—19页。

线贯彻到底。

所谓社会的物质关系，就是人们在物质资料生产过程中形成的关系即生产关系。这种物质关系决不像"四人帮"的御用工具所胡说的，是什么"在一定意识形态指导下形成和发展的"即由社会的思想关系决定的，而是由社会生产力的发展状况决定的。"各个人借以进行生产的社会关系，即社会生产关系，是随着物质生产资料、生产力的变化和发展而变化和改变的。"①社会不能停止消费，也就不能停止生产。社会生产是永不停止地进行的，社会生产力是永不停止地发展的，它是一种不以人的意志为转移的客观的物质力量，由这种客观物质力量决定的人们的生产关系也就是一种不以人们意志为转移的客观的必然的关系，不是人们能够自由选择的关系。人们不能在刀耕火种的生产力水平下选择资本主义的生产关系，或在大机器工业的生产力水平下选择封建制、奴隶制的生产关系。历史上常常有过处于落后生产方式的民族征服处于先进生产方式的民族的事实，但他们都不能在自己的"意识形态指导下"把被征服者的生产方式拉向后退，反而使自己被"同化"。马克思说："野蛮的征服者，按照一条永恒的历史规律，本身被那些他们所征服的民族的较高文明所征服。"②这条历史规律，正是生产关系一定要适合生产力性质的基本规律的一个表现，是人们不能自由地选择生产方式的一个证明。马克思主义把生产关系这种物质关系作为社会的基础，又认为这种物质关系是由社会的物质力量即生产力的发展所决定的，这就把唯物主义的路线在社会历史领域贯彻到底了。

列宁说："……只有把社会关系归结于生产关系，把生产关系归结

---

① 《马克思恩格斯选集》第 1 卷，人民出版社 2012 年版，第 340 页。
② 《马克思恩格斯选集》第 2 卷，人民出版社 2012 年版，第 857 页。

于生产力的水平，才能有可靠的根据把社会形态的发展看做自然历史过程。不言而喻，没有这种观点，也就不会有社会科学。"①生产力决定生产关系，生产关系又决定社会的思想关系即上层建筑，这样一个根本观点的确立，廓清了笼罩在社会历史上的层层迷雾，把一切传统的和习惯的历史观点否定了。

马克思主义历史唯物论的总观点，或者说，历史唯物论之所以是历史唯物论，就在于它说明了这样一点：生产关系的变革，由生产关系所决定的上层建筑的变革，整个人类历史的变迁，归根到底都是由生产力的发展所决定的，生产力归根到底决定着社会的性质，决定着社会的发展。可见，生产力在社会发展中起最终的决定作用的观点，虽然不能说它本身就是历史唯物论的全部的观点，但却可以说，如果抛弃了这个观点，就会抛弃历史唯物论的全部的观点。

"四人帮"否定生产力在社会发展中的最终决定作用而鼓吹"上层建筑决定一切"，就是露骨地宣扬人们的意识决定人们的存在，就是整个儿地推倒历史唯物论。恩格斯说，社会存在决定社会意识"这个事实不仅对于理论，而且对于实践都是最革命的结论"②。相反地，人们看到，从"四人帮"的上层建筑决定论即人们的意识决定人们的存在的谬论中，则不论在理论上和实践上都只能引出一系列极端反动的结论。

2. 把上层建筑的反作用歪曲成决定作用就是把历史唯物论篡改成历史唯心论

毛泽东在《矛盾论》里论述矛盾的主要方面和非主要方面的互相转

---

① 《列宁选集》第 1 卷，人民出版社 2012 年版，第 8—9 页。
② 《马克思恩格斯选集》第 2 卷，人民出版社 2012 年版，第 8 页。

化时说过："诚然，生产力、实践、经济基础，一般地表现为主要的决定的作用，谁不承认这一点，谁就不是唯物论者。然而，生产关系、理论、上层建筑这些方面，在一定条件之下，又转过来表现其为主要的决定的作用，这也是必须承认的。……当着政治文化等等上层建筑阻碍着经济基础的发展的时候，对于政治上和文化上的革新就成为主要的决定的东西了。"① 这段话是"四人帮"及其御用工具经常引证和歪曲，以作为他们论证上层建筑的决定作用的根据的。毛泽东是讲的经济基础和上层建筑在其矛盾运动过程中双方所处地位的变化，而且这种地位的变化是有条件的，即只是在上层建筑阻碍着经济基础的发展因而也阻碍着生产力发展的时候，上层建筑的革新才表现其为主要的决定的作用，而在除此以外的条件下，即在一般情况下，都不会表现为主要的决定的作用。

"四人帮"是怎么说的呢？他们是一般地谈论"生产力的发展离不开生产关系及其上层建筑的改革"，又一般地谈论生产关系与上层建筑特别是与人们的思想影响"分不开"。这就是说，生产力和生产关系的发展在任何时候、任何条件下都是"离不开"上层建筑的改革的。不仅在上层建筑已经腐朽、严重阻碍生产关系和生产力发展的时候，而且在上层建筑并不腐朽、并不阻碍生产关系和生产力发展的时候，甚至在新的上层建筑刚刚确立、正积极促进生产关系和生产力发展的时候，都是"离不开"的。"四人帮"在辽宁的追随者就借口社会主义时期上层建筑反作用的增大，直截了当地宣称："在整个社会主义历史阶段，生产关系对生产力、上层建筑对经济基础，始终起着主要的决定的作用。"在"四人帮"及其御用工具的笔下，上层建筑成了决定生产关系、决定生产力、

---

① 《毛泽东选集》第 1 卷，人民出版社 1991 年版，第 325—326 页。

决定整个社会历史的因素，上层建筑的变更成了历史运动的最终动因。

这种谬论，显然是对历史唯物论关于上层建筑反作用原理的根本歪曲。历史唯物论确认的上层建筑在一定条件下的决定作用，同经济因素在总的历史过程中的决定作用，是两个不同的范畴。上层建筑在一定条件下的决定作用，是就经济基础和上层建筑这矛盾双方地位的相互转化说的。在历史发展过程中，当不变更上层建筑就阻碍经济基础发展的时候，上层建筑就成为矛盾的主要方面，变革旧的上层建筑成为历史发展整个链条的决定性环节，因而表现其为主要的决定的作用。但它仍然是一种反作用，只不过在这种情况下，这种反作用具有决定性的意义罢了。而经济因素在历史过程中的决定作用，则是在何者第一性何者第二性的意义上说的。在经济基础和上层建筑的关系中，经济基础永远是第一性的。因此，经济的因素始终是决定的东西。在经济基础和上层建筑的矛盾中，经济基础一般地居于矛盾的主要方面，表现为主要的决定的作用。就是在上述情况下，当上层建筑的改革表现其为主要的决定的作用时，也并不能改变何者第一性、何者第二性的关系，经济基础仍然是第一性的，仍然是决定的东西。经济的必然性不仅决定着上层建筑变革的方向，而且使上层建筑的变革成为主要的决定的东西的"一定条件"，也归根到底是由经济必然性决定的。可见，这两种"决定作用"是在不同意义上说的，不可混为一谈。"四人帮"及其御用工具抓住"决定"这个字眼，把这两种"决定作用"都在归根到底的意义上谈论，把历史说成有着两个本原的决定的东西，这就是蓄意把历史唯物论的一元论篡改成历史二元论，并经过二元论达到历史唯心论的一元论即上层建筑决定论。

历史唯物论认为总的历史过程中是物质的东西决定精神的东西，既肯定精神对物质的依赖性，又认为物质对精神的决定不是机械的决定，即承认精神对物质的一定的独立性。精神对物质的依赖性是绝对的，精神对物质的独立性则是相对的。上层建筑对于经济基础的关系就是如此。恩格斯说："政治、法、哲学、宗教、文学、艺术等等的发展是以经济发展为基础的。但是，它们又都互相作用并对经济基础发生作用。并非只有经济状况才是原因，才是积极的，其余一切都不过是消极的结果，而是说，这是在归根到底不断为自己开辟道路的经济必然性的基础上的互相作用。"①不论上层建筑各个方面之间的相互作用还是上层建筑对经济基础的反作用，都是在经济必然性基础上的作用，都是受着经济必然性制约的。这个思想，就是上层建筑对于经济基础的相对独立性和绝对依赖性相统一的思想。

"四人帮"却把上层建筑说成可以超脱经济必然性而绝对独立地起作用的东西。姚文元曾经把他们的这种上层建筑决定论的论点发挥到了极端。他说："由于先进思想、先进党的领导（即上层建筑），社会（经济基础）可以飞跃，可以超阶段。"这就是说，只要有了他们所谓的"先进思想"、"先进党"，就可以为所欲为，可以超脱客观的经济必然性，可以跳过历史的必由之路。姚文元的这通胡说，不论从思想实质上看还是从夸夸其谈的方式上看，都最为鲜明地表现了"四人帮"哲学的特色。

历史唯物论高度重视先进思想（以及先进党）的巨大作用，但却决然否认任何思想具有可以超越历史阶段的作用。先进思想只有在社会物质生活发展的客观基础上才能产生，它之所以为先进思想，也就在于它正确地反映了客观的经济必然性，因而能够预见历史发展的必然趋势。先进思想对于革命斗争实践有着巨大的指导作用，但它也只能解决社会物质生活发展中的已经成熟的任务，就是说，它只能促进经济必然

---

① 《马克思恩格斯选集》第 4 卷，人民出版社，2012 年版，第 732 页

性的实现，而不能在经济必然性所限定的范围以外去实现什么。马克思说过："一个社会即使探索到了本身运动的自然规律……它还是既不能跳过也不能用法令取消自然的发展阶段。但是它能缩短和减轻分娩的痛苦。"①思想不论如何先进，不论它对社会发展的客观规律认识得如何深刻，也不可能超脱社会客观规律即经济必然性的制约。姚文元的"超阶段"论只能是彻头彻尾的历史唯心论。

3. 把上层建筑决定论贯彻到底就是把历史唯心论贯彻到底

"四人帮"对于阶级斗争、社会革命、个人和群众的作用等等历史现象，都不是从社会物质生活的矛盾运动而单从上层建筑方面去说明，即采取"政治论证"的传统方式，单纯用政治的原因说明社会历史，因而把社会意识决定社会存在的历史唯心论贯彻到了历史领域的各个方面，全面地复活了头足倒置的历史观。他们不是从社会物质生活领域而是从精神领域或政治生活领域寻找阶级存在和阶级斗争的根源，公然宣扬什么，"人们在生产和交换中的相互关系，是阶级与阶级的关系的反映"，"人们之间的关系总是在一定意识形态指导下形成和发展的"。这就是说，不是经济关系决定阶级关系，而是阶级关系决定经济关系，阶级关系又是由人们的意识形态决定的。这不是个别观点的错误，而是整个地用唯心论的阶级斗争观篡改了历史唯物论的阶级斗争观。

马克思在 1852 年致约·魏德迈的信中讲他对阶级斗争理论所作的三点新贡献中，第一点就是证明了"阶级的存在仅仅同生产发展的一定历史阶段相联系"②。正是这一点，使马克思的阶级斗争学说奠立在坚牢

---

① 《马克思恩格斯选集》第 2 卷，人民出版社 2012 年版，第 11 页。
② 《马克思恩格斯选集》第 4 卷，人民出版社，2012 年，第 426 页。

的唯物主义基础上。承认阶级的存在仅仅同生产发展的一定历史阶段相联系，就是把阶级和阶级斗争这种历史现象同物质资料生产活动的发展联系起来，它说明阶级的存在只是在生产有了一定的发展而又生产不足这样一个历史阶段的现象，因而阶级的消灭也就依赖于生产的极大发展。这样，就从社会生产力的发展状况科学地说明了阶级的产生、存在和消灭的历史过程。恩格斯说过，马克思的新的历史观从"生产还是如此不发达"这一点出发对以往的阶级统治作了自然而合理的解释，"不然这种阶级统治就只能用人的恶意来解释"①。

"四人帮"就是一个心怀恶意的黑帮，他们高喊的上层建筑领域的"阶级斗争"，就是他们争夺党和国家领导权的斗争。因此，他们所说的阶级关系"在一定意识形态指导下形成和发展"，就是说的阶级关系是可以由人们任意虚构的。他们正是按照自己的"意识形态"即篡党夺权的主观需要虚构出所谓"造反派和走资派"、"现代法家和现代儒家"、"革命派和投降派"的矛盾，虚构出"老干部是民主派，民主派就是走资派"的所谓"阶级关系新变动"，去制定他们反革命的政治纲领。

"四人帮"用上层建筑决定论篡改马克思主义的阶级斗争学说，也必然同样地篡改马克思主义关于社会革命的理论。他们把"革命是历史的火车头"的论点同生产力在社会发展中起决定作用的原理割裂开来、对立起来，只从上层建筑方面说明革命的发生，否认革命归根到底是由生产力的发展所引起的。这样，就从根本上歪曲了社会革命的过程、原因和目的。

否定了生产力在社会发展中的决定作用，也就根本否定了首要的生产力——劳动者的历史作用。既然"革命"只是由少数人的头脑"制造"

---

① 《马克思恩格斯选集》第3卷，人民出版社2012年版，第724页。

的，"阶级斗争"只是少数人争夺领导权的斗争，那么，人民群众就不是阶级斗争和社会革命的主力军，而只不过是少数人争权夺势的工具。"四人帮"对待人民群众的观点，整个地说来，就正是这样的观点。因此，他们嘴里喊的是群众运动，而实际干的则是运动群众。他们一面说着"爱人民"的虚伪词句，一面却干着残害人民的法西斯暴行。他们实行专制主义，推行愚民政策，提倡奴隶主义，宣传蒙昧主义，他们的一切倒行逆施，无不暴露出彻底反人民的法西斯主义的英雄史观。

可见，是生产力决定社会的发展还是上层建筑决定社会的发展，这是两种历史观的根本对立，历史唯物论同历史唯心论的一切分歧都是由此发端的。马克思说过，理论的彻底"就是抓住事物的根本"。只有抓住生产力在社会发展中的最终决定作用才是抓住了历史的根本。阶级斗争是历史的动力的论点，革命是历史的火车头的论点，人民群众创造历史的论点，都只有同生产力在社会发展中起最终决定作用的原理统一起来，才能成为彻底的唯物主义一元论历史观的有机部分。

4. "四人帮"上层建筑决定论的实质和核心是法西斯的权力意志决定论

上层建筑决定论必然通向法西斯主义。法西斯主义的重要特征就是迷信权力的作用、意志的作用，法西斯主义的历史观也就是上层建筑决定论的历史观。法西斯主义的思想先驱尼采说过："这个世界就是权力意志——岂有他哉""除了从意志到意志以外，根本没有别的因果联系"。"四人帮"就是从意志到意志，从野心到野心，根本否认任何客观因果性、客观规律性、经济必然性等等。姚文元曾经恶毒咒骂"客观第一、主观第二"的唯物论是"反动的形而上学"，胡说离开了什么"奋斗"，"客观第一"就会成为一纸空文！他们的"奋斗"是什么？就是"追求权力，追求更多的权力"。他们鼓吹上层建筑决定一切，显然并非认为上层建筑中所有的方面都具有同样的决定作用，而主要是所谓"领导权"决定着一切。在他们看来，历史不是按照它本身固有的规律向前发展的，而是由人们的意志决定的，只要所谓"领导权"掌握在谁手里，谁就可以牵着历史朝任何方向走去。在他们看来，整个世界就是权力意志。一部世界历史，就是一部权力意志演变史，就是少数统治者争权夺势的历史。他们用所谓"儒法斗争"代替阶级斗争，把剥削阶级内部不同派别的代表人物之间争权夺势的斗争说成历史的主线。赫赫于历史舞台的是帝王将相，左右历史进程的是今天某人"上台"，明天某人"下台"。什么农民的起义和斗争，什么生产力的发展，都被远远地抛在历史之外。他们对于现实生活的矛盾和斗争，也都是用权力意志去说明的。"一个官僚资本或民族资本的企业，怎样变成社会主义企业的呢？还不是我们派了一个军管代表或者公方代表到那里！"张春桥讲得何等轻松！一个什么"代表"就有那么大的神力，还要什么党的领导和群众斗争？中国的官僚资本和民族资本竟这样轻而易举而且莫名其妙地变成了社会主义企业，历史简直成了变戏法了！"四人帮"正是戴着他们特有的权力意志决定论的眼镜，去看待党内的斗争，看待我国政治生活、经济生活中的一切现象的。在他们的头脑里只容得下两个大字：权力。

"四人帮"及其帮派体系的一切言论行动，都是由这种上层建筑决定论、权力意志决定论的历史观支配的。他们的全部理论活动和实际活动，都是为了篡取权力。而一当他们篡取了一部分权力以后就立即滥用这种权力，实行法西斯的专制主义。他们只承认权力的作用，不承认其他一切。"四人帮"鼓吹上层建筑决定论的要害，就是要用封建专制的法西斯主义改造中国。

三、批判"四人帮"哲学对我后来学术活动的影响

《"四人帮"哲学批判》出版后，学界有些传言，说这书写得多么多么快，有说是三个月的，有说是两个月的。这些传言表达的都是善意，但同事实的出入太大了。事实是，这部著作是我做得最艰难最辛苦的一部著作。从 1977 年 3 月启动到 1978 年 8 月定稿，中间除了花半个来月的时间写那篇关于资产阶级法权的文章，整整一年半的时间里，始终处在高度紧张的状态。在书稿写作的关键时段，每天工作在 15 小时以上，而且几乎一天也没有中断。之所以搞得那么辛苦，原因不外乎两个方面。一方面，从主观上说，我可能犯了"力小而任重"的大忌。面对的课题那么重大而可资借鉴参考的东西却少之又少，加上"文革"刚刚结束，在理论问题上发言还是心有余悸。另一方面从客观上说，我的研究对象具有极其特殊的复杂性。"四人帮"哲学的总的特点是夸大马克思主义哲学的革命性（如矛盾的斗争性、事物的变动性、精神的能动性等），"夸大"就是超出了理论的真理性的界限。如列宁所说，只要超出这个界限一小步，真理就会变成错误。"四人帮"及其御用工具在有些问题上是肆无忌惮，但在较多问题上却玩弄了一些伎俩，让人看起来也只是多走了"一小步"。因为是一小步，所以往往难以察觉。而恰恰这一小步，正是隐藏着真理的界限的地方。这就要求对于理论是非的界限有精准的把握，也就逼着我去读很多书，特别是马克思主义的经典著作。他们引证过的一些用以论证其基本观点的著作，我都要一一查对原文，有的还要反复阅读。所以这个研究的过程，真是一个效果极好的学习过程。

这部稿子本来是天津人民出版社约稿，后来怎么由人民出版社出版

了？这是一个意外的偶然情况造成的。1978 年 3 月中旬的一个星期天，也是准备给天津人民出版社交稿的头一天，还差结束语的一千来字没有誊完的时候，因为已达到极限的紧张和劳累，我一个字也写不下去了。正好我的夫人抓了几副中药，我便帮他去药店取回，这样可以放松两个小时，回来再写。这家药店是南开大学公费医疗的指定中药店，在佟楼的儿童医院附近。提着几包药草在路上走着，忽然想起年前市委宣传部的江海同志向我说过他的抗震临建棚子①搭得如何高档，如何舒适，要我一定去观赏一下他的"别墅"。他的"别墅"就在佟楼花园，我便顺路去拜访了他。他见到我就问"你那书写得怎样了？"我说"今天回去把目录抄好，明天就送出版社"，并且把书稿的大致情况说了一下。江海同志说："稿子不要送天津人民出版社了。这个出版社问题不少，正好我们下周就派工作组进驻。你这种稿子他们不敢定，必须经过外审，这一外审就没准了。我帮你推荐到人民出版社去吧。"我当然很是高兴，却又有所顾虑：一是人民出版社高不可攀，那是国家出版社，书稿质量要求很高，审稿很严，这稿子怕人家看不上；二是对天津人民出版社不好交待。虽然没有和他们签订合同，那时候的人们也没有什么合同意识，但信用还是要讲的。是人家约的稿，又不给人家了，将来怎么打交道？（三年之后，我编写的一本发行二百多万册的教材，就曾坚持在这家出版社出版，算作一种补偿。此事后面将详细叙述。）但江海同志讲的道理似乎更硬，如果为顾及面子，把事情搞黄了，那就真是"因小失大"了。

江海同志政治修养、理论修养都很高，曾是北京大学地下党的老同

---

① 地震后，为防余震，人们临时搭建了一些简陋的窝棚居住，天津人把它叫作"临建棚"。

志，我和他于 1964 年在河北省委组织的写作组共事近三个月，他是课题的总执笔人，我是三名分题执笔人之一。后来他去市委宣传部以后，又曾多次合作共事，对我非常了解，也非常信任。我后来常常想，我真是运气好，如果我那天不去看他的"别墅"，这个稿子交给了天津人民出版社，我这篇文章大概就不是这个做法，甚至没有文章可做了。江海同志电话推荐后，我将稿子寄去，不出半月，人民出版社就答复决定采用。5 月下旬，汪子嵩先生来天津参加一个学术会议，人民出版社托他捎来口信，要我去修改初稿，要求住在出版社的招待所。我从学校财务科借了三十元钱，兴高而采烈地去了北京。出版社确定由汤群英同志做这部书稿的责任编辑，我们合作得很是愉快。因为这次修改之后要由编辑室最后敲定，所以实质性的修改意见是直接由时任哲学编辑室主任薛德震先生谈的。德震先生虽只长我 6 岁，却已经是很成熟的出版家，同时也是理论家，其眼光之敏锐，思考之清晰，令人叹服。他提出的意见非常中肯，有根有据，有破有立。按他的意见去修改，很是顺手。这对于我后来指导研究生的学位论文都极有启发作用，给学生谈论文的修改意见，一定要得要领，一定要有破有立。我曾说过德震先生"是在我学术成长的起步时期给过我巨大支持和帮助的师长和朋友"①。这一点也没有夸张，决不只是恭维话。

在人民出版社修改书稿将近两月，这对提高书稿质量起了十分重要的作用。一是有德震先生等的有力指导，二是出版社给我提供了一个中宣部编印的"四人帮"哲学言论集。这个资料太重要、太珍贵了，不仅非常翔实，非常完整，而且同我的初稿的叙述框架非常契合，大有助于我更准确地把握问题，进行更清晰更深入的理论分析。

---

① 薛德震：《征途——薛德震哲学书信集》，人民出版社 2010 年版，第 7 页。

这本书出版以后，各方面的反应良好。"文革"刚刚结束的时候，人们只有"大批判"的习惯，少有写书评的，但香港的《文汇报》发了一个比较长的书评，题目是"最最革命哲学的破产"。天津人民广播电台全文播放了这本书，我听过几段，效果不错。另外，我在南开大学开了一个"四人帮"哲学批判的专题讲座，内容比书略多一些，颇受欢迎。

经过这个课题的研究，使自己更清楚地了解了我们国家的哲学状况，而哲学的状况又是同社会的状况密切相关的。从理论上把握我国的哲学状况和社会状况，理解我国社会变革、社会进步的理论需要，是确定哲学研究方向的最重要的基础。正是这部著作的写作，开启了我几十年来可以称之为"返本开新"的哲学研究之路。

附：相关论著

（1）陈晏清：《"四人帮"哲学批判》，人民出版社 1979 年版。

（2）陈晏清：《"四人帮"上层建筑决定论批判》，《教学与研究》1979 年第 1 期。

（3）陈晏清：《历史地辩证地看待资产阶级法权——批判"四人帮"在资产阶级法权问题上的谬论》，《光明日报》1977 年 10 月 17 日。

（4）陈晏清：《林彪唯心主义天才论的破产》，《南开大学学报》1974 年第 1 期（未发行）。

（5）田南哲（陈晏清、杨焕章）：《唯物论和无产阶级党性不容割裂》，《人民日报》1973 年 10 月 17 日。

马克思主义"自由王国"理论的新理解

  《"四人帮"哲学批判》是紧密结合政治批判而对"四人帮"所做的理论批判，虽有一定的系统性，但还是比较粗浅的。在写作这部稿子时，我就颇有意犹未尽之感，许多问题限于"四人帮"哲学批判这个话题，不便深说下去。真正实现拨乱反正的任务，还有许多工作要做，还必须结合总结新中国成立以来的理论教训，在理论和学术的深层上推进。这可以说是当时不少有识之士的共识。我在人民出版社修改书稿的日子，结识了一位重要的朋友段若非先生。他当时是山西人民出版社的编辑，也住在人民出版社的招待所。段先生是北京大学哲学系 61 届毕业的，我们是同行，加上他是方克立在中学时的同班同学，这使我们很容易亲近起来，所以我经常向他请教，许多问题都同他讨论过。《"四人帮"哲学批判》出版后不久，段先生就曾邀我加盟写一本中国现代哲学史（他指的"现代"是 1949 年新中国成立以后，实为"当代"），并且建议我写"文革"前的十七年这个时期。这本来很合乎我的想法，我就是想应当对新中国成立以来的哲学思潮进行认真的清理，但我却借故推辞了。我觉得，写史和写论是大不一样的。写史要涉及具体的人和事。"文革"前十七年几次哲学论战的当事人大多健在，有些不得不涉及的人还是我非常熟悉的人，我怕由此陷进理论界内部人际关系的是是非非。我想采取写"论"的方式，正面阐述自己的观点，尽量回避具体的人和事，这样效果可能会更好一些，有些问题的阐述也可能更便于深入一些。当然，争论是难以避免的，但那是正常的学术争论，只要处理得好，是不会惹出什么麻烦来的。

当年毛泽东针对某种现象说过"唯心主义盛行，形而上学猖獗"这样的话。固然毛泽东所指向的和后来人们所观察和体悟到的不完全是一回事，但借他的话作为对于我们国家一个时期里哲学状况的总体描述也未尝不可。"唯心主义盛行"的突出表现是唯意志论盛行，忽视和藐视客观规律；"形而上学猖獗"的最主要表现就是"斗争哲学"的猖獗，即在对立面的同一和斗争这两个方面中，只讲斗争不讲同一。"文革"结束后，在写完《"四人帮"哲学批判》之后的两三年里，我对哲学理论问题的思考也都是集中在这两个问题上，并写过一些文字。在这个题目里，我先讲讲对于唯意志论思潮的清理。

新中国成立以后，在一个时期里，"发挥主观能动性"不只是一种哲学言论，而且成了一个十分响亮的政治性口号，几乎家喻户晓。在"发挥主观能动性"的名义下，片面强调干劲和热情，不讲科学态度和科学精神；在推进各项事业的过程中，片面夸大人的因素的作用，贬低和否定物的因素的作用，一味地批判所谓"条件论"；在人的因素里又只讲精神的因素，因而片面夸大精神的作用、上层建筑的作用，否定经济因素的决定作用；把想象当作事实，把可能当作现实，把只在以后的阶段才能实现的可能性当作现阶段即可实现的可能性，鼓吹"异想就能天开"，盲目追求"高指标"，以及由此而来的浮夸风、瞎指挥风、强迫命令风屡禁不止。所有这些，归结于一点，就是片面地抽象地夸大人的主观能动性，而否定或忽视客观规律、客观条件、客观可能性。这种唯意志论的狂热性、盲动性在1958年的"大跃进"中和1966年开始的"文化大革命"中达到了登峰造极的地步。这是国家民族的不幸，也是哲学的不幸，因为它把哲学搞得声誉扫地。清理新中国成立以后的哲学思潮，首当其冲的就应当是这股披着马克思主义的主观能动性理论的外衣出场的唯意志论思潮。

1979 年夏天，也就是《"四人帮"哲学批判》出版不久，上海人民出版社的编辑朱一智先生到北京组稿。人民出版社的同志向他推荐了我，朱先生便来到天津商谈。他要我自报选题，我首选了《论自觉的能动性》，并谈了大致的想法。朱先生非常高兴，我们当即敲定。这就又开始了我的第二部著作的写作。

写《论自觉的能动性》这本书比较从容，不似写《"四人帮"哲学批判》那样"只争朝夕"，也不是那么全力以赴，我同时还做了许多其他的事情。1979 年夏天定下任务后，做了一些资料准备工作；主要的写作时间是在 1980 年。1981 年春天只作了一些扫尾和修改的工作。这年夏天朱一智先生出差北京，我也正好要去北京参加由中国人民大学举办的全国高校哲学教师讲习班（让我讲《辩证唯物主义原理》中的"对立统一规律"一章），便约定在北京面谈和交稿。1981 年 7 月将书稿交给朱一智先生，正好整整两年之后，即 1983 年 7 月出版面世。现在看来，一部十几万字的稿子，"出版周期"两年，时间似乎长了点，但在当时，这是毫不足怪的。

写这本书的基本想法是，既要有理论的深度，又不能搞成纯学术的著作。既然写作的目的是清理新中国成立以来的哲学思潮，那就要针对已经发生的问题，全书的布局要以清理思想、解决问题为线索。唯意志论思潮的主要的、核心的问题，是忽视和藐视客观规律，不按经济规律办事，不按各个领域自身的运行规律办事，而是凭人们的主观意志行事，甚至是只凭某一个人或几个人的意志行事。清理这种哲学思潮，最重要的也就是从各个方面阐明主观能动性与客观规律性的关系问题，即人们改造客观世界的活动同客观世界本身固有的规律性之间的关系问题，既阐明主观能动性受着客观规律的制约，又阐明客观规律为人的主观能动性的发挥提供依据，即客观规律乃是人的有目的的活动的基础。

可见，这个问题在哲学上的归结就是必然与自由的关系问题。

在深入研究的过程中，我发现，在这股唯意志论的思潮中，不仅关于必然和自由的关系问题本身弄得十分混乱，而且还有一个与此问题同样重要，在一定意义上甚至可以说更加重要，却长时期里被人们所误解的问题，这就是"必然"和"自由"同"必然王国"和"自由王国"这两对范畴之间的区别。其理论上的代表作是《红旗》杂志1958年第12期上发表的关锋的文章《抓住时代的精神》。这篇文章写道："我们的时代的精神是什么？从根本方面说来，主要的就是恩格斯说的'从必然王国进入自由王国的飞跃'。"文章说，1958年这一年，我们已经开始了这个"飞跃"，根据就是"人的主观能动作用达到了一个新的历史阶段"，这一年，是"开阔眼界、破除一切迷信的一年"。文章问自己："社会主义制度下人的主观能动作用究竟有多大？"回答说："在实际上是望不到边的"，例如所谓试验田可以由亩产几千斤到几万斤到十几万斤。可见，文章所谓的"自由王国"就是摆脱了必然王国的绝对自由。

我自己认为，澄清上述这两对范畴的关系，正确地理解和阐述马克思主义关于"自由王国"的理论，是我在这项研究中取得的最有意义的成果。所以，我想主要谈谈这个问题。

一、"必然"和"自由"同"必然王国"和
"自由王国"这两对范畴的区别

（一）"必然"和"自由"是认识论范畴

必然是客观事物的联系和发展中合乎规律的确定不移的基本趋势，

属于客观的范畴。自由即人们的意志自由和行动自由，则属于主观的范畴。列宁说过，恩格斯关于必然和自由的论述是对于自然界是第一性的、意识是第二性的这个唯物主义一般定义的"一次个别应用"，他并且批判卢那察尔斯基等想当马克思主义者的俄国马赫主义者们竟然"没有看出"恩格斯关于必然和自由的论述在认识论上的意义。① 自由就是对必然的认识和对客观世界的改造，就是认识必然和利用必然。必然和自由的关系是从属于主客观的一般关系的。对于必然与自由的关系的全面的理论阐述，几乎涉及马克思主义认识论的全部基本概念和理论，是一种很地道且很深刻的认识论理论。

列宁说："必然性在转变为自由时并没有消失。"② 正如物质变精神时并没有消失一样，这时候它只是由盲目的必然性变成了为我的必然性。人们在任何时候都只能认识和利用必然性，而不能消灭或摆脱必然性。必然性变成自由时不会消失，而自由一旦违背必然性却随时可以消失。人们处在自由状态或不自由状态，只是必然制约自由的两种不同的表现形态而已。这就是说，人们的认识和实践，在任何时候都要服从客观必然性，要受客观必然性制约，只有遵循客观必然性才能获得自由，也只有遵循客观必然性才能保持自由和扩大自由。因此，在认识论的意义上，无所谓"自由王国"。

关锋的文章在认识论的意义上使用"自由王国"的概念，把它视为标志人的主观能动作用发展程度的范畴，这显然是滥用了这个概念。若问人的主观能动性达到什么程度就算进入了所谓"自由王国"？这是没有人能做出明确答案的，关锋的文章也只能说在社会主义制度下，人的

---

① 《列宁选集》第 2 卷，人民出版社 2012 年版，第 150—153 页。
② 《列宁全集》第 55 卷，人民出版社 2017 年版，第 136 页。

主观能动性实际上是"望不到边"的。望不到边，也就是找不到所谓"自由王国"和"必然王国"的边界。"望不到边"，就是无边无际，想到哪里就可以到哪里，想走多远就可以走多远。这当然是自由得很，是绝对的自由。但这是人类历史永远不可能出现的状态，而只是一些人的吹牛而已。这个"望不到边"论，可以说是对于那一年里诸如"人有多大胆，地有多大产"、"不怕做不到，只怕想不到"、"敢想就有可能，敢做就能实现"这一类口号的理论表达、哲学表达。

"望不到边"论在理论上提出的问题，是人的主观能动性发展的无限性和有限性的关系问题。人们总是在一定的历史条件下认识世界和改造世界的，人的主观能动性总是受着一定的历史条件制约的，因此，不论在任何社会制度下，人的主观能动性都是有边界、有限度的，即有限的。诚然，任何界限都不是凝固的、僵死的，随着历史条件的变化，人的主观能动性也会突破原来的界限而向前发展，这种发展是没有止境的。从这点上，也只是从这点上，又可以说它是无限的。无限和有限是对立的统一，无限即寓于有限之中。离开有限讲无限，从而否定界限的存在，或者离开无限讲有限，把界限看成凝固不变的，这两种看法都是非辩证的。恩格斯说："人的思维是至上的，同样又是不至上的，它的认识能力是无限的，同样又是有限的。按它的本性、使命、可能和历史的终极目的来说，是至上的和无限的；按它的个别实现情况和每次的现实来说，又是不至上的和有限的。"① 人的认识的发展如此，人的实践的发展也如此。人的主观能动性的发展过程，就是无限和有限的辩证统一的过程。"自由王国"这类的概念无助于理解和阐释这种认识论的辩证法。

---

① 《马克思恩格斯选集》第 3 卷，人民出版社 2012 年版，第 463 页。

（二）"必然王国"和"自由王国"是社会历史范畴

马克思和恩格斯关于必然王国和自由王国的集中论述主要有两处，一处见于马克思的《资本论》，一处见于恩格斯的《反杜林论》。说明这一问题，首要的是正确理解马克思和恩格斯论述的原意。

恩格斯在《反杜林论》的"哲学"编中讲了"自由和必然"，在那里是讲的认识论，最著名的论断是"自由不在于幻想中摆脱自然规律而独立，而在于认识这些规律，从而能够有计划地使自然规律为一定的目的服务"，"人对一定问题的判断越是自由，这个判断的内容所具有的必然性就越大；而犹豫不决是以不知为基础的……"① 但这些直接论述主观能动性和客观规律性的关系问题的话，关锋的文章一句也不引，而是翻到后面的"社会主义"编中去抄"从必然的王国进入自由王国的飞跃"那句话。在那里，恩格斯是从一个特定的角度讲了社会主义必然代替资本主义的问题。恩格斯透彻地揭示了资本主义社会的基本矛盾，考察了这一矛盾产生、发展和日益激化的运动过程。他指出，生产的社会化和生产资料的私人占有之间的矛盾是资本主义生产方式所固有的、不可克服的矛盾。生产的社会化使人们的社会联系日益扩大和加强，而生产资料的私人占有制却使人们根本无法驾驭自己活动所造成的社会关系，即"丧失了对他们自己的社会关系的支配权"。这种社会关系以一种物化的形式"反过来反对生产者本身"，把人们"置于它的统治之下"。由于人们不能驾驭社会关系，因此，"社会生产的无政府状态占统治地位"，整个社会充斥着疯狂的"生存斗争"。这一矛盾会通过周期性的经济危机剧烈地爆发出来，它的激化最终必然导致资本主义生产方式的炸毁。由

---

① 《马克思恩格斯选集》第 3 卷，人民出版社 2012 年版，第 492 页。

此恩格斯预言：一旦消灭了生产资料的私人占有制，生产资料将归社会占有，产品对生产者的统治将会消除，社会生产内部的无政府状态将得到克服，生存斗争将停止，人们将支配和控制自己的生存条件，成为自己的社会结合的主人。在作了这些分析之后，恩格斯才作出"这是人类从必然王国进入自由王国的飞跃"的论断。① 可见，恩格斯所说的"必然王国"，就是指人被物化的社会关系所支配即人受物支配的社会状态，而"自由王国"则是指人支配自己的社会关系即人支配物的社会状态，所谓"人类从必然王国进入自由王国的飞跃"，就是由一种社会状态向另一种全新的、合理的社会状态的过渡。因此，恩格斯紧接着在下一段中指出："完成这一解放世界的事业，是现代无产阶级的历史使命。"② 他把这一飞跃看作是完成"解放世界的事业"，那就是推翻资本主义旧世界、创造新世界，就是实现资本主义生产方式和整个社会制度的根本变革。

显然，把恩格斯的这一命题等同于表述从必然向自由转化的一般认识论内容的命题，是不符合恩格斯的原意的。虽然在一定的意义上也可以说，从必然王国向自由王国的飞跃是从必然向自由的转化，但只是限于社会历史领域内。社会历史领域不同于自然领域，在这里，从必然向自由的飞跃只是在一定的历史关头才发生的。要使人不受盲目的社会关系的必然性的支配而反过来驾驭这种必然性，单靠认识是不够的（且不说这种认识也只是在人类历史的一定阶段上才能获得的），而必须依赖于社会变革，即依赖于对旧的资本主义的生产方式以及和这种生产方式连在一起的整个社会制度实行完全的变革。因此，即使对于社会历史领

---

① 《马克思恩格斯选集》第 3 卷，人民出版社 2012 年版，第 815 页。
② 《马克思恩格斯选集》第 3 卷，人民出版社 2012 年版，第 817 页。

域内必然向自由转化的问题，也需要借助于必然王国和自由王国这对范畴，着重从社会历史发展的特殊性上加以探讨。

马克思关于必然王国和自由王国的经典性论述是在《资本论》里，他是这样说的："事实上，自由王国只是在必要性和外在目的规定要做的劳动终止的地方才开始；因而按照事物的本性来说，它存在于真正物质生产领域的彼岸。"物质生产的领域始终是一个必然王国，"在这个必然王国的彼岸，作为目的本身的人类能力的发挥，真正的自由王国，就开始了"。① 这里明确揭示了所谓自由王国的实际内容就是人类能力的发挥和发展成为目的本身。马克思说按照事物的本性，自由王国只存在于真正物质生产领域的彼岸，却不是说物质生产领域的彼岸就是自由王国，而只有当人类能力的发挥和发展成为目的本身时才在那里开始了自由王国。事实上，自从人类有了剩余劳动，就有了物质生产活动的"此岸"和"彼岸"的对立，但只有当历史扬弃了这种对立时，才有人类从必然王国向自由王国的飞跃。

可见，马克思说的"自由王国"也是指的一种社会状态，是指的人类能力的发挥和发展成为目的本身这样一种社会状态，即可以实现人的全面自由发展的社会状态。应当说明的是，恩格斯和马克思所论述的"必然王国"所指的必然性是有区别的。恩格斯指的是盲目的社会关系的必然性，马克思指的是人类必须同自然界进行物质变换这种自然必然性；前者是一种历史的必然性，后者则是一种永恒的必然性。因此，所谓从必然王国向自由王国的飞跃这个命题的具体含义也有所不同。在前者，是意味着"必然王国"的终结，即人们受盲目的社会关系的必然性支配的状态的终结；而在后者，则不是"必然王国"的终结，而只是由

---

① 《马克思恩格斯文集》第 7 卷，人民出版社 2009 年版，第 928、929 页。

于扬弃了物质生产活动的"此岸"和"彼岸"的对立而改变了它的性质。但是，二者都体现着或表现着从一种社会状态向另一种社会状态的飞跃却是无疑的。

如果说对马克思论述的上述理解正确的话，那么，它同恩格斯论述的一致性就是显而易见的。真正的自由王国是指人类能力的发挥和发展成为目的本身，这当然也就是人获得了主体地位，成了自己社会关系的主人，不再是物支配人，而是人支配物。实际上，恩格斯也已经论述了马克思的这个思想。他在论述"自由王国"的那段话的前一段说：在实现了生产资料的社会占有之后，"通过社会化生产，不仅可能保证一切社会成员有富足的和一天比一天充裕的物质生活，而且还可能保证他们的体力和智力获得充分的自由的发展和运用，这种可能性现在第一次出现了，但它确实是出现了"。这和下一段讲的"这是人类从必然王国进入自由王国的飞跃"①是相呼应的。人是社会关系的总和，人的发展也是离不开人的社会关系的。人们驾驭自己的社会关系和人的能力的自由而全面的发展，是内在地联系着的。驾驭社会关系是保证人的能力充分而自由发展的前提条件，人的能力的充分而自由的发展则是驾驭了自己社会关系后的必然结果。

（三）区别这两对范畴的意义

马克思和恩格斯讲的"自由王国"，是废除了资本主义私有制，人们成了自己的社会结合的主人，因而人类能力的发挥和发展成为目的本身这样一种社会状态，这就是共产主义社会（社会主义是它的低级阶

---

① 《马克思恩格斯选集》第3卷，人民出版社2012年版，第670、671页。

段）。社会主义制度的建立，标志着人类社会的发展进入一个新的历史时期。"在这个时期中，人自身以及人的活动的一切方面，尤其是自然科学，都将突飞猛进，使以往的一切都黯然失色。"①这就是说，在这个时期，社会生活即人们的活动将获得全面的进步，人们自身，人们的主观能动性也将获得重大的提升。这些，都显示了社会主义制度的优越性。研究社会主义社会的发展，首先应当对于社会生活各个方面及人的发展的过程和趋势进行分别的研究，然后在分析的基础上综合，把握各方面之间的内在联系，揭示社会主义社会发展的客观规律。对于社会生活和人的发展的各个方面的研究都有它们各自相应的范畴，不可互相混淆，或互相归结。比如我们这里所讨论的问题，就是把标志社会发展状态的范畴与标志人的主观能动性发展程度的范畴混淆了。由于社会发展状态和人的主观能动作用的发展状态是互为因果、互相促动、同步提升的，二者之间有着十分密切的、直接的关联，因而极容易将它们混淆起来。但是如果混淆了，就必定会导致理论上的错误。

20世纪50年代初，苏联讨论政治经济学教科书未定稿时，有些经济学家就是混淆了这两个方面的问题。他们也是引证恩格斯的《反杜林论》，认为人已经摆脱了社会经济关系的统治而成为自己社会生活的"主人"，就使经济规律失去了它的客观性质。他们提出，苏维埃国家及其领导人可以废除现存的政治经济学规律，可以"制定"或"创造"新的规律。斯大林发现了这个问题，并在他的《苏联社会主义经济问题》一书中系统地批判了这种唯心主义的观点。②在我们国家，20世纪50年代初期许多人也学习了斯大林的这本著作，这对于帮助人们认识社会主义时期经

① 《马克思恩格斯选集》第3卷，人民出版社2012年版，第860页。
② 《斯大林选集》下卷，人民出版社1979年版，第541—545页。

济规律及其他各种规律的客观性质，正确发扬人的主观能动性是起了一定作用的。但是，关于客观规律性和主观能动性、必然和自由相互关系的唯物主义思想并没有扎下深根，加上将"自由王国"误解为认识论的范畴，因而到 50 年代末期，又有些人头脑发热，认为我们在社会生活的各个方面都进入了"自由王国"，仍然有人主张可以消灭规律和创造规律。

可见，把作为认识论范畴的必然与自由，同作为社会历史范畴的必然王国和自由王国加以区分，是非常重要的。如将它们混淆，则一方面会造成思想理论上的迷误，已如前述；另一方面会遮蔽马克思主义"自由王国"理论的真实意义。（关于这后一方面将在后面论述）。

这两对范畴的区分如此重要，所以我一直想写出专文予以澄清。但在当时，我觉得尚有不便。一是我对于"自由王国"理论还研究得不够，只能说其然，而难以说清其所以然。二是这两对范畴的混淆，在中国理论界乃至理论界之外的大多数人中是作为常识接受下来了的，我本人也是如此。如果专门写文章去说而又说得不清不楚，是不会有积极的效果的。正好在这个时候，1980 年，我开始招收硕士研究生，我便建议李淑梅把"马克思主义关于'自由王国'的理论"作为她的学位论文题目。淑梅的硕士论文做得非常认真。她通读了《资本论》及其手稿以及经典作家其他论述有关人的发展问题的著作。为了读好《资本论》，打下坚实的经济学、哲学的知识基础，她还去本校的经济学系旁听《资本论》的课程，我还带她专门请教了著名经济学家、《资本论》研究专家魏埙教授。因为准备请李秀林、赵凤歧两位老师主持她的论文答辩，我还提前了许多时间把论文送交李秀林老师，并由他陪同，去拜访了著名经济学家吴树青先生（他们当时是对面邻居）。淑梅的论文做得很成功，基本上搞清楚了马克思的"自由王国"理论是怎么回事。直到 1986 年，《哲学研究》第 3 期发表了李延明的文章"怎样认识人类从必然王国向自由王国的飞跃",直接明确地指出"必然王国和自由王国不属于社会历史范畴,而属于认识论范畴;不是社会状态,而是人的认识——实践活动状态",这才正好给了我们一个澄清问题的机会,我便和淑梅合作写了题为"应着重从社会历史角度理解马克思主义关于'自由王国'的理论"的文章,同李延明商榷,刊发于这一年的《哲学研究》第8期上。①

二、马克思主义"自由王国"理论的真实内容

如前所述,马克思的论述和恩格斯的论述在思想实质上是完全一致的。但是,马克思的论述更明确,论证更充分,更不容易发生误解。恐怕正是这个缘故,有些谈论"自由王国"的文章更愿意回避。李延明的文章就明确地说,马克思的论述"与恩格斯说的'必然王国和自由王国'含义不同","只能置而不论"。我们则认为,要讨论人类从必然王国向自由王国飞跃的问题,对于马克思的论述是绝不可"置而不论"的。所以,我们也就着重谈了对马克思论述的理解。

李延明的文章对马克思所说的必然王国和自由王国只是作出了这样的解释:"必然王国指的是人的物质生产活动领域,自由王国指的是人从事物质生产活动以外的其他活动领域。"这样的解释只是把必然王国和自由王国看成两个可以直观把握的空间概念,而没有揭示它的任何科学内容。物质生产活动的领域和物质生产活动以外的其他活动领域的对立,即物质生产活动的"此岸"和"彼岸"的对立,实质上是劳动时间和自由时间的对立。这种对立是历史的产物,是在社会生产有了一定的

---

① 参看《陈晏清文集》,天津人民出版社2007年版,第259—266页。

发展而又发展不充分的历史条件下出现和存在的。当社会生产力有了一定的发展，劳动者能够超出自身的需要为社会提供剩余劳动时，也就是说，劳动者的劳动时间可以区分为必要劳动时间和剩余劳动时间两部分时，人类就不用把全部时间和精力都花费在物质资料的生产上，而可以腾出一部分时间从事科学、艺术、社会管理等物质生产活动以外的其他活动。这种以剩余劳动为基础的用以从事科学、艺术、社会管理等活动的时间，就是社会所游离出的自由时间。这种自由时间的出现，对于人类自由的发展以至整个人类文明的发展具有决定性的意义。"整个人类的发展，就其超出对人的自然存在直接需要的发展来说，无非是对这种自由时间的运用，并且整个人类发展的前提就是把这种自由时间的运用作为必要的基础。"① 但是，在以往的私有制社会，劳动者的剩余劳动被占人口少数的剥削者所侵占。剥削阶级侵占剩余劳动，也就是窃取社会的自由时间。在这种历史条件下，劳动者创造了自由时间却不能享受自由时间，他们不得不承担着整个社会的全部劳动重负，他们的可供支配的时间都变成了劳动时间，因而成为"人格化的劳动时间"②。自由时间和劳动时间的对立直接表现着私有制社会中的剥削阶级和被剥削阶级的阶级对立。由于劳动者的可供支配的时间都变成了劳动时间，因而就"丧失了精神发展所必需的空间，因为时间就是这种空间"③。由于剥削阶级独霸自由时间，因而就把持了人类能力发展的垄断权。剥削阶级能力的发展以被剥削阶级丧失发展为基础，人类能力的发展以牺牲广大劳动群众的发展为条件。在整个阶级社会，人类自由就是在这种对抗的形式中发展的。在这种对抗的形式中，尽管社会所游离出来的自由时间随

① 《马克思恩格斯全集》第47卷，人民出版社1979年版，第216页。
② 《马克思恩格斯文集》第5卷，人民出版社2009年版，第281页。
③ 《马克思恩格斯全集》第47卷，人民出版社1979年版，第344页。

着生产力的发展而不断增加，但人类能力的发展即人本身的发展并没有成为目的，因而谈不上什么"自由王国"。

这种劳动时间和自由时间的对立发展到资本主义社会则获得了更典型的形式。"创造可以自由支配的时间是资本的主要使命。"① 资本在拼命追求剩余价值的角逐中，大大地提高了社会生产力，缩短了工人的必要劳动时间，为社会创造出了大量自由时间，为人类能力的发展提供了广阔的空间。但是，正如马克思所指出的："资本的不变趋势一方面是创造可以自由支配的时间，另一方面是把这些可以自由支配的时间变为剩余劳动。"② 因为增殖价值、积累财富是资本的目的本身，而劳动者的剩余劳动则是实现价值增值的唯一源泉，是达到这一目的的手段。资本的本性决定了它必然要把自由时间变为剩余劳动时间，而不允许工人运用这种自由时间获得自身的发展。马克思揭露道：在这里，"实际的生产者表现为单纯的生产手段，物质财富表现为目的本身。因此，这种物质财富的发展是与个人相对立的，是以牺牲个人为代价的"③。

在当代资本主义社会，由于科学技术的发展，劳动生产率的提高，使劳动时间和自由时间的对立出现了一些新的情况和特点。社会的劳动时间和自由时间的比例有了明显的变化，劳动时间不断缩短，自由时间不断增加，因而在经济技术比较发达的资本主义国家，工人（特别是白领工人）的闲暇时间、业余活动时间已有明显增加。同时，劳动日益向科学化的方向发展，单调的、沉重的体力劳动以及简单的、重复的脑力劳动逐步为生产的自动化所代替，创造性的脑力劳动逐步在生产过程中

---

① 《马克思恩格斯全集》第 46 卷（下），人民出版社 1980 年版，第 533 页。
② 《马克思恩格斯全集》第 46 卷（下），人民出版社 1980 年版，第 221 页。
③ 《马克思恩格斯全集》第 49 卷，人民出版社 1982 年版，第 98 页。

占据主导地位，这就对劳动者的素质也提出了新的要求，要求他们成为
具有一定全面性的人，因而社会所游离的自由时间不能不越来越多地用
于发展劳动者的能力。但是，这并不意味着人的能力的发展已经成为目
的本身，因为这种发展仍然是服从于资本的目的的，它只是在现代科技
革命的条件下资本主义生产发展的需要。诚然，这种情况更加鲜明地表
现了劳动时间和自由时间相互同一的历史趋势，但还不是劳动时间和自
由时间对立的消失。只有冲破资本的束缚，工人才有可能真正占有和自
由地运用自己的自由时间。只有根本推翻资本主义制度，才能宣告少数
人占有他人剩余劳动、窃取他人自由时间的社会状态的终结。那时，人
们就会生活在一个人人能够自由地运用自由时间、获得自由发展的全
新的、合理的社会状态中，这种社会状态就是马克思所预见的"自由王
国"。可见，所谓从必然王国进入自由王国的飞跃，也就是"自由时间
和劳动时间之间对立的扬弃"[①]，就是物质生产活动的"此岸"和"彼岸"
对立的扬弃。

　　扬弃劳动时间和自由时间的对立，其直接表现就是实现劳动的普遍
化。这就是一切社会成员的可供支配的时间都分为劳动时间和自由时间
两部分，人们既以这种或那种方式参加物质生产劳动，又可以运用自由
时间去自由而全面地发展自己的能力。但扬弃劳动时间和自由时间的对
立，还不只是消除了劳动时间和自由时间的这种外在对立，即结束了一
部分人的可供支配的时间都成为劳动时间而另一部分人的可供支配的时
间都成为自由时间这种状况，而且是双方达到了对立面的统一。这时，
一方面，自由时间具有了物质生产劳动的性质，人们在自由时间内获得
自身能力的新的发展，这也就是劳动力在扩大规模上的再生产。当这种

---

① 《马克思恩格斯全集》第 46 卷（下），人民出版社 1980 年版，第 533 页。

在自由时间内获得了新发展的劳动者重新投入到物质生产过程中去时，就会促使社会生产力的进一步发展。另一方面，劳动时间也具有了自由的性质。由于劳动的普遍化，人们的劳动不再具有受剥削、受奴役的性质；由于消灭了旧的不合理的社会分工，人们不再受旧的社会分工的束缚而可以自由地选择和变换工作；由于生产资料归全社会共同占有和支配，人们的劳动不再屈从于有限的生产工具，而是可以自由支配各种生产工具去发挥自己的才能，如此等等。这样，人们即使在劳动时间内也可以自由、全面地发展自己的能力，使自己真正成为"全面发展的一代生产者"①。

固然，在扬弃了劳动时间和自由时间的对立，开始了真正的自由王国以后，物质生产的领域仍然是一个必然王国。物质生产是人与自然之间的物质变换。人类为了满足自己的需要，为了维持和再生产自己的生命，就必须进行这种物质变换，这是一种永远不可摆脱的自然必然性。但是，这个"自然必然性的王国"在不同的社会条件下却有着重大的历史差别。在扬弃了劳动时间和自由时间的对立之后，尽管物质生产劳动仍然是维持人类生存所必需进行的活动，是一种似乎由外在目的规定要做的劳动，但"外在目的失掉了单纯外在必然性的外观，被看作个人自己自我提出的目的"②。也就是说，它不再是"表现为为了某种纯粹外在的目的而牺牲自己的目的本身"③，而是成了目的本身，成了人们生活的第一需要。这个"必然王国"不是同"自由王国"相对立的，而是"自由王国"得以繁荣的基础。这个"必然王国"在其发展过程中的这种历史差别，正鲜明地表现着两种社会状态的差别。

---

① 《马克思恩格斯选集》第 3 卷，人民出版社 2012 年版，第 684 页。
② 《马克思恩格斯全集》第 46 卷（下），人民出版社 1980 年版，第 112 页。
③ 《马克思恩格斯全集》第 46 卷（下），人民出版社 1979 年版，第 486 页。

三、"自由王国"理论在整个马克思主义学说中的地位

马克思、恩格斯的"自由王国"理论表达的是一种美好的社会理想。人类能力的发挥和发展成为目的本身，即人能够全面自由地发展，是马克思和恩格斯所理想的社会状态。这种社会理想，在马克思和恩格斯的其他著作中还有一系列的论述。例如，恩格斯在《共产主义信条草案》里写道："共产主义的目的是什么？答：把社会组织成这样：使社会的每一个成员都能完全自由地发展和发挥他的全部才能和力量，并且不会因此而危及这个社会的基本条件。"① 后在《共产主义原理》（它是在《共产主义信条草案》的基础上修改完善的）里说："根据共产主义原则组织起来的社会，将使自己的成员能够全面发挥他们的得到全面发展的才能。"② 马克思在《资本论》里写道：更高级的（即共产主义的——引注）社会形式是"以每一个个人的全面而自由的发展为基本原则的社会形式"③。《共产党宣言》里说："代替那存在着阶级和阶级对立的资产阶级旧社会的，将是这样一个联合体，在那里，每个人的自由发展是一切人的自由发展的条件。"④ 可见，马克思和恩格斯关于从必然王国向自由王国飞跃的命题，正是对于科学共产主义的一种哲学表述。

"自由王国"的理论在整个马克思主义学说中具有根本性的意义，它是全部马克思主义学说的理论归结。就哲学来说，哲学的最基本的功能是对于人类生活的终极关怀，即提供终极意义、终极理想的关怀。马

---

① 《马克思恩格斯全集》第 42 卷，人民出版社 1979 年版，第 373 页。
② 《马克思恩格斯选集》第 1 卷，人民出版社 2012 年版，第 308 页。
③ 《马克思恩格斯文集》第 5 卷，人民出版社 2009 年版，第 683 页。
④ 《马克思恩格斯选集》第 1 卷，人民出版社 2012 年版，第 422 页。

克思主义哲学所理解的终极意义就是人的自由全面发展。马克思和恩格斯作为这一哲学的创始人，他们全部理论活动的目的就在于探究如何达于人的自由发展之理想境界，探索达到这一理想境界的道路和条件，使他们所设拟的终极理想深深地根植于现实生活的土壤中。

后来我们开展马克思主义政治哲学的研究，对于这一点的理解就更加清楚、更加深刻了。马克思主义的政治哲学，就是以人类解放为价值目标的政治哲学，而所谓"人类解放"的实在内容就正是人的全面自由的发展。关于马克思主义政治哲学的研究，我在后面将做专门的介绍。

附：相关论著

（1）陈晏清：《论自觉的能动性》，上海人民出版社 1983 年版。

（2）陈晏清、李淑梅：《应着重从社会历史角度理解马克思主义关于"自由王国"的理论——兼与李延明同志商榷》，《哲学研究》1986 年第 8 期。

（3）陈晏清：《以中国问题为中心研究社会政治哲学》，《中国社会科学报》2017 年 1 月 26 日。

辩证法矛盾学说的新理解

清理新中国成立以来的哲学思潮,那种所谓"斗争哲学"同唯意志论一样,也是首当其冲的。因此,我在写作《论自觉的能动性》的同时,还用了一些时间和精力去思考辩证法特别是对立统一学说的问题。

所谓"斗争哲学"不只是指那种"整人哲学",而是指在对立面的同一和斗争这两个方面中只讲斗争不讲同一这样一种哲学思潮。在一个时期里,辩证法被归结为一个"斗"字,一个"分"字。最响亮的口号是"斗则进,不斗则退",认为只有斗争才是事物前进发展的动力,一切对于斗争的限制都是对于事物发展的限制。只能讲"分",不能讲"合"。讲"分"是革命辩证法,是马列主义;讲"合"则是矛盾调和论,是修正主义。这种哲学在实践上的表现就是无限制的斗争、不停顿的"革命","文化大革命"登峰造极。

针对这种"斗争哲学",首先思考的是矛盾同一性的作用问题。我写的第一篇阐述对立统一学说的文章,就是"论矛盾同一性在事物发展中的作用",发表于《南开学报》1979 年第 4 期。关于矛盾同一性在事物发展中的作用的表现,可以列出许多条,我在这篇文章中也列举了若干方面,例如:同一性使矛盾双方联结起来,使它们在相互依存的统一体中得以存在和发展;矛盾双方互相利用,互相吸取有利于自身的因素而得到发展;矛盾的具体的同一性规定事物发展的基本趋势,等等。但这些论述还基本上只是描述性的,还没有真正从辩证法哲学的理论层面上说明矛盾同一性的作用。按照对立统一的观点，同一性和斗争性的作用都是在它们的相互作用中表现出来的。同一性的作用主要在于它对斗争性的制约作用，斗争性的作用也主要在于它对同一性的制约作用。同一性制约着斗争的界限和范围，使事物在一定条件下保持相对的稳定性；斗争性制约同一性，则使同一不致成为僵死的同一，使事物最终突破自己存在的界限而变成他物。这个相互制约的思想极为重要。把握这个思想，是理解斗争性和同一性的作用、理解斗争性和同一性的关系，乃至理解整个对立统一学说的关键。我在写完《论矛盾同一性在事物发展中的作用》一文之后，就是按照这个思路，着重去思考同一性和斗争性的关系，并从这种关系中思考同一性范畴的规定的。

一、矛盾的同一性和斗争性是揭示事物发展过程的相对稳定性和绝对变动性的哲学范畴

如何在同一性和斗争性的关系中把握这对范畴各自的规定，又如何正确地规定和运用这对范畴去阐明它们的关系，这是一而二、二而一的问题。这两个方面是互为前提的。但讲我的学术经历，应当讲清楚我的实际的思考过程。我在这个题目里主要是想讲对于辩证法的同一性范畴的新理解，而对同一性和斗争性范畴的理解则是从对它们的相互关系的理解入手的。我是从唯物辩证法的经典著作家们对这对范畴的关系的论述中，认识到了矛盾的同一性和斗争性是从其内在根据上揭示事物发展过程的相对稳定性和绝对变动性的哲学范畴，才下定决心提出修改对于同一性范畴的传统解释的。我认为，上述认识应是对于同一性和斗争性之关系的总的认识，它不仅是修改同一性范畴的认识基础，而且是理清

整个辩证法范畴体系的逻辑关系的认识基础。

矛盾的同一性和斗争性是相互联结的，没有斗争性就没有同一性，没有同一性也就没有斗争性。但是，如果只是一般地承认斗争性和同一性的相互联结，那是远远不够的，甚至可能是折中主义的。辩证法在指明斗争性和同一性的相互联结之后，更为重要的是进一步揭示这种相互联结的方式，即揭示斗争性和同一性各在矛盾发展中所处的特殊地位。毛泽东说："有条件的相对的同一性和无条件的绝对的斗争性相结合，构成了一切事物的矛盾运动。"① 这是辩证法的矛盾学说即对立统一学说的一个核心论断。绝对和相对是辩证法哲学中最抽象的范畴。"同一性的相对性"和"斗争性的绝对性"的概念可以说是对于矛盾同一性和斗争性的关系的最高抽象，是对于二者的最深层的本质关系的揭示。所以，毛泽东说，这个绝对相对的道理，是关于事物矛盾问题的精髓。理解同一性和斗争性的关系，最重要的就是理解同一性的相对性和斗争性的绝对性。

对于这个相对绝对的道理，其他的马克思主义经典作家也有明确的论述。例如列宁在《谈谈辩证法问题》里说："对立面的统一（一致、同一、均势）是有条件的、暂时的、易逝的、相对的。相互排斥的对立面的斗争是绝对的，正如发展、运动是绝对的一样"。② 这就明确指出了矛盾斗争性和同一性是从其内在根据上揭示绝对的运动和相对的静止即事物的绝对变动性和相对稳定性的范畴。恩格斯在《路德维希·费尔巴哈和德国古典哲学的终结》里也有同样的论述。他说："诚然，它（指辩证哲学——引注）也有保守的方面：它承认认识和社会的一定阶

---

① 《毛泽东选集》第 1 卷，人民出版社 1991 年版，第 333 页。
② 《列宁选集》第 2 卷，人民出版社 2012 年版，第 557 页。

段对它那个时代和那种环境来说都有存在的理由。"①认识和社会的一定阶段对它的时间和条件来说都有存在的理由，用辩证法矛盾学说的语言说，就是矛盾双方相互依存的同一性在一定的条件下仍然有利于事物的发展、有利于各种积极因素的作用充分发挥的时候，就应当保持矛盾双方的相互依存，使矛盾统一体不破裂。这也是矛盾斗争的界限所在。这就是辩证法哲学的保守的方面。承认这个保守的方面同保守主义不是一回事，只有把这个保守的方面绝对化才是保守主义。所以，恩格斯紧接着说，"这种观察方法的保守性是相对的，它的革命性质是绝对的"②。辩证法的发展观就是这种观察方法的相对的保守性和绝对的革命性的统一，其客观基础或客观依据就正是事物矛盾双方相对的同一性和绝对的斗争性的统一。

列宁说：马克思主义的辩证法是"最完备最深刻最无片面性的关于发展的学说"③。唯物辩证法的这种理论品格，在关于矛盾同一性的相对性和斗争性的绝对性的原理里得到了最充分的体现。我国流行一时的"斗争哲学"在发展观上的理论片面性也正是集中地表现在割裂了绝对和相对，把绝对的方面绝对化，即片面地夸大了辩证法的革命性。这也从反面说明了，这个相对绝对的道理是辩证法发展观的精髓。可是，在"文化大革命"结束以后，"斗争哲学"受到批判以后，在关于矛盾斗争的绝对性和同一的相对性的问题上却发生了颇为激烈的争论。有的学者坚持认为斗争性和同一性之间不存在什么绝对和相对的区别。他们说，如果说同一性是相对的，那么斗争性也应该是相对的；如果说斗争性是绝对的，那么同一性也应该是绝对的。这种认识的产生，恐怕是由于一

---

① 《马克思恩格斯选集》第 4 卷，人民出版社 2012 年版，第 223 页。
② 《马克思恩格斯选集》第 4 卷，人民出版社 2012 年版，第 223 页。
③ 《列宁选集》第 2 卷，人民出版社 2012 年版，第 310 页。

系列的前提性的误识，例如，何为"斗争哲学"？"斗争哲学"的理论错误到底在哪里？何为绝对、相对？以及斗争性和同一性的范畴，特别是同一性的范畴如何规定？等等。但我想最基本的认识障碍，还是在于不明白"矛盾同一性的相对性、斗争性的绝对性"这个理论的意义，不清楚这个理论在哲学上要解决的是什么问题。有的学者甚至说，解决这个问题至今（当时）依然是"走投无路"。我们则认为，前面引证的毛泽东、列宁、恩格斯的论述就正是给我们指出的"路"。列宁那段话明确地告诉我们，事物内部矛盾斗争的绝对性和同一的相对性，同事物运动的绝对性和静止的相对性，这两个原理是一致的。我们可以把事物运动的绝对性和静止的相对性的原理，看作理解事物内部矛盾斗争的绝对性和同一的相对性的门径。我们按照这个路子，提出了以下几点看法：

第一，正如静止不过是运动的特殊状态一样，同一也不过是矛盾发展的一种特殊状态，即只在事物的量变阶段才能保持的状态，而斗争则和运动一样，是矛盾发展的普遍状态。

毛泽东在《矛盾论》里说："无论什么事物的运动都采取两种状态，相对地静止的状态和显著地变动的状态。""事物总是不断地由第一种状态转化为第二种状态，而矛盾的斗争则存在于两种状态中，并经过第二种状态而达到矛盾的解决。"① 相对地静止是相对于显著地变动这种状态而言的，它不是运动的停止，而是运动的一种特殊状态。说静止只是运动的特殊状态，就是说它不是事物运动的普遍状态，事物不能总是处于这种静止状态，而是迟早要被打破，由相对静止的状态进入显著变动的状态。而所谓相对静止的状态，实质上就是事物内部矛盾的双方保持着相互依存的同一性的状态；所谓显著地变动的状态，实质上就是事物内

---

① 《毛泽东选集》第 1 卷，人民出版社 1991 年版，第 332、333 页。

部矛盾双方相互依存的同一性分解的状态；事物运动由第一种状态进入第二种状态，实质上就是事物内部矛盾的发展由保持矛盾双方的同一性进入这种同一性的分解。所以，事物的两种运动状态的更替，由保持矛盾双方相互依存的状态向这种同一的瓦解状态的过渡，清楚地说明了同一只是矛盾发展的特殊状态而不是普遍状态，说明了同一性的相对性。矛盾的斗争性则不然。这不仅在于斗争存在于事物运动的两种状态中，而且在于，事物之所以必然地要由相对静止的状态进入显著变动的状态，也正是因为矛盾的斗争必然地要破坏矛盾的同一即打破事物的静止状态。这就说明了斗争是矛盾发展的普遍状态，说明了矛盾斗争性的绝对性。

第二，正如运动以静止为条件又不断地打破静止一样，矛盾的斗争不能脱离同一却又在破坏着同一。

前面说到，在矛盾处于同一的状态下，即在矛盾双方保持着相互依存的同一性的状态下，并不是不存在斗争，只不过这种状态下的斗争是保持矛盾双方共居于一个统一体中的斗争。辩证法同庸俗进化论的一个重要区别就在于，它并不把矛盾双方共居于一个统一体中的斗争看作斗争的唯一状态，而是着重指出斗争还有另一种状态，即矛盾统一体瓦解时的状态。这种状态下的斗争，则是破坏矛盾双方相互依存的同一性的斗争。在这种状态下，矛盾双方相互联系的同一倾向越来越削弱，虽然直至矛盾统一体解体以前，矛盾双方并不完全断绝联系，并不完全失去同一性，但它已经是瓦解中的同一。而这时矛盾双方相互排斥的斗争倾向则越来越强，以至于这种倾向贯彻到底，使矛盾双方彻底分离，旧矛盾统一体解体而让位于新矛盾统一体，从而使矛盾得到解决。这种情况说明，矛盾的斗争离不开同一，却又正是这种斗争在破坏着同一。因此说，矛盾的斗争是绝对的，同一是相对的。

我们认为不能把绝对和相对的关系同存在和不存在的关系混为一谈，不能把矛盾斗争的绝对性仅仅解释为斗争性始终存在，而把矛盾同一的相对性解释为同一性时有时无。说明这一点，关键也正是在于弄清斗争不能脱离同一又在破坏着同一这个道理。正像离开了相对的静止就无法理解运动一样，无论在任何情况下，离开了同一的斗争也是不可思议的。这就是讲的同一性和斗争性的相互联结，不可割裂。但是，不能只看到同一性和斗争性联结在一起就算完了，而是要进一步看到斗争性又起着破坏同一性的作用。正是这样一点，才决定了同一性只能是暂时的、易逝的。我们总讲斗争性和同一性相互联结，究竟它们是怎样相互联结的呢？就是以斗争离不开同一又破坏着同一这样一种方式相互联结的。如果一讲斗争性不能脱离同一性，就看不到正是这种斗争性在不断地破坏着同一性；或者，一讲斗争性在破坏着同一性，就又看不到斗争性离不开同一性，这都是不理解所谓绝对相对的道理。

第三，同上述两点相联系，对于所谓条件性和无条件性的意义可以作出正确的说明。

斗争的绝对性即指无条件性，同一的相对性即指条件性。所谓斗争的无条件性，并不是说斗争不处在任何具体的条件下，而是指矛盾斗争的存在不为任何条件所限制，不以任何具体条件的变化为转移，即是说，在任何一种条件下都会有斗争，有矛盾就有斗争。所以说，斗争性是无条件的、绝对的。而同一性则不然。同一性的存在（或说同一性的保持）是受特定条件制约的，只有当某种特定条件具备时，矛盾双方才具有同一性，才能共居于一个统一体中；当此种特定条件消失时，矛盾双方也就失去同一性，就不能共居于一个统一体中。所以说，同一性是有条件的、相对的。在辩证法看来，任何一种条件都不是凝固的，而是可变的。这一点正是问题的要害所在。事物的矛盾运动必然地由保持矛盾双方相互依存的同一性的状态进入矛盾同一性分解的状态，归根到底要从事物矛盾运动条件变化的必然性去说明。

第四，从同一性和斗争性在事物发展中的作用看，二者有明显的不同。在量变阶段，同一性制约着斗争性，规定着斗争的范围和界限，使事物保持相对的稳定性。但到了质变阶段，对立面的斗争就不再受同一性的约束和限制，对立面的相互依存关系处于分解状态，是斗争性对于事物质变起着决定性的作用。正是在这个意义上，列宁才说"发展是对立面的斗争"。这就是说，同一性的制约作用是相对的，斗争性改变和分解同一性的作用则是绝对的。

二、矛盾同一性的涵义只是指矛盾双方的相互依存

斗争性和同一性是辩证矛盾的两种互相对立又互相联结的基本属性。斗争性指的是矛盾双方相互排斥的性质，同一性则是指的矛盾双方相互联系的性质。这里，"联系"不是在广义上例如所谓普遍联系的意义上讲的，而是在狭义上讲的，是与"排斥"结成对子的"联系"。因此，矛盾同一性的基本含义就是指矛盾双方的相互依存。通常说的相互渗透、相互贯通、相互一致等，可以说只是相互依存的表现形式。矛盾双方的相互依存，也就是矛盾双方的相互肯定，即一方肯定自己以肯定对方为条件。正因为事物内部矛盾双方具有这种相互依存即相互肯定的性质，才使事物具有质的稳定性。斗争性则与此相反。斗争性指矛盾双方的相互排斥，也就是矛盾双方的相互否定。正因为事物内部矛盾双方具有这种相互排斥即相互否定的性质，才使事物的质的稳定性只能是相对的，而变动性则是绝对的。可见，从实质上说，矛盾的同一性和斗争

性是分别揭示事物的相对稳定性和绝对变动性的内在根据的哲学范畴。

我们的这种理解，与我国哲学界多年来对于矛盾同一性的传统解释是有重大分歧的。这个分歧，集中在如何看待矛盾双方相互转化的问题上。过去的哲学教科书都把矛盾着的双方各向着其相反的方面转化作为矛盾同一性的一个含义，并且是比矛盾双方的相互依存更为重要的含义。这种解释是不合逻辑的，在概念上是混乱的。这种概念上的混乱，是在辩证法的许多理论问题上造成困难的一个重要原因。

我们的总的看法是，对于对立面的转化这种现象必须加以分析，既不能笼统地把对立面的转化作为同一性的一种含义，又不能说对立面的转化和同一性毫不相干，而是要求在考察对立面的转化和矛盾同一性的关系时，区别转化的原因、过程和结果这几个方面加以具体分析。

若问对立面为什么能够相互转化？回答很明确：因为对立面之间有着内在的同一性。毛泽东在《矛盾论》里举例说，被统治的无产阶级经过革命转化为统治者，原来是统治者的资产阶级却转化为被统治者，然后说："试问其间没有在一定条件之下的联系和同一性，如何能够发生这样的变化呢？"[①] 这样的论述无疑是正确的。列宁在黑格尔《哲学史讲演录》一段话的批语中也表述过同样的思想，他指出："'他物'是自己的他物，是向自己的对立面的发展。"[②] 所谓"自己的对立面"，就是本来和自己相互依存着的对立面，即和自己内在地联系着的对立面。毛泽东和列宁的这些论述都清楚地说明，对立面之所以能够转化，是因为对立面本来是相互联系的，是具有内在同一性的，就是说，是矛盾的同一性包含着对立面转化的根据。

---

① 《毛泽东选集》第 1 卷，人民出版社 1991 年版，第 329 页。
② 《列宁全集》第 55 卷，人民出版社 2017 年版，第 222 页。

对立面相互转化的结果，使一方变到了另一方所处的地位，甚至使一方直接成了另一方，例如坏事变成了好事，达到了对立面的直接同一。这就说明，从对立面转化的结果可以看出对立面之间本来存在着内在的同一性，或者说，它表现着矛盾的同一性。

所以，从对立面转化的原因和结果，都可以看出，对立面的相互转化和矛盾的同一性是有密切关系的。列宁说的辩证法学说研究对立面"是怎样（怎样成为）同一的——在什么条件下它们是相互转化而同一的"①，正是指的研究这些内容。

需要着重考虑的问题是，对立面相互转化的过程本身和同一性是什么关系？对立面转化的过程，即是事物质变的过程，是矛盾统一体分解的过程，它是对立面相互联系的分离，是对立面相互依存的否定。这是一个对立面相互排斥的倾向得以贯彻的过程，这种相互排斥的斗争倾向贯彻到底，就是对立双方的彻底分离，就是一物变成自己的他物，即向自己的对立面转化。从这点上说，它同斗争性的倾向是一致的，而同对立面的联系这种倾向即同一性则正好是相反的。很显然，如果把相互依存和相互转化这样两种正相反对的属性和倾向都概括为同一性，就不可避免地要陷入逻辑上的混乱。

修改"同一性"的范畴，这对于辩证法的研究来说是一个具有全局性的问题，非同小可，必须做得有十分的把握。对于这个问题的思考和研究，断断续续地经历了两年多的时间，大体上可以分为三个时段。第一个时段，是批判"斗争哲学"时，已经明显地意识到对于同一性范畴的传统解释是有问题的。"斗争哲学"就是只讲斗争，不讲同一。可按传统解释，同一性的含义里就包括相互转化，"斗争哲学"就非常强调对立面

---

① 《列宁全集》第 55 卷，人民出版社 2017 年版，第 90 页。

的转化，它怎么不讲同一？我们肯定同一性的积极作用，就是要发挥同一性对斗争性的制约作用。但是"相互转化"和相互否定的斗争性是同一种倾向，它怎么会对斗争性具有制约作用？对立面的相互转化，就是一物变成他物，就是事物由一种质变成另一种质，就是事物失去质的稳定性。把转化和斗争绑到一起，就只能是无休止的转化，不可能有相对稳定的状态，也就不可能有界限分明的由一种质向另一种质的过渡，不可能有事物的正常发展。中国的"文化大革命"就是将斗争和转化绑到一起这样一种理论的实践，这也正是我们重新思考"同一性"范畴的一个契机。但我当时还没有能力也没有勇气提出修改同一性的范畴。在我为清理"斗争哲学"所写的第一篇文章"论矛盾同一性在事物发展中的作用"里，只是写了这样一段话："这种'斗争哲学'在同一性和斗争性的一般关系问题上，只承认斗争性是事物发展的动力，否认同一性在事物发展中的作用；在同一性的两个方面中，又认为只有对立面的相互转化才有积极的意义，而对立面的相互依存则是消极的。斗争和转化，是事物矛盾运动中的同一种倾向。'斗争哲学'就是片面地夸大了这种倾向。因此，要清除'斗争哲学'的流毒，关键是正确地说明对立面相互依存的同一性在事物发展过程中的作用。"[1] 这种"声明"显然是不合逻辑的。

第二个时段，是 1979、1980 年的学术讨论。当时，哲学界空前活跃，在几乎所有基础理论问题上都发生过或大或小的争论，在辩证法的领域也是如此。与同一性范畴的规定直接相关的最为重要的问题就是关于同一性的相对性和斗争性的绝对性问题。为了搞清这些问题，我又重读了辩证法经典著作家们的一些论著，如黑格尔的《逻辑学》、列宁的《黑格尔〈逻辑学〉一书摘要》、马克思的《政治经济学批判》导言、恩格斯的《自

---

[1] 《陈晏清文集》，天津人民出版社 2007 年版，第 168 页。

然辩证法》、毛泽东的《矛盾论》等。如前所述，这时我获得的一个基本的认识是：同一性和斗争性是从其内在根据上分别揭示事物的相对稳定性和绝对变动性的哲学范畴。这个观点及其论证已于前述，这里需要补充说明的是，那些论证都是以在"同一性"范畴里排除"对立面的相互转化"的含义为前提的，如果仍按传统解释将"对立面的相互转化"作为"同一性"范畴的含义，那么，那些论证全部都是不能成立的。我觉得在这个时段获得的这种认识非常重要，非常关键。一方面，按这种认识能清楚地说明同一性的相对性和斗争性的绝对性问题；另一方面，为修改"同一性"范畴的传统解释确立了坚实的观念基础。当时，我写了一篇小文章"试论同一性的相对性和斗争性的绝对性"，记录了这个时段的认识成果，收录在1980年的天津市哲学学会年会论文选。

第三个时段，是肖前教授等邀请我参加教育部统编教材《辩证唯物主义原理》的编写，为该书改写了"对立统一规律"一章。写这一章，最麻烦的问题就是对于"同一性"范畴的规定，需要着重考虑的是"同一性"范畴同辩证法的范畴体系之间，特别是表述辩证法三大基本规律的三对范畴（同一和对立、量变和质变、肯定和否定）之间的逻辑关系。从"同一性"范畴中排除"相互转化"有没有理论上的漏洞？在"同一性"范畴中仍保留"相互转化"的含义会产生什么样的逻辑矛盾？这都是需要反复推敲的。写教科书不能写作者的个人意见，而应当写学界公认的观点，是在肖前、李秀林、汪永祥三位主编的指导下写作的。作为教育部统编教材，还于1980年11月在昆明开了一个规模较大、规格较高的审稿会。审稿会上倒是没有听到什么颠覆性的意见。但我作为执笔人，心里总还是有些忐忑，还是想听听学界更多学者的意见。

1980年11月从昆明回来，我便赶紧把这些看法和想法写成一篇论文《矛盾同一性的含义及其与矛盾斗争性的关系》，准备参加12月份在北京全国总工会干校举行的全国辩证法讨论会，希望能在更大的范围内听到学界同行们的指教。没想到我的大学同学吴启文也到会了，那时他在中山大学任教。我请他看了我的文章后，他非常兴奋，说他对此问题也有过长时间的思考，表示完全支持我的观点。启文兄是我们班上的老大哥，是一位学术功底相当深厚的学者。有他的支持，我心里就更加踏实了。于是，我提议，这篇文章以我们俩的名义在会上发表，启文兄欣然同意了。同样没想到的是，在会上同我们辩论的主要对手竟是高清海先生。高先生的发言思辨性很强，针对性也很强，对于我们进一步思考极具启发意义。我印象最深的是他强调了对立面相互转化的思想在辩证法学说中的重要性，强调只有从对立面的相互转化才能真正理解对立面的同一。我们回应的意见是，对立面相互转化的思想当然是辩证法学说中的非常重要的思想，但我们并不是把对立面转化的思想从辩证法学说中排除出去，而只是要把对立面转化作为一种含义从"同一性"的范畴中排除出去。高先生说只有从对立面的相互转化才能理解对立面的同一，这也无疑是完全正确的，这正好说明对立面的转化最深刻地表现着对立面的同一性，但它本身并不是同一性，正如现象表现本质，但现象不是本质一样。争论两个回合之后，我准备打退堂鼓了。这倒不是因为"理屈词穷"了，而是有一种心理上的障碍。高先生已是享有盛名的大学者，我不过是初出茅庐的"小字辈"，我觉得这么没完没了的争论是对长者的一种不敬。但高先生却不这样看，他还是一再叫板，我也只得硬着头皮应战，结果当然是谁也没有说服谁。可这件事情给了我很大的影响，使我们之间开始建立起非常难得的信任和友谊。我觉得这是高先生看得起我，是把我的意见当回事，是对我的尊重，这让我深受感动。同时，我们的争论是纯学术的争论，没有掺杂个人意气，没有掺杂任何学术以外的东西。经过"文革"之后，学术界最需要恢复和提倡的正是这种学风。能有机会加入这样认真、这样高水平的学术讨论，让我十分兴奋。我和高先生是在一个月前即 11 月份在昆明参加《辩证唯物主义原理》一书的审稿会时才认识的。在审稿会上，我对高先生的印象是此公思维非常清晰，口才极好，一脸威严，神圣不可侵犯。而且在我看来，他的年纪似乎比肖前老师还要大点（其实不然）。所以，我不怎么敢和他套近乎。没想到，高先生竟是这么豪爽，这么平易近人。此后几十年里，我和高先生交往甚密，一直把他视为良师益友。这同这次辩证法讨论会上给我留下了极好的最初印象显然是有关系的。

就"同一性"这个哲学理论问题来说，讨论会上高先生及其他一些学者的意见也给了我们重要的启发。我敬重高先生这个人，但我不会轻易放弃我的观点，这是两码事。我不放弃自己的观点，但我不能把高先生的意见不当回事，这也是两码事。对于高先生这么资深的学者的意见是不能不当回事的，他的意见至少表明我们的论证还不够充分。而且这次会后，学界关于这个问题的争论仍在继续，仍有一些学者在发表同高先生基本一致的观点。因此，两年之后又发表了主要由启文兄执笔的第二篇合作文章《必须用对立统一的观点理解同一性的含义》，对第一篇文章的论证作了必要的补充，其最为重要的价值，是系统地介绍了辩证法的经典著作家对于"同一性"范畴的论述。

三、辩证法经典著作家关于"同一性"的论述

（一）黑格尔对形而上学同一性范畴的批判

形而上学论者依据形式逻辑的同一律，把同一性规定为："a=a，每

一事物和它自身等同",并把这种同一律作为世界观的基本原则。它可以承认对立的东西在空间上互不相关地同时并列,或在时间上先后相继地存在,但同一事物绝不能同时具有对立的规定。因此,它所看到的,要么是同一事物自己与自己的绝对同一,要么是一事物与他事物之间互相外在的绝对对立,而永远看不到同一事物自身包含着对立或者对立的规定可以共存于同一事物之中,即看不到对立的同一。

黑格尔的辩证同一观就是在对这种形而上学同一观的批判中提出的,他用具体同一性的范畴取代了抽象同一性的范畴。他指出,同一事物在同时就具有互相对立的方面,即肯定的方面和否定的方面,某物的对立面并非存在于某物之外,而就在某物自身之中。在黑格尔看来,所谓同一性正是指对立面在时间上和空间上都不能分离开来而共存于同一事物之中这样一种性质。对立面为什么会共存于同一事物之中呢?这是因为对立面之间有着不可分离的相互依存的关系,一方不能离开对方而独立存在。黑格尔说:"在对立中,有差别之物并不是一般的他物,而是与它正相反对的他物;这就是说,每一方只有在它与另一方的联系中才能获得它自己的〔本质〕规定,此一方只有反映另一方,才能反映自己。另一方也是如此;所以,每一方都是它自己的对方的对方。"① 这样,黑格尔揭示了对立面同一的基本含义就是对立面之间的互相依存关系,即不可分离的关系。同一性的种种表现形式都只是一些派生的形式,都是不能脱离开对立面相互依存这个基础的。

诚然,在事物发展的一定阶段上,事物内部的矛盾可以发展为外部的对立。例如,商品的价值和使用价值原是同一物的两个对立方面,是在时间上和空间上都不能分割开来的,后来发展为外部的对立,即通过

---

① 〔德〕黑格尔:《小逻辑》,贺麟译,商务印书馆 1980 年版,第 254—255 页。

两个商品的关系表现出来，表现为货币和商品的外部对立。商品和货币看来是已经分开的彼此外在的两个对立面，又如何说它们是同一的呢？这正是因为它们原来是同一的，是相互依存的，现在虽已分裂为二，但仍存在着相互依赖的关系，这种相互依赖是通过相互转化而表现出来的。因此，这种同一只是商品内部矛盾同一的转化形态，即其发展了的形态。离开商品内部价值和使用价值的同一，就无法理解货币和商品的同一。

黑格尔是很重视对立面的转化的，在他的逻辑学里，一个规定向另一个规定的推演、过渡，就是向对立面的转化。可是，他并没有把对立面的相互转化规定为同一性的一种含义，而只是肯定对立面的相互转化表现着同一性。黑格尔说：在实有的范围内，"一个实有和另一个实有被建立为彼此分开的东西；相互规定的实有，每一个都各自具有一个直接的有"。在这种情况下，"同一只表现为一个规定性过渡为另一个规定性"。① 一个规定性过渡为另一个规定性，即某物过渡、转化为与它对立的他物，这个某物与它的他物就成为在时间上先后相继并且在空间上彼此分开的东西了。这样，所谓同一性就不是已经"具有一个直接的有"的某物和他物的同一性，而只是说这个转化表现出它们原来具有同一性，表现出它们原来是彼此不能分开、共存于一个统一体中的两个方面。例如，坏事转化为好事表明坏事与好事具有同一性，但这不是说这件坏事与那件好事之间的同一性，而是说坏事与它自身包含着的对立面（好事的因素）之间的同一性，即同一件事情中包含的两个对立的规定（好的一面和坏的一面）之间的同一性。坏事向好事转化的依据就是在坏事中包含着它的对立面，就是坏事同它自身包含的对立面之间的内在

---

① ［德］黑格尔：《逻辑学》下卷，杨一之译，商务印书馆1976年版，第37页。

同一性。黑格尔说："对一切有的事物本身的考察表明：它在它的自身等同中就是不等同而矛盾的，并且在它的差异中，在它的矛盾中，又与自身同一；它本身就是其一个规定过渡为另一个规定的运动，其所以如此（着重号是引者加的），是因为每一规定都在自身中是自己的对方。"① 可见，对立面的转化只是表现着同一性，但它本身并不就是同一性。

从黑格尔对于"对立"和"矛盾"的解释中也可以清楚地看出，他是把同一性的基本含义规定为对立面的相互依存，而并没有包含对立面的相互转化。他在揭示"对立"的内容时说，对立就是指包含肯定物和否定物两个环节，这两个环节的关系是："第一，每一个是在有了另一个的情况下才有的；它由于他物，由于它自己的非有，才是它所是的那个东西；它只是建立起来之有；第二，它只是在没有他物的情况下才有的；它由于他物的非有，才是它所是的那个东西；它是自身反思。"② 其中的第一就是指的对立面的相互依存，第二就是指的对立面的相互排斥。他在解释"矛盾"时也指出：某物"当它包含其他规定，从而是独立的之时，又排斥其他规定……这样，它就是矛盾"③。所以，不论是"对立"还是"矛盾"，其内容都是指对立面的相互依存和相互斗争这样两个方面，而不包括相互转化。只是一物既依赖其对方又排斥其对方，才构成矛盾，引起运动。向对立面的转化本身就是矛盾的运动，而且辩证法所理解的运动同形而上学的主要区别正是在于承认不承认质变、飞跃，用矛盾规律的语言说即是承认不承认向对立面的转化。如果在矛盾的同一性中包含了转化，那就把需要证明的结论预先包含在前提之中了。转化既然已经包含在作为矛盾的一种基本属性的同一性之中了，又

---

① ［德］黑格尔：《逻辑学》下卷，杨一之译，商务印书馆1976年版，第31页。
② ［德］黑格尔：《逻辑学》下卷，杨一之译，商务印书馆1976年版，第48页。
③ ［德］黑格尔：《逻辑学》下卷，杨一之译，商务印书馆1976年版，第55页。

怎能用矛盾去说明转化呢？那样势必陷入循环论证。很明显，黑格尔并没有让自己陷入这样的逻辑错误中去。

（二）马克思主义经典作家对于同一性范畴的规定

马克思主义的经典著作家们对黑格尔的唯心辩证法进行了深刻的批判、改造，因此，马克思主义的辩证法同黑格尔的辩证法是有着本质的区别的。但是，黑格尔关于同一性范畴的上述见解却是一个"合理的内核"，是被马克思主义所吸取了的。马克思和恩格斯在不同场合运用的同一性范畴，其基本含义都是指的对立面的相互依存。

在马克思的著作中，对于同一性含义的比较完整的表述，是《〈政治经济学批判〉导言》中关于生产和消费的同一性的论述。马克思首先指出了生产与消费之间的相互依存关系："没有生产，就没有消费；但是，没有消费，也就没有生产"①。然后分别考察了这两个方面，先分析了没有消费就没有生产的两点理由，接着分析了没有生产就没有消费的三点理由，最后把这些分析综合起来，归结为生产与消费之间的同一性的三种表现："(1) 直接的同一性：生产是消费；消费是生产。……(2) 每一方表现为对方的手段；以对方为中介；这表现为它们的相互依存；这是一个运动，它们通过这个运动彼此发生关系，表现为互不可缺，但又各自处于对方之外。……(3) ……两者的每一方不仅直接就是对方，不仅中介着对方，而且，两者的每一方由于自己的实现才创造对方，每一方是把自己当做对方创造出来。……"②

---

① 《马克思恩格斯选集》第 2 卷，人民出版社 2012 年版，第 691 页。
② 《马克思恩格斯选集》第 2 卷，人民出版社 2012 年版，第 692—693 页。

这里，第一种情形即直接的同一性，是对立的双方在时间上和空间上不能分开，同一事物既是它自己又是其对方，生产即消费，消费即生产，"规定即否定"。这种情形表现对立双方的相互依存是直接的。第二种情形，是对立双方已分裂为二，在时间上和空间上已分离开来而成为彼此独立的两物，却仍然存在着相互依存的关系，即马克思所说的"表现为互不可缺，但又各自处于对方之外"。生产和消费已在时间上和空间上分离开来成为两个独立的行为，又如何表现出它们之间的相互依存关系呢？马克思指出："这是一个运动，它们通过运动彼此发生关系。"具体地说，在运动中，生产品在生产那边当作生产成果，在消费那边却是消费的对象；消费的品种、数量、速度等又会成为生产者头脑中的生产目的、生产动力。从运动过程来看，生产和消费这两个彼此独立的行为又是互为媒介、互相依存的。第三种情形即双方互相创造，消费是生产的最后完成，是产品的证实；生产创造出消费的一定方式、创造出消费的动力和消费的能力。这是对立面分离为独立的二物后保持相互依存关系的又一种情形。

对于第一、第二两个方面的理解，学术界是没有什么分歧的，主要是对于第三个方面如何理解的问题。有的论者断言，"这第三个方面的同一性就是生产和消费互相转化"，"也就是说，双方当自己实现时就转化为对方"。① 这里需要注意的是，我们在讨论这个问题时，包括这些论者在内，都是在某物变为他物即事物质变的意义上使用转化这一概念的，因此，这样去解释马克思的话显然是不恰当的。对立的一方自己实现时也就创造对方，同时也是把自己当作对方创造出来，这里，没有任何一方被扬弃，而是使双方共存，哪里是什么对立面的转化呢？对立双

① 参见马中柱：《试论对立面转化和同一性的关系》，《哲学研究》1981 年第 11 期。

方的相互创造，也就是对立双方的相互肯定，这正是对立面的相互依存和相互贯通。其实，这个思想在黑格尔那里就有明确的表述。黑格尔在批评把同一性看作从"比较"得到的相同或共同的东西的形而上学观点时，就是这样阐明自己关于同一性的观点的，他说："肯定物和否定物是同一的东西。……但是在这两个规定之间，正如在其他范畴之间一样，应该提出来的，并不是外在的比较，而应该就其本身去考察，这就是说，必须考察它们自己特有的反思是什么。但是，在这种反思中，就表现出：它们每一个本质上都是在它自己在他物中的映现，并且本身就是它自己作为他物那样的建立。"① 对立物的每一个都是它自己作为他物建立的，都是依赖于它的对方而把自己作为它自己的对方的对方而建立的，正是由于对立物是这样互相建立或互相创造的，才说它们是互相依存的。一切对立或矛盾都正是这样通过对立物的互相建立或互相创造才使自身成为对立或矛盾。怎么能把这种情况说成是对立面的转化呢？

在恩格斯的著作中，常常引起误解的是他的这样一个论断："真实的具体的同一性自身包含着差异、变化。"② 因为这里讲了同一性包含着"变化"，有的论者就由此断言："恩格斯所主张的具体同一性，既包括了差别的事物之间的相互依存，也包括了差别的事物之间的相互转化。"③ 这是论者把自己的思想加给了恩格斯。其实恩格斯在这里并不是给同一性下定义，而只是说明事物在保持其自身同一的同时存在着差异和变化，同一性是体现在差异和变化之中的。辩证法的同一性正是承认在存在着差异和变化的情况下事物仍然能保持自我同一，之所以如此，

---

① [德] 黑格尔：《逻辑学》下卷，杨一之译，商务印书馆 1976 年版，第 61 页。
② 《马克思恩格斯选集》第 3 卷，人民出版社 2012 年版，第 915 页。
③ 参见马中柱：《试论对立面转化和同一性的关系》，《哲学研究》1981 年第 11 期。

就是因为它理解的同一性是指对立面之间的互相依赖。例如，尽管生命中包含着死亡和向死亡的转化，生命却仍然是生命，因为细胞的死亡和更新恰恰是生命存在的条件。如果认为恩格斯的这个论断是在给同一性下定义，那么为什么不以同样的理由把差异也规定为同一性的一种含义呢？

在列宁的著作中，更明确地把同一性和转化这两个范畴区别开来了。在前面引证的《谈谈辩证法问题》一文里，列宁在提出对立面的统一是有条件的、暂时的、易逝的、相对的这一著名原理时，在括弧里明确地指出，对立面的统一是指"一致、同一、均势"[①]这样一些互相依存的表现，这里的"同一"是指事物保持自身同一，即保持质的稳定性。无论从文字本身去看，还是进行逻辑分析，都不包括也不能包括相互转化的含义。在"辩证法的要素"里，列宁说："不仅是对立面的统一，而且是每个规定、质、特征、方面、特性向每个他者［向自己的对立面?］的过渡。"[②] 这里，列宁用的是"不仅……而且……"这样的句子，说明"对立面的统一"和相互转化不是一个含义。有些主张转化必须包含在同一性范畴之中的论者对列宁的这句话作出了这样的解释："这里……也说明转化不是和同一性'相提并论'的，而是比之同一性更具体的范畴，它包含了同一性所不能完全表达的内容。因为转化是同一性基础上经过斗争而在一定条件下实现了同一性，所以在自己内部自然比一般同一性更为丰富和充实。"[③]论者的这一解释实际上已推倒了自己所持的根本观点。这里，第一，既然承认转化"包含了同一性所不能完全表达的内容"，那么怎能把转化归入同一性的范畴里去呢？第二，既然

①　《列宁选集》第 2 卷，人民出版社 2012 年版，第 557 页。

②　《列宁全集》第 55 卷，人民出版社 2017 年版，第 191 页。

③　马中柱：《试论对立面转化和同一性的关系》，《哲学研究》1981 年第 11 期。

同一性"构成矛盾转化的基础",那么,如果转化就是同一性的话,它自己怎么能构成自己的基础呢?第三,既然承认转化比同一性"更为丰富和充实",那么,如果转化就是同一性的话,它怎么能比自己更丰富和充实呢?显然,要摆脱这样的逻辑上的窘境,只有一个办法,那就是把转化从同一性范畴中排除出去,而按照列宁的原意,把对立面的相互依存作为同一性的基本含义。

毛泽东在《矛盾论》里,对于同一性做过这样的解释:"同一性、统一性、一致性、互相渗透、互相贯通、互相依赖(或依存)、互相联结或互相合作,这些不同的名词都是一个意思,说的是如下两种情形:第一、事物发展过程中的每一种矛盾的两个方面,各以和它对立着的方面为自己存在的前提,双方共处于一个统一体中;第二、矛盾着的双方,依据一定的条件,各向着其相反的方面转化。这些就是所谓同一性。"① 这里列举了表述同一性的八种"不同的名词",就是没有列上"相互转化",所以很显然,这里说的是同一性的"两种情形"即相互依存关系的两种表现。虽然后面又说是"两种意义",但仔细研究毛泽东对于这两个方面的具体解释就可以看出,他说的相互转化仍然指的是表现着同一性。他举出前面提到的资产阶级和无产阶级之间统治地位和被统治地位的相互转化的例子之后说:"试问其间没有在一定条件之下的联系和同一性,如何能够发生这样的变化呢?"② 这里的"联系和同一性"显然指的是对立面的相互依存而不是相互转化。若是指的相互转化,那么这句话就成了这样:"试问其间没有在一定条件之下的相互转化,如何能够发生这样的转化(即变化)呢?"这当然是说不通的。

---

① 《毛泽东选集》第 1 卷,人民出版社 1991 年版,第 327 页。
② 《毛泽东选集》第 1 卷,人民出版社 1991 年版,第 329 页。

如果我们把《矛盾论》的其他有关论述连贯起来加以研究，那问题就更加清楚了。毛泽东在说明矛盾如何引起事物的运动和发展时指出："一切事物中包含的矛盾方面的相互依赖和相互斗争，决定一切事物的生命，推动一切事物的发展。"① 在谈到如何认识矛盾的特殊性时又指出："所谓了解矛盾的各个方面，就是了解它们每一方面各占何等特定的地位，各用何种具体形式和对方发生互相依存又互相矛盾的关系，在互相依存又互相矛盾中，以及依存破裂后，又各用何种具体的方法和对方作斗争。"② 从这些论述可以清楚地看出，他是把对立面的相互依存和相互斗争作为矛盾的两种基本属性，而并没有包括相互转化在内的。显然，只有这样去理解同一性的含义，才能理解他的关于"有条件的相对的同一性和无条件的绝对的斗争性相结合，构成了一切事物的矛盾运动"③ 这一著名论断。

可见，在唯物辩证法的发展史上，从马克思到毛泽东这些经典著作家们尽管在表述方式上不可避免地存在着这样或那样的差异，但他们关于同一性的范畴的基本规定都是一致的。

从辩证法的经典著作家的论述我们可以得到一个十分重要的启发，这就是研究对立统一规律本身更需要运用对立统一的观点。矛盾就是对立面的同一。斗争性和同一性是辩证矛盾的两种互相对立又互相联结的基本属性。马克思主义哲学制定斗争性和同一性的范畴是为了反映事物的内在矛盾，把握事物发展的原因和动力。因此，只有运用对立统一的观点，从斗争性和同一性的相互关系中去研究同一性，才能正确地理解同一性的含义。

---

① 《毛泽东选集》第 1 卷，人民出版社 1991 年版，第 305 页。
② 《毛泽东选集》第 1 卷，人民出版社 1991 年版，第 312 页。
③ 《毛泽东选集》第 1 卷，人民出版社 1991 年版，第 333 页。

黑格尔说过，辩证的思维是"它在一方中认识到另一方，认识到一方中包含着它的另一方"①。这就是要把辩证法当作认识论。郭沫若曾经采用这种辩证方法来研究中国哲学史中的问题，他认为要认识孔墨两家对立的学派，应当"从反对派的镜子里去找寻被反对者的真影"②。这可以说是把辩证法当作认识论的一个范例。我们也应当采取这样的方法去研究同一性。

同一性必然是斗争性的反对者，它必然具有与斗争性相反的属性，就如我们在镜子中看到的映像的左边必然是真象的右边一样。斗争性的含义一向比较明确，因此，我们可以依据斗争性的含义去确定同一性的含义。

在斗争性这面镜子里看到的同一性的真影应当是什么样子的呢？斗争性是相互否定，同一性则应是相互肯定；斗争性是相互压抑、相互限制，同一性则是相互促进、相互推动；斗争性是相互分歧，同一性则应是相互一致；如此等等。相互肯定、相互促进、相互一致等，都是相互依赖的意思，同它相对应的则是相互排斥。因此，相互排斥和相互依赖是矛盾双方的基本关系，这就是矛盾的斗争性和同一性。正是因为相互依赖和相互排斥结成对子，才构成为矛盾，才有矛盾的运动。从斗争性这面镜子中，是看不出同一性中包含有相互转化的含义的，因为相互转化和相互排斥不能互相结合而构成矛盾运动。

从斗争性这面镜子里去看同一性，同一性中不包含相互转化的含义，同样，从同一性这面镜子里去看斗争性，斗争性里也不包含相互转化的含义。相互转化是一种十分复杂的辩证过程，必须把它作为一个独

① 转引自《列宁全集》第55卷，人民出版社2017年版，第221页。
② 《郭沫若全集》历史编第2卷，人民文学出版社1982年版，第74页。

立的范畴去加以专门的研究。

对于"斗争哲学"的批判和思考所取得的理论成果，包括关于同一性的作用、同一性的范畴规定以及据此而对于对立统一规律的重新阐释等，都由我作为撰稿人，写进了哲学教科书和辞典。肖前等主编的教育部统编教材《辩证唯物主义原理》（人民出版社 1981 年版）的"对立统一规律"一章由我执笔改写，《中国大百科全书》哲学卷（中国大百科全书出版社 1987 年版）的"对立统一规律"、"矛盾"、"矛盾的斗争性"、"矛盾的同一性"等词条释文由我撰写。这些当然不能算作我个人的学术成就，甚至也不能算作我和吴启文两个人的学术成就。这些理论成果都是 20 世纪 70 年代末、80 年代初关于同一性问题的学术大讨论的产物。我们只是站在了这个大讨论中的一方，站在这一方的学者还有很多。即使不站在这一方的学者，他们也贡献了许多值得重视的宝贵意见。

对以往这些错误哲学思潮的清理，是同新时期思想解放的历史需要相适应的。我国于 1978 年开始的思想解放运动正是从哲学发端的。在哲学上最早开展、最为重要、影响最为深远的，当数下述三个方面的大讨论：其一是在认识论上关于真理标准问题的讨论，它引导人们从禁锢思想的个人迷信中解放出来，重新确立了实践的权威，恢复了马克思主义的思想路线，成为中国波澜壮阔的改革实践的先导；其二是在历史观上关于人道主义和异化问题的讨论，它引导人们从"谈人色变"的思想理论枷锁下解放出来，恢复了"人"的研究在哲学社会科学中固有的地位，这场讨论及其在后来的发展，为"以人为本"的科学发展观的形成提供了重要的思想理论资源；其三是辩证法领域关于矛盾同一性问题的讨论，它引导人们从"在绝对不相容的对立中思维"的形而上学思维方式的束缚下解放出来，为我们在改革开放的新时期和日益全球化的背景下正确地观察问题、处理问题提供了基本的方法论。吴启文教授在给我的信中说，对于前两个方面，人们的认识比较清楚，而对于后一个方面则往往缺乏清楚的认识和足够的重视，以至有些谈论中国改革初期思想解放运动的文章或文集几乎未予提及。我非常赞成启文兄的评论，因为我有着与他同样的感受。其实，关于矛盾同一性问题的讨论对于实际生活的影响是很大的，尽管它不像另外两次那样引发了政治上的轩然大波。事实上，这种对于人们思维方式变化的影响，是更为持久，其意义也是更为深远的。这些年来，我们在实践中摒弃过火的斗争和不成熟的"变革"，引进外资、鼓励私有经济，提倡"互利共赢"，提倡对话、协商，提倡包容、和谐以及建构和谐社会、建构人类命运共同体等，这在哲学上，在方法论上，就是要充分发挥矛盾同一性的作用，注意保持矛盾双方在一定条件下的相互依存关系，利用对立面的发展来发展自己。党中央在经济建设、政治建设、文化建设、社会建设、生态建设等方方面面提出的方针和措施中，在处理国际事务中，这种辩证法的方法论得到了广泛的成功的运用，同时也鲜明地体现了现代政治思维方式的进步。可惜，我们许多人对党中央的政策、决策缺乏深刻的、达到哲学层面的理论认识，因而往往是知其然而不完全知其所以然。矛盾同一性问题讨论的思想解放作用是那么显著，但许多人却意识不到这一点或理解不了这一点。之所以出现这种情况，从理论工作这一方面来说，主要是因为我们当时未曾对于这场讨论的实践意义从理论上进行更为深入的发掘和阐释，而在后来的许多年里，对于作为思维方法的辩证法的研究和宣传又几乎停滞了下来。这是一种缺憾，一种教训。

附：相关论著

（1）陈晏清：《论矛盾同一性在事物发展中的作用》，《南开学报》1979

年第 4 期。

（2）陈晏清：《试论同一性的相对性和斗争性的绝对性》，《天津市哲学学会年会论文选》，1980 年。

（3）陈晏清、吴启文：《矛盾同一性的含义及其与矛盾斗争性的关系》，《唯物辩证法讨论集》，广西人民出版社 1982 年版。

（4）吴启文、陈晏清：《必须用对立统一的观点理解同一性的含义》，《南开学报》1983 年第 5 期。

哲学教材的建设和改革

一、应邀参加教育部统编教材《辩证唯物主义原理》的编写

"文化大革命"结束后，百废待举。就哲学教育来说，最急需的是编写一部新的、具有一定权威性的教科书。"文革"十年，无休无止、无限上纲且多是捕风捉影的大批判，搞乱了人们的思想，搞乱了理论。林彪、"四人帮"和他们的理论家们都是打着最最革命、最最马列的旗号兜售他们的那一套的，以至"文革"结束之后，人们一时分不清真假马克思主义，不知道哪些理论不能再讲，哪些理论还能讲，能讲的又该怎么讲。1978年的真理标准问题讨论之后，思想界、学术界异常活跃，哲学的领域也是如此。在哲学基础理论方面，几乎每个问题都有所争论，许多基本原理都有人提出质疑。这种理论争论的状况，到1983年前后达于极盛。在1980年提出编写新教科书之前的几年，正式的学术争论问题似乎没有后来那么多，但问题并不是不存在，只不过有些问题还只是作为思想上的疑惑，尚未作为"理论问题"表达出来而已。这些情况说明，编写一本正本清源的新的哲学教科书，确实是一项重要而紧迫的任务。

编写这样一本新的哲学教科书的任务，非中国人民大学哲学系莫属。人大哲学系可以说是新中国高校哲学教师的摇篮，有丰富的哲学教

学经验，有强大的教学和研究队伍，肖前教授就曾是艾思奇主编的《辩证唯物主义历史唯物主义》编写组的主要成员。而且，当时已经由肖前、李秀林、汪永祥等主持编写了试用教材《辩证唯物主义原理》，这是编写新教科书的重要基础。因这本试用教材是校内使用的讲义，没有什么装帧，封面只是一张白纸，所以人们管它叫作"白皮书"。人大哲学系接受了教育部委托的编写哲学统编教材的任务后，于1979年12月在北京西郊红山口的中国人民解放军军事学院（国防大学前身）主办了一个全国性的研讨会。这个研讨会就是讨论"白皮书"如何修改。承蒙肖前等老师的厚爱，我也被邀请与会，并在会前将"白皮书"寄给了我。对于参加这次研讨会，我很是当回事。一是觉得这时候快点编出一本好教材来，意义重大；二是三位主编都是我的老师，而且是直接的授业老师，在老师面前我应当表现得好一些；第三，更重要的是，这是我生平第一次参加全国性的地道的学术会议，不能一出场亮相就叫人们认出是位"南郭先生"。所以，这本"白皮书"我读得非常认真。读得越是认真，发现的问题就越多，意见也越大。开会之前，我曾给秀林老师写过一封信，大致讲了我对"白皮书"的修改意见，着重讲了"对立统一规律"一章的修改设想，并寄去了提纲。到北京见到秀林老师时，他说"真是所见略同"。这使我很受鼓舞。在老师鼓励下，我在会上作了一个戏称"跪一条腿造反"的长篇发言。我一开头就说："学生造老师的反多是跪着造反，但两条腿都跪下这反就造不成了，我就跪一条腿吧！"

这个发言，从编写框架到具体表述说了一大通，其中有些是颠覆性的意见。我记得讲的时间最长也最为激烈的是两个问题，一个是关于哲学中的"两个对子"的问题，一个是关于"对立统一规律"一章的叙述方式问题。

"两个对子"是毛泽东的一个通俗说法。他说："在哲学里边，唯物主义和唯心主义是对立统一，这两个东西是相互斗争的。还有两个东西，叫做辩证法和形而上学，也是对立统一、相互斗争的。一讲哲学，就少不了这两个对子。"① 这说法当然是很对的。但我不赞成把这"两个对子"并驾齐驱，作为教科书的编写框架。我讲的一个理由是，从哲学史上看，只能说是两大阵营，不能说是四军对垒。辩证法与形而上学的斗争是附着于唯物论和唯心论的斗争的，它们不是独立的基本哲学派别。我讲的另一个更加重要的理由是，如果把辩证法与形而上学的对立独立出来、突出出来，这样编成教科书去教学生，很可能会给他们思想方法上造成不良后果。从现实生活看，"文革"中及"文革"前的一个时期里，在哲学上最严重的教训之一就是脱离唯物论去讲辩证法。其结果之一是助长了唯心论。如姚文元之流就正是以"革命辩证法"的名义公开鼓吹唯心论，批判唯物论。其结果之二是导向了诡辩论，即主观地应用概念的灵活性，辩证法变成了变戏法。辩证法成了单纯的证明工具，可以用它去为各种错误乃至罪恶作辩护。在一个时期里，辩证法被搞得声誉扫地，它不再是人们学习、尊崇的对象，而成了人们嘲弄、奚落的对象，就是因为有些讲辩证法的人离开了唯物论，离开了实事求是的原则。因此，我们的教科书应当强调唯物论与辩证法的统一，强调正确地理解和运用辩证法。

从艾思奇主编的《辩证唯物主义历史唯物主义》开始，我国的哲学教科书都基本上是按照《矛盾论》的框架叙述对立统一规律的，"白皮书"仍然沿袭这种叙述方式，我很不赞成。这种叙述方式的弊病是应当突出的重点不突出，把对立统一规律本身的基本内容湮没在大量仅仅同理解和运用这个规律相关的问题里。学生学完这一章后，误认为重点是矛盾

---

① 《毛泽东文集》第 7 卷，人民出版社 1999 年版，第 193 页。

的普遍性和特殊性问题，关于"矛盾的特殊性"、"抓主要矛盾"这一类的知识和方法倒是把握得比较清楚，但关于对立统一规律本身却往往不甚了了。那几年，在关于辩证法特别是关于"同一性"问题的讨论中，有些科班出身的人，竟然也发表一些莫名其妙的意见，这不能说同我们过去的哲学教学一点关系都没有。因此，我强烈希望改变这种叙述框架，把重点放在讲授对立统一规律本身的基本内容上，讲清楚什么是辩证矛盾，什么是同一性，什么是斗争性，同一性和斗争性是什么关系，展开地说明同一性和斗争性各在矛盾运动过程中起何种作用，有条件的相对的同一性和无条件的绝对的斗争性相结合如何构成了事物发展的动力，以及如何分析具体的矛盾，如何达到在对立中把握同一、在同一中把握对立，等等。只在这一章的最后设"矛盾的差别性"一节，讲述矛盾的特殊性、矛盾力量发展的不平衡性及矛盾解决形式的多样性。关于普遍性和特殊性的关系问题无疑是辩证法学说的最重要的问题，毛泽东把它称作"关于事物的矛盾问题的精髓"，它也是整个辩证法学说的精髓，"不懂得它，就等于抛弃了辩证法"。① 但也正因为如此，就不能把它的意义局限于对于对立统一规律的理解。理解辩证法的其他两个基本规律也同样需要把握其普遍性与特殊性的关系。质量互变规律讲任何事物的发展都是由量变到质变又由质变到量变，这是一般规律，是普遍性；同时，不同的事物又都有不同的质变形式和量变形式，这就是特殊性。否定之否定规律讲事物的发展要由肯定到否定再到否定之否定，是前进性和曲折性的统一，讲一切事物的否定都是事物的自我否定，都是"扬弃"，这些都是辩证否定的一般性质，都是讲的普遍性；同时，不同事物的发展又都经历各自特殊的否定过程，又有各自的辩证否定的特殊

---

① 《毛泽东选集》第 1 卷，人民出版社 1991 年版，第 320 页。

性质和特殊形式，这就是特殊性。其实，讲所有的哲学问题都应当是这样。普遍和特殊是辩证法的一般范畴，在任何一章讲得太多都不大合乎逻辑，而在范畴一章里辟专节去讲述才比较合乎逻辑。为了避免可能发生的误解，我还特意讲了教科书和《矛盾论》的关系。毫无疑问，《矛盾论》是马克思主义哲学宝库中的重要篇章，《矛盾论》、《实践论》等光辉的哲学著作培育了中国的几代共产党人。但它也同其他任何一部马克思主义的经典著作一样，不是给后人撰写的现成的大学教材，而是为了解决一定的历史任务而写作的。教科书的编写只能依循教学内容本身的内在逻辑，而不能从本本出发。

我的这个发言，好像都是讲的否定性意见。这倒并不要紧，因为既然是讨论"白皮书"的修改，就应该是需要改的地方才讲，不需要的地方讲它做什么。问题是我的这种说话方式很可能让人生厌，因为在实际上是一条腿也没有跪下。讲的时候酣畅淋漓，忘乎所以，像搞大批判似的，讲完以后心里可就扑通开了。我责怪自己怎么会那么张狂，也不想好这是在什么场合、对什么人说话。发完言后，很长时间坐在那里愣神，后面别人的发言基本上没有听进去，心里很不安稳。和永祥老师、秀林老师平日交往很多，我们之间非常熟悉，说话也很随便。我怕的是肖前老师。我在人大上学时，肖老师已是享有盛誉的著名哲学家，我们只能远远地仰视他，后来也几乎没有什么交往。我这班门弄斧，也"弄"得太离谱、太不是地方了。可万万没有想到，肖老师不但没有任何反感，反而表示赞赏。他老人家当即决定邀请我参加教科书的编写，怕我不答应，还请当时的人大副校长、我上学时的系主任张腾霄老师出面动员。肖老师如此虚怀若谷，唯真理是从，真是大哲学家的胸襟，令人感动不已。我感到和肖老师的距离一下子拉得很近了。这是我们之间后来几十年亲密无间的师生情谊的开始。当时我喜出望外，非常高兴地接受了老师的要求，参加教科书的编写工作。

参加这次会议并在会上发言这件事，对我的哲学生涯产生了意想不到的深远影响。首先是学术上的自信心受到了极大的鼓舞。我的发言能在会上得到普遍的认同，得到肖前等老师的认可，秀林老师还将我提交的关于改写"对立统一规律"的意见推荐到《教学与研究》发表，这些都告诉我，只要认真，只要思考对路，是可以对哲学事业有所贡献的。让我参加教科书的编写，这不仅使我有机会向肖老师和秀林、永祥老师重新系统地学习哲学，而且能有机会结识许多学界的前辈和朋友，在这种学习和交流中大大开阔了学术视野。在肖老师的直接带领下，我迅速地走上了全国性的学术舞台。我参加编写教科书，做的事情不多，但学的东西不少。尤其是跟着肖老师这样的哲学大家编这样的权威教科书，只要用心，是可以学到从其他任何途径都难以学到的本事的。对于一个教师来说，对于一个希望自己能够有所作为的教师来说，编教材是最重要的本事之一。我后来主持或参与主持过几部哲学教科书的编写，这构成我的事业的极重要的一个部分，这个事业就正是从跟着肖前老师编写这本《辩证唯物主义原理》开始的。

二、独自编写《马克思主义哲学纲要》

因为《辩证唯物主义原理》是教育部统编教材，所以时任教育部高教司文科处处长陆善功同志也参与主持了在军事学院举行的编写工作研讨会。后来陆善功调任中央电大文科教学处处长。1982年，中央电大决定在语文类各专业开设哲学课，并多方物色主讲教师。电大创办初期尚未建立起自己的师资队伍，需要获得全日制高校和科研院所的支持，各门课程的主讲教师大多从一些著名高校中聘任。哲学课正好由陆善功主管。老陆征求了许多人的意见，特别是人民大学一些老师的意见，认为我是符合他们需要的人选。这当然是对我的莫大信任。

陆善功同志办事非常谨慎，为确保聘任成功，他三管齐下，于1982年6月派刘振铎同志携带三个信函来到南开。一是中央电大给南开大学的公函；二是陆善功本人给我的信；三是时任教育部副部长（主管电大工作）臧伯平给时任南开大学校长滕维藻的信。学校非常支持我接受这个任务。这样，我就当上了中央电大的首任哲学主讲。

接受这个任务，我是满心欢喜。我这个人，似是天生一个教书匠，讲课有瘾。这回让我走上几十万人乃至上百万人的大讲堂，那该是一件多么新鲜、多么刺激的事！那年头，我刚四十出头，精力旺盛，只想多多做事，只要是属于哲学的事，不论巨细，我都愿意去做，好像是要寻找各种渠道释放能量似的，绝无"多一事不如少一事"的念头。我也不像后来那样去想什么"学术品位"、学科评估，更不去想它对于自己的晋升或"经济效益"之类有什么意义。回想起来，"文革"结束之后的那些年，即20世纪70年代末、80年代初，是我一生中又一段最美好、最阳光的年华，可以同我的学生时代媲美。我满怀着喜悦和信心。至于做成这件事情的困难、麻烦和艰辛，是在我进入工作状态之后才逐渐体会到的，而且后来在这方面的体会是一天深似一天。

刘振铎同志来南开谈妥之后，我立即着手备课。过不多久，中央电大哲学课的责任教师王道君同志便来天津具体安排录课的事情。20世纪80年代初，电视机尚不普及，尤其是偏远地区。所以，哲学课只录音不录像，中央电大委托天津人民广播电台制作录音，由中央人民广播电台专门频道播放。一共40节课，每节40分钟。录这种课，难度很大。这是讲课，可我熟悉的是面对面的课堂讲授。我习惯于看着学生讲话，并且有手势和面部表情的配合，能在课堂上有一定程度的直接的情感交流。而这种通过电台进行的、远距离背靠背的"讲课"，对我来说完全是件陌生的事，很不自然。更有一个难处，就是时间的掌握。每节课 40 分钟，时间误差不能超过 15 秒，即不能多 15 秒钟以上或少 15 秒钟以上，因为电台播放的节目之间有个衔接的问题。录制工作进行得出乎意料的顺利。

录音制作完成之后，王道君问我用什么教材？是选用别人的还是自己编写？那时，我把编教科书这种事情看得很神圣，便随口答复，选用李秀林等主编的高校文科公共课教材《辩证唯物主义和历史唯物主义原理》。王道君说，这样也可以，但还是要自己编写一个教学提要，15 万字左右，并且说这个提要用量很大，最好找一家出版社出版。随后我找天津人民出版社的负责人刘学文同志商讨出版问题，他满口答应，书名就叫作《马克思主义哲学纲要》，并商定了交稿日期。同出版社谈好之后，我就回湖南老家招生去了。家中老母已年逾八旬，身体也大不如从前，那些日子我日夜思念她老人家。以前因为经济拮据，相隔几年才回家一趟，现在手头有了点余钱，应当多回去看望母亲，我便提早向学校要了个招生的机会，这也无非是为了报销点路费。在湖南招生、省亲期间，我一直放心不下教材的事。想来想去，觉得使用李秀林的教材不妥。一是那本教材分量太重，不适合于电大使用；二是既然又有了个 15 万字的提要，学生要去看两本教材，不论时间上或经济上都给他们加重了负担，而且我讲的内容同那本教材不一定对得上号，学生将无所适从，岂不苦了学生？三是既然提要必须写 15 万字，那么再增加点字数，到 20 万字，不就可以算作正式教材了？当年艾思奇主编的《辩证唯物主义历史唯物主义》也就二十多万字。李秀林的教材加我的一个提要，这种搭配不尽合理，对于电大来说更不合理。因此，从湖南回到天津之后，我立即给王道君去信，决定自己编写正式教材，同时告知了天津人民出版社，字数定为 20 万，交稿日期不变。

我基本上没有编写哲学教科书的经验。参加肖前老师等主编的《辩证唯物主义原理》的编写，也只是做一个"螺丝钉"，把我做的这个螺丝钉拧上去以后就算完活儿了，没有全局性的知识和经验。但我从当学生到当教师，也已二十余年，已使用过一些哲学教科书。因此，对于哲学教科书的好坏，也形成了自己的一套评价标准。如今轮到自己独立编写教科书，当然也要按照自己心目中的标准去编写。在我看来，如果除开内容不说，单就风格、形式而言，中国的马克思主义哲学教科书的范本还是艾思奇主编的《辩证唯物主义历史唯物主义》。编教科书，最重要的是准确和简洁。"准确"就是给基本概念、原理提供一个标准的解释。如果不准确，说些错误的或似是而非的话，那就将会谬种流传，祸害无穷。"简洁"就是简明、干净，不可啰啰嗦嗦、含含糊糊或吞吞吐吐。简练一些，可以给教师留下更多发挥的余地，给学生留下更多思考的空间。电大的教材是不是应当浅一些？我的看法是，只是应当更加"浅出"，而不是更加"浅入"。电大也是大学，教科书的学术水平不能降低。而且我认为，电大的学生多是成人，不少人已有相当丰富的生活阅历，就哲学课来说，他们的接受能力不会比全日制高校的学生差。因为课时和远距离教学方式的局限，内容应有所删减，但必须讲授的内容则要讲深讲透。语言必须使用规范化的专业语言，只能在这个前提下尽可能地通俗化。在不可"浅入"的前提下"浅出"，这难度更是加大了。从湖南返回天津之后，我就立即着手按照自己的这些想法编写这本教科书。

这本教科书的编写仍是采用传统教科书的框架。虽然当时学界已开始有了改革哲学教科书体系的呼声，我本人也对传统教科书体系的弊病开始有所认识，但体系改革是一项很繁难很艰巨的任务，且不说我没有这个能力，就算是有了一知半解，也不能从这本主要供电大使用的教材开刀。不过，在传统的框架内，在具体的内容和叙述方式上做些局部的改进还是必需的，也是应该的。我在批判"四人帮"哲学的过程中，在清理新中国成立以来的哲学思潮的过程中，在"文革"结束后那几年的学术讨论中，在参加《辩证唯物主义原理》编写的过程中，对于我们过去在阐释哲学基本理论上的不足和失误也有了一些认真的反省。这种反省，都不是什么理论创新，而只是思考如何把马克思主义哲学的基本原理讲得更明白一些，可能出现的漏洞更少一些。这些思考的成果都应当尽量地、稳妥地吸收到教科书的编写中来。我觉得值得一提的有下列几处：

第一，关于世界物质统一性的哲学证明。

世界的物质统一性原理是非常重要的原理，一直被视为整个辩证唯物主义历史唯物主义哲学的基石，但以前的教科书对于这个重要原理的阐释是不完整的。恩格斯说，"世界的真正的统一性在于它的物质性，而这种物质性不是由魔术师的三两句话所证明的，而是由哲学和自然科学的长期的和持续的发展所证明的"①。但以前我看到的教科书都没有专门讲怎样对这个原理作出哲学的证明。1959 年，我在中国人民大学哲学系读二年级的时候，哲学原理课的第一次课堂讨论就是讨论世界的物质统一性的问题，我还作了即兴发言，主要就是讲的世界的物质统一性必须有哲学的证明。老师说我讲得好，我自己却不知道"好"在哪里，但又不好意思问老师。所以当学生的那几年，我一直想找到一个标准的答案。我们的哲学原理课没有教材，是在课程进行了一多半的时候，才买到苏联康斯坦丁诺夫主编的《马克思主义哲学原理》，可那本书上只

① 《马克思恩格斯选集》第 4 卷，人民出版社 2012 年版，第 234 页。

是运用科学史的丰富材料讲了科学的证明，而基本上没有讲哲学的证明。两年之后，1961 年，艾思奇主编的《辩证唯物主义历史唯物主义》出版，这本书还是主要讲了科学的证明，没有专门讲哲学的证明。令人高兴的是，整整 20 年之后，1981 年肖前教授等主编的《辩证唯物主义原理》讲了这个问题。这本书专列"世界的物质统一性"一节，而且在这一节里专设两目，分别阐述了"世界物质统一性的科学证明"和"世界物质统一性的哲学论证"，讲得非常系统、充分。我觉得这是教科书理论水平的提升。我学习和参照了《辩证唯物主义原理》，我所作的改变只是叙述上更简明、更概括一些，当然也有自己的一些发挥。

我在"世界的物质性"这一章专设了"辩证唯物论对世界物质统一性的论证"一节，也是分为"世界物质统一性的科学证明"和"世界物质统一性的哲学证明"两个题目论述。叙述的要点是：（1）所谓世界物质统一性的科学证明，就是用科学发展特别是自然科学发展所揭示的系统事实证明下列两点：第一，不存在绝对独立于物质世界的精神世界；第二，这个物质世界所发生的一切过程都是由物质的原因引起的，并且各个过程是相互联系的，是统一的。（2）世界的物质统一性命题是对于永恒的、无限的东西的认识，单纯科学的证明是不够的，因为即使把科学史的事实做了详尽无遗的罗列，也还是不能穷尽一切领域，也还是一种有限的证明。论证无限的东西，不能采用无限地罗列有限的方法，而必须运用理论思维的力量，对有限的东西进行概括，从有限中发现无限，说明无限，这就是哲学的证明。（3）对世界物质统一性的哲学论证，主要从以下两个方面进行：第一，对具体科学的成果作出正确的哲学概括，指明科学成果的哲学意义，如果不对它们进行哲学的概括或概括得不正确，就不但不能论证世界的物质性，而且可能得出相反的结论；第二，利用哲学发展的积极成果进行广泛的哲学论证。世界的物质统一性的命题是个综合性的命题，因此，对这个命题的论证也应当是综合的。（4）恩格斯说，世界的物质统一性要由哲学和自然科学的长期的和持续的发展来证明，这显然不是说，现在的科学事实还不足以证明，辩证唯物论哲学还无力论证，而是说，实践和科学还将持续发展，哲学也要随着发展。如恩格斯所说，"甚至随着自然科学领域中每一个划时代的发现，唯物主义也必然要改变自己的形式"①。这首先就包括改变对于世界物质统一性命题的论证方式。

第二，精神对于物质的绝对依赖性和相对独立性的统一。

精神和物质或思维和存在的关系问题是哲学的基本问题，是一个总体性的问题，这一问题的解决方式应当体现在哲学思考的方方面面。人具有意识，具有自己的内心世界、精神世界即主观世界，就有了主观精神世界同客观物质世界的对立。所谓主观精神世界同客观物质世界的对立，就是讲的精神世界对于物质世界来说具有自己的独立性。而且，这种独立性具有不断增强的趋势。随着人类实践和科学的发展，人类认识世界、改造世界能力的提高，主观与客观的对立越来越深刻，这正是意味着人类意识的独立性越来越增强。特别是在社会大变革时期，人们的历史首创精神空前高涨；又特别是在社会主义时期，人们成为自身的社会结合的主人，对社会规律即人们自己的社会行动的规律有了越来越多的了解，历史活动的自觉性不断增强，这就更容易夸大意识的独立性。不能正确地看待意识对于物质世界的独立性，成为唯心主义思想得以滋生的一个十分重要的认识根源。像前面讲到的"四人帮"鼓吹的理论决定论、上层建筑决定论，以及清理新中国成立以来的哲学思潮时遇到的抽象地夸大主观能动性的唯意志论，都是片面强调和夸大意识独立性的

---

① 《马克思恩格斯选集》第 4 卷，人民出版社 2012 年版，第 234 页。

表现。

在理论上说清这个问题，关键是说明意识的独立性的相对性，即说明是在物质决定意识的前提下的独立性。我们承认总的历史发展中是物质的东西决定精神的东西，而精神的东西"在一定条件之下，又转过来表现其为主要的决定的作用"①。有些人引用毛泽东在《矛盾论》里的这个论述，去论证物质和精神可以互相决定或轮流决定，得出精神决定论的结论。他们只是抓住了"决定"这个字眼，而不知道是什么意思。毛泽东的这些话是就物质和精神在其矛盾运动过程中双方所处的地位的变化来说的，而不是就物质和精神谁决定谁的意义上说的。在谁决定谁，即谁是本原的第一性的、谁是派生的第二性的意义上，只能是物质决定精神，而不能是精神决定物质。精神对物质的作用不能叫作决定作用，而只能叫作反作用。毛泽东说的在一定条件下精神的东西"成为主要的决定的东西"，只是说的它成为历史发展链条中的决定性的环节，只是说的它的反作用具有决定性的意义。这种"反作用"不论如何重要，它所表现的精神的独立性也只能是相对的。精神的东西在任何条件下都不可能绝对独立地发展或绝对独立地发挥作用。

肯定精神对于物质的独立性的相对性，也就是肯定精神对于物质的依赖性的绝对性，这是一个问题的两面，或一种思想的两种表达。所以，以前的教科书只提"意识的相对独立性"，认为意识对于物质的绝对依赖性是不言而喻的。但从那几年的学术讨论情况来看，不言而喻者有之，不言不喻者甚至言而不喻者皆有之。我觉得，教科书的读者是初学者，应当把不言不喻者设定为一般情况。所以，我在这本教科书里，在两处同意识问题相关的章节里，都把这个问题作为基本原理去讲。一

_____

① 《毛泽东选集》第 1 卷，人民出版社 1991 年版，第 325 页。

处是在"意识的起源、本质和作用"这一章的"意识的能动作用"一节里，列了一目"辩证唯物论在意识作用问题上的基本理论立场"，阐明"坚持意识对于物质的绝对的依赖性和相对的独立性的统一，是辩证唯物论哲学在意识作用问题上的基本理论立场"。在社会历史领域，社会意识的独立性问题更加突出，更加复杂，所以在"社会意识"这一章，专门列了一节，节标题就直接标明，定为"社会意识对社会存在的绝对依赖性和相对独立性"，从五个方面较为系统地阐述了这个重要原理。从当时在学术讨论中和教学中采用这种表达方式所起的作用来看，从这本教科书的使用情况来看，效果都是比较好的。

第三，对立统一规律的重新阐释。

所谓"重新阐释"，是相对于传统教科书来说的。如前所述，肖前等主编的教育部统编教材中的"对立统一规律"一章，是由我执笔改写的，是改变了传统教科书的叙述框架的，那就是一种"重新阐释"。这次由我独自编写《马克思主义哲学纲要》，无疑是仍然采用《辩证唯物主义原理》一书中的叙述框架。所以，所谓"重新阐释"只是从我自己所做的工作来说的。我在这两本教科书里对于"对立统一规律"的阐释都是"重新阐释"。

但是，《辩证唯物主义原理》是1980年底定稿的，到1982年秋编写《马克思主义哲学纲要》时又过了将近两年。这两年来，学术讨论十分活跃，有些问题的思考更加深入，这些情况我在上个题目"辩证法矛盾学说的新理解"里已经作了介绍。这些新的理解，都尽量补充到这一章的内容中去了。值得一提的是，强调了同一性和斗争性互相制约的思想对于理解整个对立统一规律的意义，明确指出"'互相制约'这个思想极其重要"。只有互相反对的东西才能互相制约。同一性和斗争性是辩证矛盾的两种正相反对的属性，所以才互相制约。这对于理解和澄清同一性和斗争性的范畴就至关重要。例如，对立面的相互转化同"斗争性"不是相互反对的，它不能制约斗争性，把它包括在"同一性"的范畴里，就是一种概念上的混乱，是辩证法许多重要问题在理论阐述上的最重要的逻辑障碍之一。"互相制约"的思想，对于理解和阐释斗争性和同一性的作用也至关重要。教科书在阐释矛盾是事物发展的动力时首先指出，不论同一性和斗争性都不能孤立地起作用，孤立地去研究同一性或斗争性的作用都是不辩证的。教科书先对它们在事物发展中各起何种作用分别地加以分析，是为了更具体、更深入地了解同一性和斗争性的作用，但在分析的基础上，必须再加以综合，才能正确地阐明发展就是对立面的同一和斗争，即"有条件的相对的同一性和无条件的绝对的斗争性相结合，构成了一切事物的矛盾运动"。讲同一性的相对性和斗争性的绝对性，就是讲的二者互相制约的道理。用同一性和斗争性"互相制约"的思想去理解同一性和斗争性的范畴以及二者的作用和相互关系，实际上就是用对立统一的观点去理解对立统一规律本身。

第四，关于否定之否定规律的阐述。

否定之否定规律也是哲学教学中的一个难点。在学习这个原理时，有些人是过分地热衷于或纠结于那个正反合的三段式，而不是深入地思考、研究这个规律对理解辩证法的发展观有什么特别的意义。列宁说："可以把辩证法简要地规定为关于对立面的统一的学说。这样就会抓住辩证法的核心，可是这需要说明和发挥。"[①]学习这一章，最重要的就是要理解否定之否定规律对于对立统一的学说作了什么样的发挥。

我在编写这本教科书的时候，学习和参考了1983年以前的几本有影响的哲学教科书，我认为对于否定之否定规律的阐述还是肖前教授等

---

① 《列宁选集》第 2 卷，人民出版社 2012 年版，第 412 页。

主编的《辩证唯物主义原理》讲得最为充分、最为准确。有的教科书在讲完"否定"概念之后，就径直讲起"螺旋式发展"，这样讲述显然是不妥当的。否定之否定规律的深刻内容是事物自己发展自己、自己完善自己。事物必须经过第二次否定即否定之否定，必须有两次向对立面的转化，才能克服肯定和否定（即第一次否定）这两个方面各自的片面性，又保留这两个阶段的积极成果，才能充分解决矛盾，达到对立面的统一，并作为事物继续发展的基础。然后再讲，这种否定之否定的运动必定是一种螺旋式上升（或波浪式前进）的运动。讲清楚"事物自己发展自己"和"螺旋式上升"这两个方面，关键都在于讲清"回到出发点的运动"，这是辩证运动的根本标志。为了把这个意思表达得更清楚、更明确，我做了一点小小的改进，就是在"否定之否定"这一节，用了两个目的标题：一、事物自己发展自己的辩证内容；二、事物螺旋式发展的辩证形式。讲授的时候，当然要遵照内容决定形式的逻辑。这样，可以帮助学生更清楚地理解否定之否定规律的实质和意义，可以避免一些常常容易发生的误解。

第五，唯物主义的阶级斗争观。

在我国，在生产资料私有制的社会主义改造基本完成以后，剥削阶级作为一个阶级就不存在了，阶级斗争已经不是社会的主要矛盾。党的十一届三中全会以后，党中央决定停止"以阶级斗争为纲"是完全符合客观实际的，是对于"文化大革命"的一种最为重要的、最具根本性意义的拨乱反正。但我认为，"以阶级斗争为纲"只是一种行动纲领。停止这个行动纲领，决不是否定马克思主义的阶级斗争理论。在生产资料私有制的社会主义改造完成许多年后，仍然采取"以阶级斗争为纲"的行动纲领，这是建立在唯心的阶级估量和错误的阶级斗争理论之上的。这种错误的阶级斗争理论就是上层建筑决定论的阶级斗争理论。哲学教科书不仅应当保留关于阶级斗争学说的内容，而且应当吸取批判上层建筑决定论的理论成果，正确地深入地阐述这个学说。

马克思1852年致约·魏德迈的信中说的他对阶级斗争理论的三点新贡献，特别是其中的第一点，即证明了"阶级的存在仅仅同生产发展的一定历史阶段相联系"，讲的就是唯物主义的阶级斗争观，它要求从社会的生产即物质资料生产方式的发展，从生产力与生产关系的矛盾运动去说明阶级的起源、阶级关系的演变、阶级斗争的历史作用及阶级的消灭等等。站在这个观点的反面的，就是阶级斗争观上的历史唯心论，如"四人帮"的上层建筑决定论。

阶级社会虽然只是人类历史上一个很短暂的阶段，却是一个很重要的阶段，而且就整个人类历史来说目前仍然处在这样一个发展阶段上。马克思主义哲学是一种世界哲学，揭示人类社会发展在这个历史阶段上的规律性，无疑仍是历史唯物主义的重要内容。特别对于研究历史、研究世界，仍是重要的理论指导线索。

上面讲的几处改进，看来只是举了几个例子。实际上，这几个问题，除否定之否定规律以外，都是哲学原理中的一些全局性问题，它们可以说是传统解释体系的几个支柱。因此，在这几个问题的阐述上作些小小的改进，也会使教科书的整体面貌有所改善。

同出版社约定的交稿日期是9月底，因为中央电大须在春季发布教材征订的信息，秋季使用的教材须在春季见书。那时候不似现在的电子稿本，排版很费时间，出版周期较长。给我的时间只有一个来月，好在已有录音讲稿，教科书就是录音讲稿的整理，基本上只是在文字组织上下功夫。当然，工作还是非常紧张的。9月底如期完工，四百字一页的稿纸正好是500页，毛算恰好是20万字，排版后涨出了两万多字。总体上看，它兑现了我给自己提出的要求。电大师生反应良好，还在首届全国通俗政治理论读物评选和天津市优秀社科成果评选中获奖。因为各地电大的辅导教师多是在全日制学校的教师中聘请的，他们看好这本教科书，所以也被许多全日制学校选作教材。开始时我是提心吊胆的。几百万学生和成百上千的哲学教师一起挑毛病，恐怕是难以经受得住的。同我的哲学课同时开设的逻辑课，就这样挑来挑去的连课带人都被挑垮了。给电大讲课，特别是给电大编教材，真是一种"高危"行当，至少在电大初期是如此。

这本教科书的出版也费了一番周折。在书稿即将付梓的时候，王道君陪同两位中央电大的同志风风火火地来到天津，说是刚刚批准成立了中央广播电视大学出版社，要把这部书稿带回去，作为电大出版社出版的第一本教材。电大出版社那位负责的同志姓张。此人很有修养，态度非常坚决，但说话很是和气。很明显，事情的实质是两家出版社的利益之争。我心里也很明白，这件事情如何处置，最终取决于我的态度。但事情比较特殊，不可简单从事。电大出版社的要求固然有自己的道理，但不合规矩。如果他们晚来几天，我把稿子交给了天津人民出版社，他们就连提出这个问题的可能性都不存在了。但要拒绝了他们的要求，将来也不好合作，毕竟这本教材就是为电大教学准备的。我给电大出版社的同志作解释时，着重讲了1978年《"四人帮"哲学批判》一书本是天津人民出版社约稿但后来改为人民出版社出版的事情，当时虽是迫于无奈，但总是失了一次信用，对不起人家，这类事情决不能有第二次。我坚持这部书稿不能从天津人民出版社拿走，这是我在这个问题上要坚守的"底线"，不可动摇。于是，电大方面又提出两家出版社各出一本，划定发行范围，天津人民出版社的发行范围是除北京市以外的北方地区，电大出版社的发行范围是南方各省市加北京市，以为这是一个三全其美的方案，电大出版社和天津人民出版社都出了书，都有利可得，我还可以拿到两笔稿费。但我坚决反对这个方案。如果真的照这个方案去办，电大的学生和读者们谁也不会想到这是两家出版社利益分割的结果，而认为是作者一稿两投，谋取稿费，这会毁了我的名声。最后协商的结果是两家出版社联合出版。两家出版社都顾全大局，都作出了让步，我也就渡过了这一关。1988年因课时增至60节，教学内容相应增加，该书也须修订再版，篇幅扩至28万字。这个修订本由天津人民出版社一家出版，没有争议。这时候，印量也很小了，赚不赚钱都不好说了。

《马克思主义哲学纲要》初版于1983年2月出版，秋季付诸教学使用。在开课之后，出现了各种各样的根据录音整理的讲义，都是铅印的，都印着主讲人的名字，我见到过几种，其中有的整理得比较好，但也有的错漏百出，面目全非，很令人生气。在此期间，我收到南方某省区以教育厅名义发给我的信函，请我编写一个辅导材料，内容、字数都由我定，印出后付给我稿费七千元，如印数达到二万册，给稿费二万元。印二万册是不成问题的，恐怕十个二万册也打不住，因为我是主讲教师，考试由我命题。这"辅导材料"无异于划定考试复习重点。有了这个东西，学生可以不看教材了，甚至连课也可以不听了。这显然是一种严重损害教学质量的行为，是一种不正当的牟利行为。二万元，这在那个年月是一种多么巨大的利益诱惑！当时最热的流行语就是"万元户"。如果我接受了这个要求，只需花费几天时间，我就可以成为两个"万元户"了。我的这本教科书，1983年2月第一次印刷40万册，4月第二次印刷40万册，5月第三次印刷18万册，此时共印刷98万册，付给我的稿酬（基本稿酬加印数稿酬）共3090元，征所得税458元，净得2632元。后来又印刷十多次，通过正式渠道发行的数量是二百余万册。印刷百万册以上已没有印数稿酬，所以这本书一共得到的稿费也就是这两千六百多元。那两万元是它的将近 8 倍！这绝对是一种暴利，是一种不正当利益。写信的人以为捕捉到了一个重大的"商机"，但我看到这封信后，却非常之不高兴。我想，我能有机会向数以百万计的受众讲哲学，是干一件大有益于社会、大有益于哲学的事，正怀着一种前所未有的荣耀感乃至崇高感。要我利用这样的机会去牟利，以损害几百万电大学生的利益为代价、以损害马克思主义哲学的声誉为代价、以损害自己的人格和尊严为代价去牟利，这是自我毁损，绝不可为。我一分钟的犹豫都不曾有，立即写了回信，坚决拒绝了这种荒唐要求。后来同人们谈起这件事，也有的人说，这事不是不可做，这钱不是不可要，劳动所得，无可非议。我是不同意这种看法的。人不只是要受法律的约束，还要受道德的约束，不能说事情只要不违法就可以做。"不违法"并不是道德的底线，对一个知识分子来说，对一个哲学教育工作者来说，更不是他的道德的底线。我指导的博士生李佑新在他的博士学位论文《走出现代性道德困境》中，谈到现代社会的道德建设时，主张将人的德行区分为正直、美德和崇高三个层次，我是很同意这种分析方法的。如果一个社会只是要求人们守住道德的底线，没有人讲美德，更没有人追求崇高，这个社会的道德就只有一道防线，它就随时可能被突破而导致整个社会的整体性的道德崩溃。

2010 年，王道君同志写了一篇纪念电大建校三十周年的文章，其中讲了这个故事。她把初稿给我看时，连我自己都似乎被感动了。我自己怎么还会被感动？这意味着人们曾有过的情怀已经同历史一起远逝了。事隔不足三十年之后，这个社会已经变得物欲横流，人们只是敏感于金钱，对于什么理想、信念、崇高之类都淡漠了。后来王道君把这本正式出版的纪念文集送给我时，我看到其他的内容都还保留着，唯独这个故事被编辑一笔删去了。问起王道君，她也不知何故。大概是这样的思想和行为已经不合当今潮流了。

三、协助主编《马克思主义哲学原理》

（一）"马克思主义哲学原理体系改革研究"课题组的建立及社会考察活动

1980 年 11 月在昆明举行的《辩证唯物主义原理》的审稿会上，高清海教授就在肯定这部书稿的成就的同时，提出要对这部教科书仍然沿袭的基本框架进行改革，即打破苏联教科书把马克思主义哲学分成"两个主义"（辩证唯物主义、历史唯物主义）、"四大块"（唯物论、辩证法、认识论、唯物史观）的框框，并表示他回去以后就要着手按此意图编出一本新的哲学教科书。对高先生的这种想法，时任教育部高教司司长季啸风立即表示支持。季司长说："等你编出来新的教科书，我们还到昆明来开审稿会，我请你吃汽蒸鸡。"时任人民大学副校长张腾霄也表示衷心的欢迎和支持，他风趣地说："我们都等着和你一起来吃季司长的蒸汽机（鸡）"，引得哄堂大笑。

1982 年初夏，高清海先生在北京五棵松某军事单位召开了一个小型的研讨会，讨论他主编的《马克思主义哲学基础》的编写大纲。承蒙高先生厚爱，我也被邀请与会，记得还有我的老师吴江参加。肖前、李秀林、汪永祥等老师因故未能出席，高先生硬要我"代表"人大发表意见。他这是看得起我，可实际的效果却是弄得我什么话也不敢说。我一再申明，我不代表人大，也不可能代表人大，我参加《辩证唯物主义原理》的编写，只是做了一点很局部性的工作。在那样一些"杂念"的束缚下，我很难稍稍放开点去讲。可以肯定的是，我不会讲出任何尖锐性、实质性的意见。所以，我在会上到底说了一些什么话，现在真是一点记忆也没有留下了。但这并不意味着这个大纲本身没有给我留下深刻的印象。这个大纲和后来编成的教科书我都认真拜读过。高先生主编的这部教材是从"体系"上动刀了，可以说，这是哲学教科书改革的真正开始。它力图贯彻列宁的辩证法、认识论、逻辑学三者一致的思想，把世界观、认识论和方法论统一起来，打破苏联教科书"两个主义"、"四大块"的各个部分相互分离的框架结构，是哲学体系改革上一次有历史性意义的尝试。当然，由于当时中国学界总体认识水平的局限，这次改革也还是没有完全到位的。尽管如此，高先生倡导的从体系上进行改革的这种改革精神和改革方向却极大地鼓舞了整个哲学界。自20世纪80年代中期以后，哲学体系改革的呼声是越来越高了。

哲学体系改革的呼唤，不是几个学人的无病呻吟，而是一种时代的声音。旧的教科书体系所体现的基本上是一种本体论的哲学思维范式，其主要的弊病就是纯客观主义的倾向或如有的学者说的"本体论化"的倾向，也就是主体性维度的缺失。哲学似乎只是在心平气和地静观世界，只是在描绘世界的图景即单纯地解释世界。哲学作为世界观，也是人们用以观世界的。人们对世界的把握是有两个尺度的，一个是客观世界本身的尺度，或曰物的尺度，一个是作为观察者的人的内在尺度。这后一种尺度就是主体性的尺度。这本来是马克思十分强调的一个尺度。马克思在"关于费尔巴哈的提纲"里批评旧唯物主义对对象、现实、感性"不是从主体方面去理解"，就是指主体性维度的缺失，并且说这是旧唯物主义的"主要缺点"。但是，这个对于理解马克思主义哲学的实质来说十分重要的方面，却在我们过去的教科书中被忽略了。这样一来，我们的哲学就被搞得十分简单和贫乏。马克思主义的哲学本来是具有陶铸人们的心灵、唤起人们在实践中改天换地的激情的理论魅力的，但旧的教科书哲学却越来越让人感觉到它同自己的生活、同自己的命运没有什么关联，感觉到它在实际生活中越来越显得苍白无力。过去总是说，哲学是人类争取自由的武器，但旧的教科书哲学似乎并没有让人感觉到给自己提供了这样的武器。这就是人们经常提出"哲学到底有什么用"这类问题的根由。哲学有没有用，有什么用，这正是从主体角度提出的问题，哲学自身失去了主体性的维度，就使得对这一类的问题难以做出清楚的回答。这种教科书哲学离开马克思主义哲学的真精神实在是越来越远了。

这种"见物不见人"的哲学体系，是同苏联的计划经济体制和高度集权的政治文化体制相适应的。在中国实行市场化取向的经济体制改革和全面的社会改革之时，旧的教科书体系的弊端也就日益显露出来，中国的社会改革越来越强烈地呼唤哲学的改革。我的同学吴启文教授在给我的信中说，旧的哲学体系应对苏联社会主义实践的失败负责。我在给他的回信中说，他这话有些言重了。苏联失败的原因很复杂，这么沉重的历史责任单由哲学去担负，是担负不起的。但是，把哲学同社会主义的命运关联起来去思考是很自然的，是很必要也很合理的。这样的关联思考，恐怕也正是呼唤马克思主义哲学体系改革的最本质、最深层的原因。按我的理解，哲学体系改革的根本意义就在于清除苏联教科书哲学的消极影响，这是当代中国的马克思主义哲学必须完成的历史性任务。

哲学体系改革的研究得到了国家的有力支持。1985 年，原国家教委设立了"马克思主义哲学原理体系改革研究"的重点课题，翌年又被提升为国家社会科学规划的重点课题，由全国高校马克思主义哲学专业的博士点共同承担。课题组由著名哲学家肖前教授、黄枬森教授主持，由十余位博士生导师和著名教授组成，我本人也作为南开博士点的带头人参加了课题组。

哲学改革的基本目标就是要使哲学适应时代的要求，适应我国改革开放实践的要求。因此，课题组建立伊始，就经原国家教委批准，以课题组主要成员为主体，组建了中国哲学家考察团，分别在我国东部地区、西部地区和中部地区选择若干省市进行社会考察。考察团组建时的成员是：肖前（中国人民大学哲学系教授，国务院学位委员会哲学学科评议组召集人）、黄枬森（北京大学哲学系主任）、陈志尚（北京大学哲学系教授，国家教委文科科研处处长）、高清海（吉林大学哲学系主任）、陶德麟（武汉大学哲学系主任）、夏基松（南京大学哲学系主任）、胡景钟（复旦大学哲学系主任）、刘嵘（中山大学哲学系教授）、黎克明（华南师范大学副校长）、陈晏清（南开大学哲学系主任）共十人，由肖前任团长，黄枬森任副团长。

第一次考察活动是1986年1月，考察珠江三角洲地区，包括深圳、珠海两个特区和香港、澳门。第二次考察活动是1987年5月，考察长江三角洲地区。先是5月5日至10日在苏州召开了主题为"时代精神与哲学"的研讨会，会后，从5月11日至31日考察团去苏南的几个县市考察，考察团成员也有所调整和扩大。

第三次考察活动是1988年1月，考察天津地区。这次活动，社会考察不多，只用了不到两天的时间访问了天津经济开发区、天津港和大邱庄，会外搞了一个哲学讲座，主要是开研讨会。这次天津会议是课题组的一次关键性的会议，并在全国产生了重大影响。因此，我想在后面专门叙述。

第四次是1988年7月在四川省内的考察活动。前三次都是东部地区，这次是西部地区，包括成都平原、凉山彝族自治州和攀枝花大三线地区。

第五次是 1992 年在湖北省和三峡工地的考察活动。湖北居我国中部地区，也很有代表性。这次湖北和三峡的考察活动，是在本课题的最终成果的审稿会之后进行的。在武汉大学举行的审稿会也有重要意义，因此，我也想在叙述天津会议之后对这次会议的情况作些较为详细的说明。

上述省、市委和新华社香港分社的负责同志都热情地接待了考察团，有些省、市委的主要负责人，如时任天津市委书记李瑞环、湖北省委书记关广富等，还同我们就许多重大的实际问题和理论问题进行了同志式的对话和讨论，对哲学体系改革的研究工作提出了殷切的希望。这几次考察活动，对于我们了解实际生活，了解我国改革开放的形势，增强改革意识，改变哲学思考的方式，都起了积极的作用。

除了上述几次规模较大的社会考察活动以及与考察活动同时举行的研讨会之外，还有 1989 年在北京与中国自然辩证法研究会联合举办的"马克思主义哲学与现代自然科学的关系"研讨会，以及中国哲学家与苏联哲学家关于当代哲学问题的研讨会等。这些研讨会也取得了重要的成果，对哲学体系改革的研究有重要的借鉴意义和促进作用。

（二）"哲学体系改革研究"课题组的天津会议

这次研讨会责成我去筹办，我也实在是勉为其难。我没有筹办这种高端会议的经验，更为难的是没有钱。那年头高校哲学系穷得很，我这个系主任有支配钱的权力，但没有可支配的钱。后来是国家教委高教司给拨了三千元的专项资助，我又想了点其他办法，才勉强把这个会开了下来。虽然是个穷会，但会议的意义很大，不仅对本课题的研究有了实质性的推进，而且对全国马克思主义哲学界产生了重大的影响。

这次会议是课题组的一个扩大会议，到会二十余人，集中了我国马克思主义哲学界一批优秀的老、中、青学者，包括中国人民大学的肖前、夏甄陶、陈先达、杨彦钧，北京大学的黄枬森、赵光武、陈志尚，吉林大学的高清海，武汉大学的陶德麟，北京师范大学的齐振海，中山大学的刘嵘，复旦大学的辛敬良，华南师范大学的黎克明，以及一批当时已崭露头角的中青年学者如李德顺、郭湛、陈志良、王东、欧阳康等（因时间相隔久远，当时的记录已部分丢失，所以可能有重要遗漏）。讨论非常热烈，都是涉及哲学体系改革中的要害问题。主要讨论了以下五个方面的问题。

1. 对现行哲学教科书体系的评价

对于现行哲学体系如何评价，这是哲学体系改革思路的出发点。因此，这个问题是讨论哲学体系改革的前提性问题。在会上，形成了两种互相对立的意见。

第一种意见认为，现行的哲学教科书体系仍不失为科学的体系，它也需要改革，因为它也有严重的缺点。它的缺点主要是内容不完整，马克思、恩格斯、列宁讲过的很多东西没有包括进去；某些内容陈旧、过时；逻辑性不强，如范畴的排列不是从简单到复杂、从抽象到具体，辩证法的规律和范畴的区分不合理，唯物论、辩证法、认识论、唯物史观这"四大块"的排列顺序不合理，等等。

第二种意见则认为，现行的哲学教科书体系不是一个科学的体系，问题不在于它的内容的多少、新旧或有没有逻辑性。这些问题也存在，但不是主要问题。旧体系的主要问题是它没有把握住马克思主义哲学的实质。它不仅由于"左"的教条主义影响，存在简单化和僵化的情况，而且更重要的是它的本体论化、客观主义化的弊端。它的主线是本体论的，基调是描绘客观世界的图景，基本倾向是纯客观主义，它表述的不是一种"改变世界"的哲学，因此，是走了样的马克思主义哲学。

这两种评价意见针锋相对。对现行哲学体系的评价的分歧，是由于人们评价的"尺度"不同，这尺度就是评价者的基本的哲学观念。这次会议在下述问题上的热烈争论，都是基本哲学观念问题的争论。

2. 关于哲学的对象

在哲学家们各不相同且互相争论的哲学观念里，首要的是关于哲学对象的观念。以往的哲学教科书都说"哲学是理论化系统化的世界观"，这已成为一句公认的套话。世界观是什么？说是"关于整个世界的根本观点"。这话是相当含混的。到底如何理解所谓"关于整个世界的根本观点"？这就出现了两种根本不同的理解方式。

一种理解方式是从整体和部分、一般和个别的关系上解释所谓"关于整个世界的根本观点"的，认为哲学的对象即是整个世界，科学则是关于世界的某个领域、部分或方面的知识，哲学和科学的区别是整体和部分、一般和个别的区别，是概括层次上的区别，因而是"大道理"和"小道理"的区别。哲学的概括是在最高的层次上，它是关于整个世界的普遍本质、普遍规律的科学，因而是"大道理"。这是以往学界的传统的解释，现行的哲学教科书体系就是依据于这种理解方式建造的。

另一种理解方式则是从人与世界的关系上去解释，认为哲学是研究人和世界的关系，是研究和解决世界对人关系中的矛盾。所谓世界观也就是关于人与世界之关系的根本观点。持这种观点的学者认为，按照第一种理解方式，一系列的重要问题难以说清。首先是哲学和科学的区别说不清。特别是在现代，在科学的整体化趋势如此鲜明的情况下，在出现了像系统论这样具有最广泛的跨学科性质的横断科学的情况下，如何划清哲学和科学的界限？不断扩大知识的领域，逐步接近于对于世界整体的认识，这是该由科学去管的事情。如果硬要哲学去管，认为哲学不去管就无事可做，那势必把哲学逼到无可立足的地步，那无异于取消哲学。其次是思维和存在的关系问题为何成为哲学的基本问题，从哲学是关于世界普遍本质、普遍规律的观点推论不出来。再次是关于世界观、认识论、方法论的统一的原则，找不出它的内在逻辑。

持这第二种理解方式的学者认为，哲学作为世界观是要把握世界的整体性的，但不是由部分合成整体，也不是简单地由个别抽象出一般，而是应从人与世界关系的角度去把握世界的整体性。人和世界的关系是多元的，又是一元的，所谓把握世界的整体性，也就是解决这个多元和一元的问题。即是说，世界本来是统一的、一元的，但就其对于人的关系来说又分裂为多元的了。哲学要把握的世界的整体性，就是这个分裂了的世界的统一性。自从有了人以后，世界便分裂为自然世界和属人世界、客观世界和主观世界。这种分裂的根源就是人的实践。人的实践这个制造分裂的东西，也正是使分裂了的世界统一起来的基础。过去的哲学找不到这个分裂的根源，也找不到这个统一的基础，对于世界整体性的把握就只能采取简单归并的方式，或者是与自然齐一，或者是归属于人（人的意识）。只有马克思主义哲学，由于它确立了科学的社会实践的观点，才能正确地说明世界的分裂和统一，才能使所谓世界"整体性"的研究成为可能的、科学的。

3. 关于本体论的问题

关于本体论的问题，同关于哲学对象的问题是密切相关的。在哲学对象问题上持第一种意见，即认为哲学研究的对象是客观世界本身的学者，都明确肯定，马克思主义的哲学不仅有它的本体论，而且本体论是它的核心。所谓世界观就是本体论（或存在论），马克思主义哲学首先就应是一个本体论的体系。

第二种意见则认为，本体论本是一个旧哲学的概念，马克思主义哲学应当扬弃这个概念，并给予它以适当的位置。这里最重要的是区分本体论和本体论化这两个概念。具体地说，独立的本体论是没有意义的，但作为认识论、方法论的前提而与认识论、方法论相统一的本体论则是要承认的。不管叫不叫作"本体论"，描绘世界的图景还应当是哲学要做的事情。尽管各个时代人类知识的总体背景不同，对于世界图景的描绘也不同，但各个时代的哲学都会有对于世界图景的描绘则是无疑的。重要的是区分哲学的世界图景和自然科学的世界图景。这个区别不是整体和部分的区别，而是属人方式和非属人方式的区别。哲学描绘的世界的图景应是人在其中生活和活动的世界的图景，因而在本质上是人和世界关系的图景。我们只能在这个意义上承认和建构马克思主义哲学的本体论。而本体论化则一无可取，应坚决抛弃。旧的哲学教科书体系就是一个本体论化的体系。按它的"四大块"来说，不仅唯物论部分是本体论化的，对于人的认识也是按照本体论的方式，把人的认识作为一个自然过程加以描述的，历史观也是排除人的活动而去纯客观地描述社会关系结构及其演进的。哲学体系的改革，正是要改造这个本体论化了的体系。

4.关于主体性的问题

关于主体性的问题是这次会议讨论最为热烈的问题之一。从探讨哲学体系改革的思路这个角度说，关于主体性的问题同上述关于本体论的问题实质上是一个问题。按照会上许多学者的意见，哲学体系改革是要改变现行体系的本体论化的倾向即纯客观主义的倾向，那就是要恢复和强调马克思主义哲学的主体性原则。可奇怪的是，关于主体性问题讨论到最后，却又有人说大家没有什么原则分歧，所以会议纪要里没有写上什么分歧意见。后来我们在编写《马克思主义哲学高级教程》时才搞得更加明白，严重的、实质性的思想分歧，是在把主体性作为一个哲学维度去看时才清楚地显现出来的，而如果只是把主体性作为哲学中的一个理论问题、一个理论内容去看时，则难以看出有什么大的分歧。这次会议上，许多发言确实是把主体性问题作为当时学界的一个认识论的热点问题了，而作为哲学体系改革思路提出的主体性原则，则基本上是在关于本体论问题的讨论中阐发的。

5.关于"实践唯物主义"

关于"实践唯物主义"的问题是这次会议讨论的中心问题、总体性问题。学者们对于这一问题发表的意见，可以说是关于哲学体系改革基本思路的结论性意见。

在上述几个问题上持第二种意见的人，即主张对于本体论化的旧哲学体系实行根本的改革，认为哲学应研究人与世界关系，应恢复和强调马克思主义哲学的主体性维度的人，肯定马克思主义哲学是一种实践的唯物主义，应当按照"实践唯物主义"的原则改造哲学体系。有的学者（如高清海教授）只是不愿采用"实践唯物主义"这个称呼，但同实践唯物主义的主张在实质上是一致的。而在上述问题上持第一种意见的人则不赞成说马克思主义哲学是实践的唯物主义，认为实践只是历史唯物主义的最基本的范畴，而不是宇宙观的基本范畴。马克思和恩格斯在《德意志意识形态》里用生产劳动解释社会历史现象，这就是实践唯物主义。如果认为实践也是宇宙观的基本范畴，离开人的实践即无宇宙，那就大成问题了。

　　显然，这两种意见的分歧不仅仅是对于"实践"范畴的哲学意义的理解上的分歧，而是对于马克思主义哲学的实质的理解上的分歧，首先是对于马克思所实现的哲学变革的实质理解上的分歧。持第二种意见的一些学者认为，哲学变革的实质是思维方式的变革，哲学内容的变革、哲学理论形式的变革都是取决于哲学思维方式的变革的。马克思以前，哲学思维方式基本上可以归结为两种。一是从抽象的观念、意识出发去解释世界，或者说，单纯从属人关系上解释人和世界的关系，从而夸大人的活动的主观性而否定客观制约性，夸大人的活动的能动性而否认受动性的一面。这是一种片面的哲学思维方式，一般是唯心主义的哲学思维方式。另一种则是从抽象的自然、物质出发解释世界，或者说单纯从自然关系上解释人和世界的关系，即用机械的决定论的观点看待人的活动，只是从客体的、直观的形式去理解事物，这是旧唯物主义的方式，也是一种片面的哲学思维方式。马克思在"关于费尔巴哈的提纲"里总结了全部哲学史的教训，也就是总结了这两种片面的哲学思维方式的教训。在马克思看来，只有既不是从抽象的观念出发，也不是从抽象的自然出发，而是立足于能够把意识和存在、观念的东西和物质的东西统一在一起的人类实践，才能把握主体性和客观性的统一、人的能动性和受动性的统一、客观世界和主观世界的统一、自然世界和属人世界的统一，才能从根本上正确地说明人和世界的一般关系。

　　在上述问题的争论中，我是持第二种意见的。我在会议上的主要发言，曾以"按照'实践唯物主义'的原则改造哲学体系"为题，刊发于1988年第3期的《天津社会科学》（在这一期同时发表了到会的其他几位学者的文章），在上面关于这次会议的争论情况的叙述中就较多地包含了我个人的意见，因此，在说话方式上也就难免带有自己的倾向性。讨论会开得非常严肃、认真，但基本上是心平气和的，是马克思主义哲学工作者内部的同志式的讨论。当然，也出现过个别的不和谐的情况，但并没有对整个会议产生什么影响。

会议期间，时任天津市委书记李瑞环会见了参加会议的全体人员，并发表了重要的讲话。瑞环同志很重视哲学，他本人就是一位学哲学用哲学很有成就的领导干部，因此，大家都希望听听他的指导性意见。肖前老师一再指示我，一定要把瑞环同志请出来讲一讲。1月26日，瑞环同志和天津市的其他领导同志一起会见了会议全体人员，他做了一个多小时的讲话。在我的印象里，这个讲话曾在《求是》发表，因为《求是》杂志的编辑阎长贵同志专程来天津找我商量过讲话稿的整理。2010年出版的李瑞环新著《务实求理》收录了这篇讲话，题目是"改革需要哲学，哲学需要改革"。

李瑞环同志的讲话，全面地阐述了中国的社会改革和哲学改革的关系，阐明了改革和发展哲学的重要性，并由此出发，对哲学工作者提出了殷切的希望；同时，还用了比较长的时间谈了领导干部学习哲学的问题，要求哲学专业工作者关心哲学的普及，积极推进马克思主义哲学的大众化。其中，他讲的两个问题给我留下了极深刻的印象。

一个问题是讲中国改革的阻力何在。他说："中国的改革，阻力不在于政治上有什么保守派，而在于有些人思想上的僵化，而思想上的僵化又同陈旧的思维方式、思想方法有密切的关系。"[①]这是一个十分重要的符合当时中国实际的政治判断。如果不是这样看问题，而是认定当今中国存在一个反对改革的保守派，企图制造一场批判保守派的政治斗争去清除改革的阻力，那就仍然是"以阶级斗争为纲"的思维方式，只能把事情搞乱。因此，瑞环同志说，这个问题只能靠学习来解决，"靠学

---

① 李瑞环：《求实务理》，中国人民大学出版社2010年版，第925页。

习马克思主义，特别是学习马克思主义的哲学来解决"①。这鲜明地凸显了马克思主义哲学对于改革开放的重要性。马克思主义哲学是必须发展的，而"发展主要是针对思想僵化来说的"②。我们的哲学体系改革作为一种发展马克思主义哲学的努力，其目的就是要为人们提供适应于改革开放新形势的思想观念和思想方法。当时，我就联想到我们的研讨会。社会改革尚且如此，哲学的改革就更是如此。在这次研讨会上，人们的思想分歧很大，争论十分激烈，但争论归争论，却并不存在那种政治意义上的派别。这可以说是持不同观点的学者们的一种共识。个别的人想把哲学观点上的分歧往政治上拉，但绝大多数人都不以为然。这是一种大家都很欢迎的良好局面。如果这样一个由纯粹的学者参加的会议，到了这个年月，还允许肆意混淆学术分歧和政治分歧的界限，那中国的学术繁荣就真的是没有希望了。我们对瑞环同志的这番讲话并没有专门讨论，但我想，我们都会受到震动，产生共鸣。参加这次会议的许多人都是当时哲学界的领军人物，他们对于学术和政治的关系能够取得正确的共识，就保证了学界的团结，保证了这个学科在近 30 年里的繁荣和发展。

另一个问题就是他以一种颇为特别的方式强调了哲学社会科学的重要性。他语重心长地说："从长远观点来看，我们国家如果将来出毛病，多半不是出在自然科学方面，而是出在哲学社会科学方面。"③ 这真是警世之言。我相信他的话经得起历史的考验，但又很担心他的话不幸被证实。这番话既是强调哲学社会科学事业的重要性，也是强调哲学社会科学工作者的责任意识，对于从事哲学改革研究的学者来说

① 李瑞环：《求实务理》，中国人民大学出版社 2010 年版，第 925 页。
② 李瑞环：《求实务理》，中国人民大学出版社 2010 年版，第 925 页。
③ 李瑞环：《求实务理》，中国人民大学出版社 2010 年版，第 925 页。

感到更加亲切。作为马克思主义哲学工作者，必须有对历史负责、对人民负责的责任感，在改革哲学、发展哲学的事情上既不能不作为，更不能乱作为。

（三）"哲学体系改革研究"课题的最终成果

"哲学体系改革研究"课题的最终成果是新编哲学教科书《马克思主义哲学原理》，由课题组成员共同编写。各学校按照分工写出初稿后，于1992年10月在武汉大学开了一个审稿会，这也是一次十分重要的会。我和肖前、赵凤岐老师等先于10月7日至12日在江苏南通参加了一个学习邓小平南方谈话的讨论会，再从南通到武汉，中间在南昌、九江停留了一两天，见到了我的大学同学余品华、霍伟光，并在九江的共青城拜谒了胡耀邦墓，然后从九江乘船到武汉。这次在武汉开会的条件大为改善，与四年前在天津的会议大为不同了。当时陶德麟先生刚刚上任武汉大学校长，他可以调动武汉大学的人力、物力支持会议，环境非常安静、舒适、方便，讨论会也就开得聚精会神，很是认真深入，这对于保证书稿的基本质量起了重要作用。

会议开始之前，肖前老师征得课题组主要成员的同意，提议由我担任《马克思主义哲学原理》的副主编（由肖前任主编，黄枬森和我任副主编）。对这件事情，我毫无思想准备。我和肖老师在南通开了几天会，从南通到武汉又是水路旱路一道走来，这十多天的时间里几乎是形影不离，但关于此事，他一直只字未提，连一点暗示都没有过，待到武汉征得了课题组各位教授的同意之后才找我谈话。肖老师说完此事，我一时不知该如何应答。做这样的安排固然是肖前老师、黄枬森老师和其他师长对我的信任和厚爱，但我的第一感觉却不是人们通常会有的那种高兴，而是有些畏怯，有些不安，有一种将要把自己推到炉子上去烤的感觉。一是我没有这个资格，论辈分，我在这个课题组里应是最后一个位置；二是我没有这个能力，要把这种"七嘴八舌"的稿子整成大体上像一个人说的话，谈何容易！这绝对是一桩费力不讨好的苦差事。但我又不能拒绝。我要帮肖老师做点事，这是诚心诚意的。这不仅仅是因为我对肖老师本人非常崇敬、非常感激，而且还包含了我对母校的一种情感和希望。中国人民大学一直是我国马克思主义哲学学科的"龙头"，肖老师又处在那样一种学术地位，他确实应该再做成一两件在全国学界有重大影响的大事来。我们这些散落他乡的弟子，应当和他身边的弟子密切配合，多帮帮他老人家。尤其是李秀林老师去世后，我更应当多帮帮他。我想，事情该怎么干我还怎么干，却不想担此名声和责任。但事情已经走到了这一步，似乎没有商量的余地了。

正式宣布我做副主编，也就同时明确了我做这部稿子的总统稿人。徐崇温先生赐给了我一个"总统"的雅号，让我哭笑两难。这样，在审稿会上，我就不仅要认真听，还要认真记。会上的合理意见，在统稿时都是尽量吸取了的。但这个会议的记录找不到了，难以详细叙述会上的意见和情况。我对这次会议的印象是：就会上发表的意见来说，在改革的总体思路上，绝大多数的学者达成了共识，即力求在全书贯彻实践的观点；在各章涉及的许多具体问题上有明显的推进，有的甚至可以说是突破；总之，同天津会议相比，学术上有了明显的进步。但就交上来的初稿本身来说，却是差异甚大。如果要用一句"求同存异"的老话，那就是，能"求"得的东西相对较少，会"存"下的东西相对较多。听得出来，审稿会上的多数人不赞成一味地"存异"，而是要尽可能消除差异，搞出一个大体上能够自洽的教材交给读者。因此，这次统稿、修改的任务是一项极为繁难的任务。遵照肖前老师的指示，有几章先请李德顺、郭湛、陈志良、王南湜这四位年轻同志改写之后，再从文字上、风格上作统一处理。

《马克思主义哲学原理》作为这项课题的最终成果，于 1994 年 1 月由中国人民大学出版社出版面世，因篇幅较大（共计 61 万字），所以分成了上下两册。该书出版后，1994 年 7 月，在国防大学开办了一个面向高校哲学教师的讲习班。受肖前主编委托，我在讲习班上对这本书的总体情况作了介绍。这个报告稿经修改之后，以"哲学教材体系改革的探索"为题，刊发于 1994 年第 5 期的《教学与研究》上。

就这本教科书和传统哲学教材比较而言，我认为它的突破性的进步主要是以下几个方面：

1. 明确了实践范畴是整个哲学体系的核心。实践的观点不仅是认识论的首要的基本的观点，而且是全部马克思主义哲学的首要的基本的观点。这是一个具有根本性质的突破。在以往的教科书中，只是将实践活动作为认识活动的基础，只是在认识论中把实践作为认识的源泉和检验认识的标准加以论述，而在作为存在论或者本体论的自然观和历史观中，则基本上未能贯彻实践的观点。在新的教材体系中，不仅认识论，而且自然观、历史观（这一方面更为根本）都力图将其建立在实践观点的基础上，这样才有可能构成一个认识论与本体论相统一、自然观与历史观相统一的完整的理论体系，而不是像以往那样，认识论、自然观、历史观等各个部分彼此外在，是一种实际上不成体系的体系。

2. 重新规定了实践的概念。在以往的教材中，只是从认识论的角度规定了实践概念，把实践规定为主观与客观的"交错点"、"主观见之于客观的东西"。肖前等主编的《辩证唯物主义原理》把实践规定为"人

137

类有目的地能动地改造和探索世界的一切社会性的物质活动",这基本上还是立足于认识论角度规定的。这种规定是不完备的。新的教科书则从认识论与存在论相统一的角度,把实践规定为人与自然之间一种物质性的否定性关系,这种活动或关系本身即构成了一种客观的存在,一种"能动的现实存在"。这样规定就超出了认识论的眼界,而将它扩展为同时是自然观、历史观的基础。

3. 在实践概念的这种规定中,把主体性的原则逻辑地引入了马克思主义哲学体系的建构之中。由实践概念所内含的主体性、能动性、否定性的规定,也使马克思主义哲学的革命的批判的本质能够得到合理的说明。马克思说的对现存事物要从主体方面去理解,就是要从人与对象的否定性关系去理解,即把现存事物作为人类实践活动的历史进程中的一个暂时性环节去理解。

4. 用实践观点改造旧唯物主义哲学的物质概念。以往的教材是用的列宁的物质定义,但列宁的物质定义往往遭到一些人的旧唯物主义式的曲解。这本新教科书提出要用实践的观点解读列宁的物质定义,并综合了包括列宁在内的马克思主义哲学经典作家的思想,对物质概念作了这样的表述:"物质是标志客观实在的哲学范畴,是对一切可以从感觉上感知的事物的共同本质的抽象,因而它包括了一切可以从感觉上感知的自然事物,也包括可以从感觉上感知的人的感性活动即实践活动;这种客观实在独立于我们的精神而存在,为我们的精神所反映。"这里最重要的改变,是把人的感性活动即物质实践包括到物质概念的规定之中。做出这种改变的主要的依据,是马克思说过要把事物"当做感性的人的活动,当做实践去理解",并且说过,人类的生产劳动和创造是整个现存的感性世界的基础。这种改变对于坚持彻底的唯物主义具有极其重要的意义。在论证现实世界的客观实在性时,两个最困难的问题即关于人类社会的客观实在性和微观世界的客观实在性，都只有坚持这样的物质概念才能得到正确的解决。

5. 要坚持彻底的唯物主义，具有决定意义的是对于社会历史的唯物主义解释。以往的教材像说明自然过程一样去说明社会过程的客观性，即只是从作为社会客体的生产力、生产关系、上层建筑及其运动过程的客观性上去说明。新的教科书则是依据马克思关于"全部社会生活在本质上是实践的"这一基本思想，将上述社会存在物理解为本质上只是人类实践的存在形式，从而由实践活动的主体性与客观性的统一、能动性与受动性的统一去说明了社会历史过程的辩证决定性。

6. 由于将整个体系置于实践观点的基础上，也就在全书的整体关系上从根本上深化了认识和实践的关系，认识过程被理解为人类社会生活的一个方面，使得认识论完全地根基于作为存在论的自然观和历史观。

7. 将实践观点贯彻于整个体系，必然要增添一些为阐发马克思主义哲学的精神实质所必需而又为以往的教材体系所难以容纳的新内容，如价值问题、文化问题等。

附：相关论著

（1）陈晏清：《如何讲授对立统一规律》，《教学与研究》1980 年第 2 期。

（2）肖前等主编：《辩证唯物主义原理》，人民出版社 1981 年版（陈晏清为该书改写"对立统一规律"一章）。

（3）陈晏清：《马克思主义哲学纲要》修订本，天津人民出版社 1988 年版。

（4）陈晏清：《按照"实践唯物主义"的原则改造哲学体系》，《天津社会科学》1988 年第 3 期。

（5）肖前主编，黄楠森、陈晏清副主编:《马克思主义哲学原理》，中国人民大学出版社 1994 年版

（6）陈晏清:《哲学教材体系改革的探索》,《教学与研究》1994 年第 5 期。

马克思主义哲学的实践论解读

　　作为"哲学原理体系改革研究"课题最终成果的新编教科书，无疑是我国马克思主义哲学学科发展历程中的一项重要的标志性成果，它的根本意义在于引导中国学界走出旧的哲学体系——苏联哲学教科书体系。这本教科书凝结了众多学者的心血，也可以说，它记载了从旧哲学体系下走过来的几代学人的探索和碰撞，记载了几代学人孜孜求索的思想苦旅。这本书表达的一些马克思主义哲学的基本观念、基本原则，不仅把这一个重要时期中国哲学改革发展的许多重要成果以教科书的形式肯定了下来，而且为哲学的进一步发展作了重要的开拓。

　　当然，改革中的东西大多是不完全成熟的，像哲学教材体系的改革这么复杂的事情尤其如此。尽管课题组成员，特别是肖、黄二老及帮助主编统稿的学者如夏甄陶先生以及李德顺、郭湛、陈志良、王南湜等都尽了努力，但还是留下了诸多遗憾。这里面，固然有课题组内部在改革思路上的分歧和哲学观念上的差异这个原因，但这不是主要的，因为经过统稿、修改以后，这些分歧和差异已在很大程度上消解了。我想来想去，这些遗憾大多应归因于教材形式的不可避免的局限性。其一是传统教科书的基本内容都必须保留，只是应当将其纳入新的叙述框架，而这是在技术处理上颇为棘手的事情。恩格斯说过，"现代唯物主义，否定的否定，不是单纯地恢复旧唯物主义，而是把 2000 年来哲学和自然科学发展的全部思想内容以及这 2000 年的历史本身的全部思想内容加到旧唯物主义的持久性的基础上。"①作为旧唯物主义的持久性的基础的内容，是以"扬弃"的方式纳入了现代唯物主义的思想体系的，因而它也成为马克思主义哲学的不可缺少的基本内容。例如，肯定世界的物质统一性就是唯物主义的"持久性的基础"，不论哲学如何变革，它都是唯物主义哲学的基本前提，当然也是马克思的现代唯物主义哲学的基本前提。像这样的内容不但不能取消、弱化，反而应当加强。困难在于，如何总结哲学和自然科学以及历史和文化的发展成果来充实和改造这个"持久性的基础"，如何将它纳入马克思的新的哲学范式。新编教科书的"世界的物质统一性"这一章，是遵照恩格斯的上述思路，不论理论阐述还是历史叙述都是相当完备的。尤其是遵照马克思《关于费尔巴哈的提纲》的论述，强调对事物不仅要从客体的方面去理解，而且同时要从主体的方面去理解，把它当作感性的人的活动去理解，把人的感性活动即物质实践包括到物质概念的规定之中。这就为把唯物主义的路线坚持到底提供了最坚实的前提，把唯物主义的这种"持久性的基础"提高到了现代唯物主义的水平。修改、定稿以后的这一章是写得相当出色的。这一类的问题在新编教科书里还有一些，当然并不是都像这一章那样解决得那么好。其二是新内容的阐述又难以做得很充分。凡是有所革新的地方，如下面我将重点阐述的问题，都是有所争论的问题。话少了，说不清楚；但话多说也是有限度的。不说别的，篇幅的分配就是一种颇为严格的限制。这是编教材，总不能因为自己有兴趣或认为很重要就"平原放马"似的写下去，在书里鼓出几个"大肚子"来。作为教科书，哪怕只是采取同传统教材有所不同的新表述，也都不可只是简单地贴上去，一些与其相关的基础性的叙述是不能缺少的。这样一来，篇幅就很

---

① 《马克思恩格斯选集》第 3 卷，人民出版社 2012 年版，第 517 页。

难控制了。例如，我认为应当把自由和必然的关系作为马克思主义哲学的基本的理解线索，便在统稿时将其同思维与存在的关系关联起来提出，却几乎没有什么论证。因为加上这句话同原来的叙述框架不相容，看起来就像打了个补丁一样。这种写法使读者感到很突兀，即使不认为有什么不对，也会不认为有什么意义，或许有人认为这是个别学者的主观随意性，而不是对马克思主义哲学的真知灼见。但要让读者看明白，那就不是三言两语能解决问题，就会打上一个大补丁。由于教材形式的这种难以避免的局限性，因而一方面是传统教科书的绝大部分内容不能不保留，尽管叙述方式包括叙述框架有了明显的改变，但从表观上看，它还属于"旧内容"；另一方面，新增的内容又说得不深不透，理论观点的来龙去脉、它得以形成和提出的背景及种种"潜台词"都不宜在教材中叙述。这样一来，有的人就认为新编教科书是新旧内容的拼凑，编教材就是摆积木，新的教材不过是又摆了一次。这些议论当然是从表面看问题，是一种似是而非的议论，不足为训。但我作为主要当事人之一，还是引起了我的许多思考。我的思考集中到一点，就是觉得这次教科书改革，似乎动手早了点，不论教科书的编写者还是使用者都显得学术准备不足。如果往后推迟若干年，学界有了比较规范、认真的学术讨论，出版了一批确实经过深入研究而写出的专著，编写者的学术准备更加充足，使用者接受新教材的知识基础更加宽厚，那样，即使新问题、新内容也可以像讲述其他问题、其他内容一样用比较简明扼要的方式表达出来。如果到这时候再动手编写新教材就会顺利得多。为了说明我的这种认识、这种心态，我可以讲讲当时的一段没有结果的经历。1995年前后，也就是新编教科书出版不到两年的时候，人民出版社要推出一套基本教材，其中的哲学教材请肖前老师主编，肖老师仍要我协助他，算是人大、南开两家合作。但从内心里讲我真是一点兴趣都没有了。只是肖老师不能拒绝人民出版社，我也不能拒绝肖老师。那本作为"哲学原理体系改革"课题最终成果的教材刚刚出版，又要编出一本新的教材，除非将其改得面目全非，否则跟课题组的另外几家就难免一场官司。而要改得面目全非，且要使教材的质量反而有所提升，这谈何容易！编那本教材时，我曾认为是费力不讨好；编这本教材，只会更加费力，更不讨好。编那本教材，我就觉得条件不成熟，接着编这本教材，条件仍然不成熟，或更显不成熟。但按照编写提纲完成了大约三分之二的初稿时，肖老师突然病倒了（脑溢血），这项工程也不得不停止，我也就像渡过了一个难关似的。这算是一个小插曲。

总之，由于上述种种情况，这本教科书难免留下了诸多缺憾。就我来说，也许本来胃口就比较高，所以总有一种做了一锅夹生饭的感觉，也就有一种要弥补一下的冲动。再强调一下，是"弥补"而不是"纠错"。于是，我又在南开组织队伍，主要是我当时指导的第一届博士研究生王南湜、李淑梅，遵循"哲学原理体系改革"课题组确定的思路，把课题组该说而没有说到的话再说一说，力求说透了。这就是我们后来编写的《现代唯物主义导引》。这本书尽力避开了写教材的那些麻烦，是作为专著去写的。尽管后来也把它改编为教材《马克思主义哲学高级教程》，但那是研究生教材。研究生教材可以是研究性、专题性的，同本科教材的要求是不一样的。

我认为，要弥补新编教科书的缺憾，有三个在逻辑上互相紧密关联的关键性问题需要继续深入研究和阐述。一是关于马克思主义哲学的主体性维度，二是关于马克思的哲学变革，三是马克思实践观点的存在论意义。这三个问题，是新编教科书与传统教科书的主要区别所在，也是学界的主要争论所在，是哲学原理教材改革的主要之点，因此，在新编教科书中都不同程度地有所涉及，但又都讲得不深不透。这也就是我们在《现代唯物主义导引》包括后来将其改编而成的《马克思主义哲学高级教程》中致力于深入阐述的主要问题。

一、马克思主义哲学的主体性维度

传统的马克思主义哲学教科书，作为一种解释框架，其最根本的缺陷是主体性维度的缺失，即纯客观主义或本体论化的倾向。这不符合马克思主义哲学的精神实质，也不能适应世界范围内的现代化潮流。

现代化是一种全新的社会生活方式或社会活动方式，它要求有与之相应的思想观念作为精神支撑，这种思想观念的核心就是哲学中称之为主体性的东西。从哲学维度看，现代社会与传统社会的最重要的、基础性的区别，是人们的活动方式或实践方式的区别。在传统社会即前市场经济社会，在自然经济基础上的农业、畜牧业生产中，人们的实践方式是非构造性的。人的活动并不改变对象本身，只是顺从自然规律，去改善对象的生长条件。即使没有人的参与，植物、动物照样能够生长。在生产中，人的活动不是主导性的。在社会生活的领域，人的受动性更为明显。因为社会的变化极其缓慢，人们在基于自然血缘关系或拟血缘关系的共同体交往中形成的社会关系及社会组织形式，往往上百年甚至上千年没有明显变化，它对于每个个人来说就是既成的，不能改变的。而现代社会即市场经济社会的情形却完全不同了，人的主导的实践方式是构造性的。在工业生产中，没有人的设计和参与就不会有生产。工业产品都是人造的，自然界不会有汽车、火车、飞机、宇宙飞船，不会有电话、电脑等等。各种社会组织，如公司、工会、政府、政党等等也都是基于现实的利益关系而建立起来的。人们的利益关系复杂多变，各种社会组织也必须在利益博弈中不断地调整或重建，明显地显示了它的人为性、人造性。所以，人们常说市场经济社会是空前注重创新的社会。注重创新就意味着主体性的凸显。这就是使主体性成为现代性哲学的根本特征的原因所在。从一般的时代背景上说，马克思主义哲学也是工业革命后的产物，是一种最具现代性的哲学。如果我们今天还是坚守一种纯客观主义的哲学思维方式，像旧唯物主义那样，"对对象、现实、感性，只是从客体的或者直观的形式去理解"①，而不是同时从主体的方面去理解，从作为主体对客体的否定性活动的实践去理解，就很难深刻理解我们生活于其中的当今世界，很难理解我们这个时代。

在深入、系统地阐发实践论思想的基础上，恢复并强调马克思主义哲学的主体性维度，这实际上是顺应了中国社会的现实变化的。为什么进入20世纪80年代以后，哲学改革的呼声越来越高，而且哲学的改革首先和直接触发的是关于主体性问题的大讨论？从根本上说，这首先就是因为我国的改革开放和现代化建设的现实实践在强烈地呼唤人的主体性。一方面，它要求人有更高的主体性的自觉，即要求人更加有所作为；另一方面，人也需要寻求新的生活意义的支撑，要弄清楚自己在新的条件下该如何作为。世界范围的现代化进程，尤其是包括中国在内的后发国家现代化进程的经验和教训，都说明必须把人的现代化提到首位，因而在哲学上也不能不使主体性维度的意义更加凸显。主体性维度是马克思主义哲学本身所固有的。失去或弱化主体性的维度，马克思主义哲学就难以实现其引导现代化潮流的功能。

诚然，在"主体性"的字眼下隐藏着不同的哲学路线。旧唯物主义不讲主体性，唯心主义抽象地发展主体性，这两种片面性都是因为不理

---

① 《马克思恩格斯选集》第1卷，人民出版社1995年版，第133页。

解人的实践活动的意义。马克思的新唯物主义即现代唯物主义就是要克服这两种片面性，在实践观点的基础上重建哲学的主体性维度。这是马克思《关于费尔巴哈的提纲》第一条的基本思想。显然，马克思批评旧唯物主义，决不是要回到唯心主义的哲学立场上去；我们在思考哲学体系改革时恢复马克思哲学的主体性维度，也显然绝不可到此止步，而是要在实践观点的基础上，即在现代唯物主义的基础上达到主体性和客观制约性的统一。经过哲学体系改革的持续多年的大讨论，早先那种见"主体性"就点赞或者见"主体性"就批判的盲目性，应当说已经在很大程度上消除了。

还需要着重加以说明的是，说以往教科书的根本缺陷是主体性的缺失，主要不是指内容的缺失，而是指维度的缺失。主体性作为一种哲学维度，是指哲学思考和立论的角度，指哲学思维的向度，即《关于费尔巴哈的提纲》里说的对对象、现实、感性"从主体方面去理解"。如果缺乏主体性的哲学维度，即使是对于主体性的内容也不能作出正确的思考，就像对于完全由人的活动所构成的社会，也可以被看成同人的活动无关的抽象物。

在实践观点的基础上确立和强调主体性的维度，对于把握马克思主义哲学的精神实质，以至理解整个马克思主义哲学的理论体系具有关键性的意义。一方面，以一种同客观性相统一的现实的主体性原则同唯心主义的抽象的主体性原则相区别、相对立，大有利于抵御唯心主义的进攻，大有利于把唯物主义的哲学路线坚持到底；另一方面也使马克思主义哲学的革命的批判的本质得到合理的说明。马克思说的对现存事物要从主体方面去理解，就是要从人与对象的否定性关系去理解，即从作为主体对于客体的否定性活动的实践去理解，这也就是要把现存事物作为人类实践活动的历史进程中的一个暂时性环节去理解。这是说的自己哲学的主体性维度，也是说的自己哲学的革命性批判性本质。平常说"马克思主义哲学的革命批判的本质"和"马克思主义哲学的实践批判的本质"，这两个说法表达的是一个意思，都说明马克思主义哲学的革命性、批判性是这一哲学的内在规定，而不是一种外在的主观态度，它的全部根据就内涵于作为这一哲学整个体系的基础的实践概念之中。

马克思主义哲学的主体性维度，讲的是马克思主义哲学的思维方式，是马克思主义哲学的一般问题，是贯穿于整个体系的。所以，不论在《现代唯物主义导引》或是在《马克思主义哲学高级教程》中，都没有设专章或专节予以阐述。如果一定要作出专门阐述，那么，我在下面将要阐述的两个问题，就可以视为对于主体性维度的展开说明。

二、马克思的哲学变革

对于理解马克思的哲学变革，研究马克思哲学形成时期的著作具有关键性的意义。这里，首先是要认真研究《关于费尔巴哈的提纲》。恩格斯称这个提纲是"包含着新世界观的天才萌芽的第一个文献"[1]。可以说，马克思的哲学变革就是基本上循着这个提纲的思路推进的。

从最直接的关系上来说，马克思是在批判费尔巴哈中形成自己的新的哲学世界观的。费尔巴哈是黑格尔哲学与马克思哲学之间的"中间环节"[2]，"马克思在1844—1847年离开黑格尔走向费尔巴哈，又超过费尔巴哈走向历史（和辩证）唯物主义"[3]。费尔巴哈在近代哲学史上的功绩

---

① 《马克思恩格斯选集》第4卷，人民出版社2012年版，第219页。
② 《马克思恩格斯选集》第4卷，人民出版社2012年版，第218页。
③ 《列宁全集》第55卷，人民出版社2017年版，第293页。

在于他恢复了唯物主义的权威，同时恢复了人在哲学中的地位。这也正是马克思离开黑格尔走向费尔巴哈的原因。但是费尔巴哈的哲学又存在着严重的缺陷。"他紧紧地抓住自然界和人；但是，在他那里，自然界和人都只是空话。"① 由于他对人的理解是抽象的，因而他对自然界的理解，对人和自然界的关系的理解也都是抽象的。找到从抽象的王国通向活生生的现实世界的道路，关键就在于从费尔巴哈的抽象的人转到现实的、活生生的人，即在于使人主体现实化。马克思所做的超出费尔巴哈而进一步发展费尔巴哈的工作，就是用关于现实的人及其历史发展的科学代替了对抽象的人的崇拜②，而这也正是马克思的哲学变革的关键。马克思由《1844 年经济学哲学手稿》从"人的类本质"出发，到《神圣家族》从"利己主义的人"出发，再到《德意志意识形态》从"现实的个人"出发，一步步地实现了使人主体现实化的任务，这同时也就确定了人类世界的客观实在性。这是同一个问题的两个方面。因为只有在现实的人类世界活动的主体才可能是现实的主体，也只有现实的主体在其中活动的世界才是客观实在的人类世界。所以，实现了使人主体现实化的任务，也就意味着实现了哲学变革的任务。

新的哲学出发点的确立，是哲学思维方式的根本转变。现实的人是在历史中行动的人，是从事现实活动的人。从现实的人出发就是从人的现实活动出发。现实的人是对象性的存在物，是从事对象性活动的存在物。哲学从现实的人出发，它所关注的便是人的对象世界，即同人发生对象性关系的世界，亦即人类生活于其中的世界，亦即人类生活本身。早在 1842 年，马克思就对于哲学说过许多脍炙人口的非常"接地

---

① 《马克思恩格斯选集》第 4 卷，人民出版社 2012 年版，第 247 页。
② 《马克思恩格斯选集》第 4 卷，人民出版社 2012 年版，第 248 页。

气"的话。他说："哲学不是世界之外的遐想，就如同人脑虽然不在胃里，但也不在人体之外一样。"① 这个世界当然是指人类世界。哲学是人类生活的一个方面，是人类生活本身而不是置于人类生活之外的东西。如果把人类生活比作一个机体，那么哲学就是这个机体的头脑。哲学与人类生活分不开，就像头脑和机体分不开一样。后来，在《德意志意识形态》中就说得更明确了。他说："意识在任何时候都只能是被意识到了的存在，而人们的存在就是他们的现实生活过程。"② 哲学意识当然也一样，它能够思考也应当思考的是人类世界，亦即人类生活、人类活动本身。可见，认为哲学是对于人类自身活动的反思，这就是马克思的哲学观。马克思和恩格斯依据这种哲学观创立的新的哲学范式，我们将它称为人类活动论的哲学范式；如果在马克思阐明的意义上理解实践，亦可称之为实践论的哲学范式。"哲学家们只是用不同的方式解释世界，问题在于改变世界。"③ 它开启了一个全新的哲学时代。这就是马克思哲学变革的根本意义所在。

所谓哲学范式，宽泛地说就是哲学类型，就是哲学思考的基本方式、基本进路。"范式"是个大概念，不是任何一种意义上的"类型"或"方式"都可以称得上"范式"的。在哲学史上，最先出现的是本体论（或世界论）的思维范式，继而是认识论（或意识论）的思维范式，马克思开创的人类活动论（或实践论）的思维范式克服了这两种思维范式的局限性。它首先是基本的哲学思维方式的变革，也是基本的理论形态包括其唯物论形态、辩证法形态的变革，当然也相应地包括了理论内容的变革。

---

① 《马克思恩格斯全集》第 1 卷，人民出版社 1956 年版，第 120 页。
② 《马克思恩格斯选集》第 1 卷，人民出版社 2012 年版，第 152 页。
③ 《马克思恩格斯选集》第 1 卷，人民出版社 2012 年版，第 136 页。

（一）基本的哲学思维方式的变革

哲学范式的变更，使得一系列哲学问题的提出方式、理解方式和解决方式都发生了变化。人类活动论或实践论的哲学范式是将必然与自由的关系作为理解全部哲学问题的基本线索的。是人的活动使世界二重化，使人同时拥有自然世界和理想世界这样两个世界。一方面，人同普通自然物一样受制约于自然必然性；另一方面，人又不能不受作为理想世界之存在规律的自由的支配。他只能在现实世界中生活，却又要为自己构建一个理想世界，要在自己所构建的理想世界的引导下生活。必然和自由的关系构成了人类存在、人类活动的本原性矛盾，它与人类共存亡。人类的全部活动都是要把自然世界改造成适合自己目的的理想世界，都是在分裂了的世界中追求其统一，实质上就是追求自由与必然的统一。哲学作为人类自身活动的反思，它的任务就是求得人类自由与必然关系问题的总体性和终极性的解决。

普列汉诺夫说过一番很精彩的话。他说，自由与必然的问题是个旧的，然而永远是新的问题，它产生在一切哲学家面前，并且像斯芬克斯那样向这些哲学家们说："请你解开我这个谜，否则我便吃掉你的体系！"[①] 自由和必然的问题，是关乎一种哲学体系的实质和全局的问题。从前的哲学家都以这种或那种方式探讨了自由和必然的关系，但大多未能自觉到这一点。当然，哲学家总是在推进这一问题的解决，一个哲学体系在解开自由与必然关系之谜上推进了一步，它就是哲学史上的一种进步。但是，以往的哲学家都未能真正解开这个谜。他们都不能把握自

---

① ［俄］普列汉诺夫：《论一元论历史观之发展》，博古译，生活·读书·新知三联书店 1965 年版，第 87 页。

由与必然的对立统一。较多的哲学家是将自由归结为必然，个别的哲学家试图将必然归结为自由，还有一些哲学家则是将自由和必然判分在两个互不相涉的领域，从而将问题取消。不承认自由与必然的对立统一，就是否认人类世界的矛盾性，从而以这种方式否认了人类世界的实在性。其认识上的原因，就在于不理解世界的分裂和统一，即不理解世界分裂为自然世界和理想世界的根源，以及使这分裂了的世界又实现统一的基础。黑格尔的辩证法哲学承认自由与必然的矛盾，主张在对立面的相互规定、相互作用中解决矛盾，把自由理解为一个辩证进展的历史过程。这无疑是哲学史上的巨大进步。但是，在黑格尔的哲学体系里，自然世界和人类世界都只是绝对精神的异化，自由和必然都只是绝对精神的内在环节。在实质上，他是把人类世界归结为僵化了的理想世界，他讲的自由也就不是现实的人的自由，自由与必然的矛盾仍未得到现实的解决。要想得到自由与必然问题的现实的解决，首先就必须使这一问题本身现实化，其前提则是肯定人类世界的客观实在性，使人主体现实化。唯一的道路就是如实地把人类世界视为人类活动的产物，即把人类的物质实践活动视为人类世界的真正基础。人类的实践活动使本来统一的世界分裂为自然世界和理想世界，这个世界的不断分裂又不断统一，即是自由与必然的矛盾不断产生又不断解决。因此我们说，马克思揭示了人类世界即社会生活的实践的本质，也就最终解开了自由与必然关系之谜。这也正是马克思的现代唯物主义诞生的秘密，是新的哲学范式即人类活动论的哲学范式得以形成的基本依据。

把自由和必然的关系作为全部哲学问题的基本的理解线索，不是改变了哲学的基本问题。对于哲学问题的"基本的理解线索"，同"哲学的基本问题"是两个互相密切关联又有明显区别的概念。哲学的基本问题仍是思维与存在的关系问题，这是不容改变的。思维与存在的关系是自由与必然关系的最抽象的表达。自然世界、动物世界是没有自由可言的，只是人类世界才有所谓自由的问题，因为人有意识，有精神活动。有意识出现，就有自觉的选择，这就是自由。人类生活的理想世界不是现实存在的，是通过人的精神活动构想出来的，是人类在多种可能性中选择其中一种作为努力实现的目标。所以，自由是同人的精神活动直接联系在一起的。自由是一个最具体的哲学范畴。在"自由"范畴形成的逻辑进程中要扬弃一系列的范畴，把"自由"抽象至极则可归结为思维。这就是说，思维是自由得以可能的终极根由，是自由的最基本的前提。同样，把与自由对立的"必然"抽象至极便可归结为思维之外的存在。与自由对立的必然是客观世界的必然性，而不是指思维中的逻辑必然性。只有承认思维之外的存在即客观的存在，才谈得上客观世界的必然性。对于思维与存在的关系问题的解决，是解决自由与必然的关系问题的最基本的理论前提，因而它也就成为哲学的基本问题。

旧的哲学体系是将哲学基本问题本身作为基本的理解线索，并宣称它是贯穿于整个体系的，但实际上并没能贯穿得了。究其原因，首先在于思维和存在的关系问题为什么成为哲学的基本问题就未能得到清楚的说明，而这一问题之所以不能得到清楚的说明，则在于解释者的解释框架仍滞留于旧的哲学思维范式。烂熟于嘴的解释是：世界一切现象可归结为物质现象和精神现象，因而这二者之间的关系就成为作为对于世界统一性之认识的哲学的基本问题。至于为什么世界会分裂为物质世界和精神世界，即为什么世界会二重化？它是如何二重化的？哲学为什么要去面对这个二重化了的世界？为什么又要去探讨如何实现这个二重化了的世界的统一？这一类更为深入的问题就无意去追问了。这样，似乎哲学的基本问题只是哲学家在观察和描绘世界时提出的问题，而不是从人的活动中思考和提出的问题。可见，人类活动论的哲学范式将自由和必然的关系作为理解全部哲学问题的基本线索，首先就是将其作为理解思维与存在关系问题的基本线索。只有把思维与存在的关系同自由与必然的关系联系起来，才能明白它对于人类活动的意义，明白它为什么会成为哲学的基本问题。

显然，以自由和必然的关系作为理解线索，就是要以人和世界的关系作为理解线索，这就是要注重从主体方面去理解世界，即从作为主体对客体的否定性活动的实践去理解世界，要研究和解决世界对人的关系中的矛盾，而不是单纯研究自然世界本身或人本身。这正是前面说的要在实践观点的基础上确立哲学的主体性维度。

（二）马克思哲学的理论形态的变革

人类活动论或实践论的哲学思维方式是把实践的观点作为全部哲学的首要的基本的观点，一切哲学问题的解决最终都要归结到实践的观点上来，实践性是它的最基本的理论特征，这首先表现为它的理论形态的特征。

马克思主义哲学唯物论的形态是实践论的唯物论。过去我们熟悉的关于唯物论历史形态的表述是：古代的朴素唯物论、近代的形而上学唯物论、现代的辩证唯物论。这种表述主要是从唯物论与辩证法的关系上把握的，也确实抓住了各时代唯物论哲学的一个重要特征，这当然是正确的。我们这里从哲学范式的演变即从本体论（或世界论）到认识论（或意识论）到人类活动论（或实践论）的哲学范式的演进这个线索，对唯物论哲学基本形态的变化换一种表述，作为对前一种表述的补充，应当说也是有意义的。哲学唯物论的理论形态是同各时代的哲学范式相适应的。哲学范式说到底就是解决思维与存在、自由与必然的关系的基本方式或基本进路。恩格斯说，唯物论和唯心论只是依其对于思维对存在、精神对自然界的关系问题的不同回答而划分的，除此之外，这两个用语本来没有别的任何意义。因此，按照各个时代唯物论解决哲学基本问题的方式去把握它们的特征，应当说也是符合马克思主义的。

在古代，人类的自我意识尚不清晰，主体与客体、思维与存在的对立尚未充分发展起来，因而哲学也就一般地是一种非反省的直接性哲学。古代哲学的主题是本体论，即对于万物存在之本原的探求，哲学思维的注意力尚未指向人类思维自身，而只是从千差万别、千变万化的存在物中寻找一种本原的、不变的、终极的即一般的存在物，以获得对于世界统一性的解释。因此，古代哲学的基本问题便是局限于本体论范围的一般存在与个别存在的关系问题，唯物主义和唯心主义这两种哲学倾向也就体现在前者设定的一般存在物是具有空间特征的、原则上可感的东西，而后者所设定的一般存在物则是超时空的、原则上不可感的东西。因为古代唯物主义用以解释个别存在的一般存在物是直接设定的，即是说，它只是直接地设定了某种解释世界的原则而未经反思的，所以可以把这种唯物主义称之为独断论的唯物主义（所谓"朴素唯物主义"也是此意）。

在近代，随着人类自我意识的觉醒，主体与客体、思维与存在的对立发展了起来，哲学已不能像以往那样采取一种朴素的直接性态度只是考察本体论问题，而必须首先解决思维与存在的对立问题，通过论证思维与存在的同一性去论证世界的统一性。于是，探求知识之可靠性根据的认识论成了哲学的主题，认识论范式成了近代哲学的基本范式，思维与存在的关系问题作为哲学的基本问题"才被十分清楚地提了出来，才获得了它的完全的意义"①。但是，近代唯物主义哲学一般地说是以感性

---

① 《马克思恩格斯选集》第4卷，人民出版社2012年版，第230页。

经验为中介去解决思维与存在的关系问题的，它认为只有有形的、原则上可感知的事物才能作用于人的感官，因而也只有感性经验才是客观知识的来源，思维是以感性经验为中介而统一于外部存在的。因此，近代唯物主义一般地说是一种经验论的唯物主义。

近代的经验论的唯物主义不可能彻底地解决思维与存在同一的问题，若将经验论原则彻底发挥便不可避免地导向不可知论，因此，唯物主义必须更换它的基础。而且，近代哲学（包括唯物主义哲学）一般地是唯理智主义的，它对于人类活动的反思多限于理智活动或认识活动的范围，但人类活动不只是理智的活动，甚至主要地不是理智的活动。人类生存的基础性活动是物质实践活动，只是在物质实践活动的基础之上才发展了理论的活动、艺术的活动。在现代，随着哲学对于人类活动的反思的深入，必然要求超越唯理智主义的局限性而采取一种全面的人类活动论的立场。哲学的主题不再只是人类的认识活动而是整个人类生活，哲学的基本问题也就由以往局限于认识论范围的思维与存在的关系问题，而具体化为人类活动的两个方面即精神性活动和物质性活动的关系问题。马克思在《政治经济学批判》序言里说："物质生活的生产方式制约着整个社会生活、政治生活和精神生活的过程。不是人们的意识决定人们的存在，相反，是人们的社会存在决定人们的意识。"[1] 这是关于历史唯物主义的经典表述，但也可以视为关于现代唯物主义的经典表述。现代唯物主义主张人类的物质性实践活动对于人类的精神性活动的决定作用，并坚持用物质实践活动的观点去说明全部人类生活；因此，它是一种实践论的唯物主义，也是唯物主义哲学的最高形态。

马克思主义哲学辩证法的形态是实践论的辩证法。辩证法经历了直

---

① 《马克思恩格斯选集》第 2 卷，人民出版社 2012 年版，第 2 页。

观辩证法、反思辩证法、历史主义辩证法等三种基本形态。只有历史主义形态的辩证法才是真正包含发展原则的哲学。黑格尔就是这种辩证法形态的集大成者，但他是在唯心主义的基础上去建构这种形态的。马克思对黑格尔哲学的改造，就是要把黑格尔辩证法的合理内核解救出来，重建历史主义形态的辩证法。马克思批判改造黑格尔辩证法的工作不是简单地把辩证运动的主体由"绝对观念"转换成"物质"，而是改造了黑格尔辩证法的基础，将辩证法建立在一种现实的基础上。马克思发现，辩证运动的现实基础不是别的，正是现实的人本身，亦即现实的人类活动本身。

在马克思看来，辩证法的根据既不在于旧唯物主义所执着的纯粹感性，也不在于唯心主义所执着的纯粹理性，而在于感性的活动即实践。实践在本质上是一种类似于康德意义上的"综合"的活动，但不是思维借助于诸范畴对于感官材料的观念的综合，而是人借助于物质工具对于外部感性材料的实在的综合。实践的目的与对象（更直接地表现为工具与对象）之间的"一"与"多"、普遍性与特殊性的对立统一的矛盾关系，即是实践活动的最基本的辩证结构，实践活动丰富的辩证关系均可视为它的展开形式。人类的思维活动与实践活动必然是同构的，思维的辩证结构正是实践的辩证结构的内化。因此，也就应当从思维活动与实践活动同构的理论视角，去揭示思维活动的辩证结构即辩证思维的逻辑结构，包括辩证思维的逻辑起点和逻辑进程、辩证思维的基本规律、辩证思维的维度（共时性之维与历时性之维）及其关系，等等。

马克思主义哲学的唯物论和辩证法、自然观和历史观是高度统一的，它们统一的基础还是社会实践。就是说，是实践论的唯物主义把物质实践活动视为现实的客观存在，视为人类历史的基础和全部人类知识的基础，它也就必然是一种辩证的和历史的唯物主义。

马克思的现代唯物主义的实践性和辩证性逻辑地包含着历史性，这也就是说，它必然是一种历史的唯物主义。这里所谓"历史的"包括两层意义：首先当然是指现代唯物主义把人类历史作为自己的对象，即把唯物主义贯彻到了人类历史的领域；同时也是指现代唯物主义理论形态的一个重要特征，即把历史发展原则作为其基本的方法论原则。实践论的辩证法就是建立在实践论基础上的历史主义的辩证法，即内含历史发展原则的辩证法。"历史的唯物主义"的这两层含义是统一的，在历史观上这种统一表现得更为突出一些，在这里，二者表述的是同一个基本思想，即把人类历史的本质，视为由于人对外部世界的否定性活动而造成的辩证发展过程。

可见，现代唯物主义的实践性与辩证性、历史性不是互相外在的，也不是互相并列的。辩证性与历史性包含于实践性之中，是以实践性为基础的。这是对于马克思哲学理论形态的实践论解读的基本结论。

三、马克思实践观点的存在论意义

这个题目是讲马克思哲学的理论内容的变革，这是马克思哲学变革的十分重要的方面，是这个变革的最终结果，从逻辑上说本应列入"马克思的哲学变革"这一题目下叙述。考虑到阐明实践观点的存在论意义，是把新的哲学范式的运用落到实处的关键，因而有必要把它单列一题加以介绍。

我说那本新编教科书给人一种"夹生饭"的感觉，主要的就是觉得这个问题没有解决得很彻底。从前的解释体系只是在认识论中贯彻了实践的观点，而在作为存在论或本体论的自然观、历史观中则基本上未能贯彻。新编教科书把实践的观点视为整个马克思主义哲学的首要的基本的观点，在自然观、历史观中也力图贯彻实践的观点，这应当说是一种重大的突破性的进步。但是，许多人觉得讲得不很透彻。正是为了弥补这个缺憾，《现代唯物主义导引》用了很大的篇幅阐述实践观点的存在论意义，仅阐述作为其主要部分的实践论的自然观念、社会观念、历史观念这三章就用了全书三分之一以上的篇幅。

实践论的自然观念是人化自然的观念，它也是人类的自然观念演变的必然产物。

古代的哲学思维是直观的，它以人体自身去比喻自然，把自然想象为一个巨大无比的生命有机体，这就是古代的有机论自然观。近代由于机械制造业的发展和机械的自然科学的兴起，因而形成了机械论的自然观，即把自然视为一架环环相扣的巨大机器，甚至人也是机器，认为一切都可以机械地用自然的原因去解释。当然，近代哲学中也有非机械论的自然观念，这就是以黑格尔为代表的自然哲学。就其把自然视为一个有机整体这点上来说，它是古代有机论自然观的复活，但在它那里，有机整体性不是来自自然本身，而是来自绝对精神。马克思的实践论自然观无疑也是把自然视为一个有机系统，但它既不认为这个有机系统是一种与人无关的纯粹的客观存在，更不认为这种有机整体性来自自然之外的绝对精神，而认为这是一个人类通过自身活动与周围自然耦合而成的有机系统，即人化自然的有机系统。

人化自然的过程是一个"赋形"的过程，即人通过自己的活动赋予自然界某种符合人的需要的形式，因此，人化自然在本质上是人类实践的存在形式。自然的自在性即是它的无规定性，对于人类来说，自然的无规定性即是无形式性。人类的活动（包括实践的活动以及在实践基础上的理论的活动和艺术的活动）赋予自然以某种形式，这同时也就使它获得了某种规定性。由此，我们也就可以依据人类活动的基本样态，将人化自然也区分为相应的基本样态：实践活动做成的实在的人化自然，理论活动做成的观念的人化自然，以及艺术活动做成的审美的人化自然。

人化自然是与自在自然相对的概念。人类的生产实践是现存感性世界的基础，但外部自然界的优先地位仍会保持着。自在自然是人类活动的前提，是人类的有限活动可以无限扩展的可能性空间。肯定自在自然的存在，肯定外部自然界的优先地位，这也是恩格斯说的唯物主义的"持久性的基础"①。马克思的现代唯物主义当然坚守这个基础，但不满足于此，而是要将其纳入自己创立的新的哲学范式。马克思的现代唯物主义的自然观同旧唯物主义的区别不在别的方面，而在如何看待人与自然的关系上。旧唯物主义的自然观是依据自然科学的成果，去描绘一个同人无关的、纯粹客观的自然图景，其中即使包含了某种辩证的图景，也仍然不是现代唯物主义的自然观。马克思的现代唯物主义自然观则是从现实的人出发，从人的活动与自然界的关系上去考察自然界。所以，关于"自在自然"与"人化自然"之关系的讨论，其实质不在于是否承认自在自然的存在，是否承认自然界的优先地位，也不在于是否承认人化自然或自然的人化，而在于澄清两种自然观的分歧。由"自在自然"的观念到"人化自然"的观念，是自然观的变革。只有"人化自然"的自然观才同马克思主义整个世界观相一致，并成为其整个世界观的基础性部分。

人化自然的观念是对工业革命所引起的人与自然关系的革命性变化的深刻反映。它虽然并不直接地是现代科学发展的结果，但却在现代科

---

① 《马克思恩格斯选集》第 3 卷，人民出版社 2012 年版，第 517 页。

学的发展中不断地得到证实和深化。相对论的创立，破除了以往认为可以获得关于世界的绝对的"本来面目"的绝对知识的观念，使人们相信只能在人与自然相互作用的过程即人化自然的过程中，认识对象在不同的存在关系中呈现的特定的"面目"。量子力学的发展又说明，在微观领域中，人们也必须把它所研究的对象看作人主体（包括作为主体之延伸的仪器）与自然相互作用的产物，即看作是一种人化自然。这都表明，实践论的自然观即人化自然的理论，是正确地引导现代科学发展的哲学理论。

实践论的社会观念，是把社会视为人们在物质生产实践基础上形成的交往关系的产物。

社会观念的核心问题是个人与社会的关系问题。古代社会是以人的依赖性为基础的社会形态，个人直接地依附于一定的人群共同体，个人与社会的关系问题尚不可能凸显出来。因此，构建具有一定系统性的社会观念只是近代的事情。

马克思以前的社会观念可以归结为两类：一类是从个人出发的原子论的社会观念，它在理论上的主要表现是社会契约论，以霍布斯、洛克、卢梭为代表。社会原子论从相信感性存在真实性的唯物主义原则出发，认为只有具体的个人才是真实存在的，作为总体的社会则是为了脱离"自然状态"而通过订立契约这种主观行为构成的。另一类是从社会出发的整体论的社会观念，它认为作为总体的社会是根本的，个人只是从属的，只是社会实现其目的的工具。其中，有以孔德、斯宾塞为代表的社会有机论，以及由维柯开始、经黑格尔发挥和发展了的具有一定历史主义观点的社会整体论。马克思扬弃了原子论和整体论的社会观念。他批判了颠倒个人和社会的关系，视社会为先于个人的存在物的观点，吸取了契约论的合理思想，但又不似契约论从所谓"自然状态"的个人即抽象的个人出发，而是从"现实的个人"出发，去说明社会结构和国家是从一定个人的生活过程中产生的。"现实的个人"是在历史中从事实际活动的个人，是以一定的方式从事生产活动的个人。他们的交往活动和交往关系是为他们的物质生产活动所制约的，因而在这种交往活动和交往关系中形成一定的社会和国家，也就不是任意的，而是客观必然的。

人类生活的社会形式的必要性，在于必须克服人类个体及其活动的有限性。人类的存在必须以空间上诸多个体的共同活动和时间上诸多个体的连续活动为条件，这种共同活动和连续活动只能通过人类个体之间的交往而构成。因此，社会是人类活动的必然形式。同时，为了保障物质生产活动能够顺利进行，还要求社会保持某种相对稳定的状态，即要求人们的交往活动具有稳定的秩序，人们的交往关系具有稳定的结构。而社会交往的秩序和结构，则是通过社会交往关系的制度化、规范化过程建立的。

人们的社会交往关系是在物质生产活动的基础上发生的，依其同物质生产联系的密切程度而展现为不同的层面，并形成相应的交往关系结构。生产技术交往的规范化、制度化形成某种类型的技术性生产组织、生产制度、技术制度。经济交往的制度化形成一定的经济制度，其核心是生产资料的所有制。政治交往的制度化形成一定的政治上层建筑即政治、法律制度及与之相应的政治组织与设施。精神交往的制度化、规范化形成特定的意识形态即思想的上层建筑。只有从交往关系入手才能把握社会的制度结构。社会的变动就是在人类物质生产活动推动下的社会结构的变动。

实践论的历史观念是把人类的实践活动视为历史的真正基础，是人们自己创造自己的历史。

在严格的意义上，历史观念也是自近代以来才确立和发展起来的。如前所述，在近代以前的传统社会即前市场经济社会，人们主导的实践方式是非构造性的，社会的变化极其缓慢，人们难以意识到是自己在创造历史，往往把人类社会视为超人间的神的力量创造的结果。只是在近代西方，随着市场经济和工业文明的兴起，人们日益清楚地意识到社会历史的变化发展和自己的历史创造性的意义。18世纪意大利的思想家维科首先提出人类史和自然史不同，人类史是人们自己创造的，因而第一个建立起历史哲学的理论体系。后来的德国古典哲学特别是黑格尔的哲学发展了维科的思想，黑格尔哲学的巨大的历史感给予了后世重大的深刻的影响。但是，马克思以前的这些哲学家的历史观念是思辨的历史观念，即先验的、抽象演绎的历史观念。他们往往以主观臆想的联系填补历史事实的不足。作为这种思辨历史哲学的集大成者的黑格尔，把人类历史解释为绝对观念外化的结果，历史就是绝对观念发展的历史，而人则不过是实现历史目的的工具。他的历史观念不是从人类历史的发展过程中抽象出来的，而是把先于历史、超越历史的历史观念塞入历史之中。

马克思的历史观念是在批判思辨的历史观念的过程中形成的。马克思的历史观念得以创立的关键是揭示了人类社会生活的实践的本质。"全部社会生活在本质上是实践的。凡是把理论引向神秘主义的神秘东西，都能在人的实践中以及对这种实践的理解中得到合理的解决。"①揭示社会生活的实践的本质，是一把开启社会历史认识"黑箱"的钥匙。马克思就是从可经验地观察到的人类物质实践出发，在对现实社会进行研究的基础上，再从远景视野上抽象和概括出人类历史的普遍本质和一般规

---

① 《马克思恩格斯选集》第1卷，人民出版社2012年版，第135—136页。

律，形成科学的历史观念，这就是唯物主义的历史观。

人类的物质实践活动归结为改造自然和改造社会这两种基本的活动，在人们的活动中也就形成两种基本的关系即人与自然的关系和人与人的社会关系。马克思揭示了这两种关系之间互为中介的关系，便一方面把历史的观念引入了自然领域，即从人的历史活动理解自然界的变化，从而实现了自然观的变革（如前所述）；另一方面也把人与自然的关系引入了历史，即把为人与自然的关系所中介的人与人之间的物质关系作为整个历史的现实基础，从而实现了历史观的根本变革。"迄今为止的一切历史观不是完全忽视了历史的这一现实基础，就是把它仅仅看成与历史进程没有任何联系的附带因素。……这样，就把人对自然界的关系从历史中排除出去了，因而造成了自然界和历史之间的对立。因此，这种历史观只能在历史上看到政治历史事件，看到宗教的和一般理论的斗争，而且在每次描述某一历史时代的时候，它都不得不赞同这一时代的幻想。"①

人与自然的关系和人与人的社会关系互为中介的发展，主要地表现为生产力与生产关系相互作用的辩证运动，它构成了人类历史的实在内容。因为这两类关系的相互中介，在人类历史发展的一定阶段上必然产生异化；也因为这两类关系的相互中介，又在人类历史发展的一定阶段上必然扬弃异化。异化是一个社会历史范畴。单纯的人与自然的关系不会有异化（只是对象化、物化），人与自然关系的扭曲乃因为它是在不合理的社会关系的中介下发生的关系。单纯地从人与人的社会关系去考察，又看不到异化的扬弃。人与人的社会关系是在人与自然关系的中介下发展的，当人与自然的关系（即生产力）发展到一定的历史水平，就

---

① 《马克思恩格斯选集》第 1 卷，人民出版社 2012 年版，第 173 页。

为改变不合理的社会关系，为扬弃异化准备了历史前提。自由就是异化的扬弃。因此，人类历史的发展过程就是一个异化和扬弃异化的辩证运动过程。

异化主要发生在经济领域，表现为劳动异化，其根源是旧式的分工。经济领域的异化会引起政治、思想领域的异化。资本主义就是社会全面异化的极端形式，因而也是异化的最后形式，它为异化的扬弃准备了条件。马克思的劳动异化理论同他的阶级斗争理论是一致的，它更侧重于从历史哲学的层面去揭示经济生活和整个社会生活中人与人的对立关系，揭示人类社会经过否定性辩证运动而自我扬弃、达到自我完善的历史过程。

阐明实践论的自然观和社会历史观，就在同一的实践概念的基础上达到了认识论和存在论（或本体论）的统一，并进而把握到了真善美的统一。真、善、美的统一就是自由。这是人类活动的本质，也是人类活动的目标。

实践论的真理论是求真的理论，它主张在实践中发现真理，又在实践中证实真理和发展真理。如果说求真必须以实践为基础，那么求善就是实践的宗旨，实践活动本身就是求善的活动。因此，研究"善"的价值论也是实践论的，它主张从合目的的物质实践的观点去理解"善"，把求善看成是主体将自己的价值尺度运用到对象上去（不仅观念地运用，而且实践地运用），从而否定和扬弃客体的现存形式，达到主客体的统一。这里，人的价值尺度也是在实践中历史地形成的，是实践在满足人的需要的同时又改变着人的需要，即改变着人的价值尺度。人类历史是按照"善"的规律从低级向高级发展的。"美"的问题在理论上更为复杂一些，但立足于实践论的观点，也使问题变得清楚和明白了。现代唯物主义主张从审美活动与实践活动的关系中把握美的本质。审美活动是为补偿实践活动的有限目的性而产生的。人通过审美创造活动象征性地构造一个超越现实世界的理想世界，是为了把在现实的物质实践中未能充分展现的自身才能自由地展现出来，在这种象征性地对象化自身才能的过程和结果中获得自我欣赏，获得某种对于人的终极目的而言的人的完整性。同时，审美活动也离不开实践的基础。是物质生产实践的发展提供了审美活动所必需的自由时间，提供了审美创造活动所必需的物质条件，也是劳动生产实践创造了美的事物即审美的客体，创造了主体的审美心理结构和审美能力。

求真、求善、求美是人类活动的三种基本样式，是人类解决必然与自由问题的三种不同的方式或途径，但它们又是统一的，是互相包含、互相渗透的，是互补互动的。真、善、美统一的基础还是实践。以求真为宗旨的理论活动、以求美为宗旨的艺术活动和以求善为宗旨的实践活动，是统一的人类活动的不同方面，而人类的一切活动包括理论的活动和艺术的活动，都是在物质生产实践的基础上发展起来的。

2017年，杨耕主编的"当代中国马克思主义哲学研究丛书"收录《现代唯物主义导引》这本书时，我特意加了一个副标题：马克思主义哲学的"实践论解读"（后来编辑部改为"实践论研究"，意思一样），以免有人将其与西方马克思主义的所谓"重建"混为一谈。我们的研究路向是"返本开新"。"返本"就是返回到原创性学说，返回到学说的创始人。"返本"和"重建"是正相反对的两种研究路向。"返本"是要把马克思哲学的真精神剥显出来，以便有效地剔除后人随意附加于它的东西，当然也包括剔除西方马克思主义的所谓"重建"所附加于它的东西。我们解读后的结论，就是该书引言的最后一段话："我们的研究使我们更加深信：尽管马克思主义哲学还必将随着时代的发展而发展，但它至今仍处在人类理论思维的最高峰。它作为一种最具有现代性和世界性的哲学，仍是引导世界现代化潮流健康发展的最正确、最强有力的理论指南。"①

附：相关论著

（1）陈晏清、王南湜、李淑梅：《现代唯物主义导引》，南开大学出版社 1996 年版；或《现代唯物主义导论——马克思哲学的实践论研究》，北京师范大学出版社 2017 年版。

（2）陈晏清、王南湜、李淑梅：《马克思主义哲学高级教程》，南开大学出版社 2001 年版。

（3）陈晏清：《哲学应重视主体性问题的研究》，《天津社联学刊》1988 年第 2 期。

（4）陈晏清：《将实践观点贯通于整个马克思主义哲学体系》，《新世纪的哲学与中国——中国哲学大会（2004）文集》上卷，中国社会科学出版社 2004 年版。

---

① 陈晏清、王南湜、李淑梅：《现代唯物主义导论》，北京师范大学出版社 2017 年版，第 16 页。

社会哲学研究

一、在社会转型中推进哲学研究的"转型"

经过哲学上拨乱反正、正本清源的工作，特别是哲学体系改革中对于马克思主义哲学的主体性和实践论思想的深入挖掘，我国的哲学研究确实取得了重大的进步。哲学上的这种进步，在实际上是适应于中国社会现实的变化的。然而，即使这样，也仍不足以使我们的哲学从根本上摆脱困境。

哲学曾经很热，热得烫人。那是因为政治热，哲学沦为政治的婢女后，当然也跟着热了起来。在那"以阶级斗争为纲"的年代，政治是社会生活的中心，每发动一场政治斗争都要求哲学为它做论证、做辩护。另一方面，任何一个哲学问题，也都要把它同政治关联起来，这叫作在理论倾向背后发现它的政治倾向。因此，哲学热实质上是一种政治热。哲学完全政治化了，就没有自己的独立性了。哲学没有自己独立的园地，没有独立的研究，也就没有自己的生长空间，没有学术上的建树。这当然是一种严重地阻碍和损害哲学发展的局面。

改革开放以后，改变了这种令人厌恶的局面，不再是"以阶级斗争为纲"，而是以经济建设为中心，哲学与政治的关系逐渐摆正了，政治自身的位置也逐渐摆正了。哲学从过去那种过热的状态逐渐冷却了下来，这种适度的冷却是有利于哲学的发展的。但是，不知从什么时候开始，哲学又变得太冷了，过冷了，冷得令人窒息。那些年，流行这样一个说法，叫作"经济（指经济学）繁荣，哲学贫困"。又有人对"哲学贫困"做了注解，说它指的是哲学的贫困、哲学系的贫困、哲学家的贫困。这三大"贫困"，把我国哲学学科的尴尬描绘得很完整、很真切。很"不幸"，我就正是在这个"哲学贫困"的时候，当上了这种贫困系的系主任，而且一当就是 13 年，从 1985 年到 1997 年。这是最贫困的时候。1984 年以前虽然也贫困，但是还没有从与其他学科的对照当中意识到这种贫困，就是说还没有太严重的贫困感，到 1997 年我下台的时候，就快要走出贫困了。那时候"贫困"到了什么程度？拿"哲学系的贫困"来说，可以说是到了寸步难行的程度。首先是优质生源枯竭，第一志愿的考生极少，绝大多数是"拉郎配"，从"服从分配"的考生中录取进来的。学生捏着鼻子进了哲学系以后，专业思想极不稳定。学校又出台了一个本科一二年级可以转调专业的政策。这个政策从理论上讲是没有问题的，因为学生的专业兴趣对他接受教育和成才的影响确实很大，我自己就有过这种切身体验。但这个政策对于当时的哲学系来说无异于雪上加霜，几乎把哲学系逼上了绝路。学生的毕业分配是一年比一年困难，尤其逻辑学专业。教师队伍也极不稳定。很多人不愿在高校任教，高校教师进的少，出的多，流失较大，哲学系更加突出。为了解决办学经费紧张、教工收入偏低的问题，纷纷搞起社会有偿服务，也就是"创收"，这无异于集体下海。哲学系的创收就是办班，收点学费。这种创收活动对正常的教学构成了严重的威胁。有的教师说，我们所有的教师个个都全心全意地投入教学，也未必能够保证教学质量，再要叫许多人，用许多心思去办班创收，这教学质量能不下滑吗？人人都认为哲学系不能这么办，可人人都感到无奈。

这是一种极其严峻的困难局面。

这真是哲学事业发展的一个严重关头。关心哲学事业的人应当好好想想，当了哲学系主任的人就更应当好好想想，这种局面到底是怎么造成的？该如何应对这种局面？

哲学陷入如此严重的困境，有哲学自身的原因，也有哲学以外的原因。这外部原因就是哲学赖以生存的大环境的变化。在市场经济大潮的冲击下，人们的价值观念发生了急剧的变化。经济效益成了人们衡量事物的基本价值准则，理论以及文史哲一类人文学科知识都被当作一些无用（即无效益）的东西抛向了视野之外，遭到了社会的冷落。传统人文学科迅速地边缘化，作为纯理论学科的哲学被边缘化的状况就更加突出了。这种价值观念的变化，不是观念上的进步，而是观念上的混乱。对于这种局面，许多有识之士都表示深深的忧虑。1988 年，我写了一篇题为《民族的振兴亟须鼓舞理论探索精神》的文章，从人们价值观念的混乱、对以往那种虚假的理论兴趣急剧衰落的现象缺乏批判性的思考以及包括理论工作者在内的知识分子状况未能获得根本改善等方面，分析了当时理论兴趣低落的原因，并尖锐地指出了它的危害。这篇文章讲的是理论建设的问题，实际上也适用于传统文科，它的最直接的背景正是前面所说的哲学的困境。我把文章寄给《求是》杂志，想借重《求是》的声望造成更强烈些的社会影响。可能是其中有些话比较激烈，在这样的刊物发表有所不宜，编辑部的阎长贵同志把文章推荐给了《教学与研究》。在这篇文章里，强调的是改变理论活动的环境，呼吁调整相关的政策。我写了这样一段话："激发人们的理论热情，主要地不应是直接着眼于理论活动自身，而是要从经济、政治、思想文化各个方面改造理论活动赖以进行的环境……从我国目前的情况看，恐怕可以说，这种对于理论活动环境的改造，比理论活动本身要艰难得多，也重要得多。"①

　　但是后来我意识到，这篇文章表现了一种急躁情绪。把造成这种困境的原因主要地归于外部环境，这也明显地表现了一种认识上的片面性。社会上人们价值观念的变化，人文学科遭受冷落，国家的改革尚不到位，政策的调整尚不到位，如此等等，这些固然是造成哲学困境的重要原因，但根本性的原因还在哲学自身，是哲学自身不能适应这个大变革的时代。我在后来的另一篇文章里就补充和修正了上一篇文章的观点。我说："平心而论，哲学不景气的原因不能完全归之于哲学自身，但我们的哲学在急剧变化的社会中未能充分履行自己的职责却是一个内在的根本性原因。"② 哲学的那三种"贫困"里，基础性的贫困无疑是哲学自身的贫困。如果你这个哲学系是用那种贫困的哲学去教学生，你这个哲学系怎么能够不贫困？而哲学的贫困又是怎么造成的呢？最基本的原因，就是哲学跟不上变革的时代。自改革开放以来，我们生活于其中的社会已经发生和正在发生如此巨大的变化，但我们的哲学却仍然满足于重复那些已经重复了多年的条条，哲学研究的兴趣仍然囿于一些脱离现实生活的纯概念分析、纯逻辑推演，对于现实生活的变化，对于现实生活中出现的新情况、新问题熟视无睹，在最需要哲学去解决问题的时候，哲学却"不在场"。

　　哲学的命运历来是以满足社会和时代的需要之程度如何而定的。哲学不能满足社会和时代的需要，社会和时代就不需要这种哲学，这是天经地义。因此，最紧要的事情是实行哲学自身的变革，把哲学变得适应

---

① 陈晏清：《民族的振兴亟须鼓舞理论探索精神》，《教学与研究》1988 年第 5 期；《陈晏清文集》，天津人民出版社 2007 年版，第 20 页。

② 陈晏清、石楠：《哲学应是根植于现实生活的终极关怀》，《南开学报》1992 年第 3 期；《陈晏清文集》，天津人民出版社 2007 年版，第 53 页。

社会和时代的需要。哲学本来是为思想解放、为市场化取向的改革呼号论证的，但当我们把思想解放呼来了，把市场经济也喊来了，反过来倒把自己冲击得"不亦乐乎"。这说明，在我们呼唤市场经济、呼唤改革大潮的时候，我们这个学科自身并没有做好迎接变革大潮的准备，我们只顾去当"啦啦队"了。因此，走出哲学困境的唯一出路，就是把哲学置身于社会变革的潮流之中，在社会的变革中实现哲学自身的变革，实现哲学研究方式的"转型"。这就是要大力推进哲学研究的实践转向。这是我们在思考哲学困境时得出的一个基本结论，是我们后来选定社会政治哲学作为主要研究方向的一个基本理由。

二、社会哲学研究的起始阶段

哲学研究的实践转向，就是哲学的研究要面向社会现实生活，面向时代的问题。实现这种转向的前提性的工作就是探寻哲学与现实生活会通的渠道。我们是选择了社会哲学。这个选择是十分艰难的，也是十分认真谨慎的，经历了大约四五年的时间，可以说也是建立在一种必然和偶然的交会点上的。所以，说清我们为什么选择社会哲学，要先从一本书的写作说起。

1984 年底，教育部在广州召开了一个有各高校哲学系主任和相关人员参加的哲学教育改革座谈会。当时还没有正式任命我做系主任，但学校已经有此考虑。与我同去的还有时任南开大学哲学系党总支书记陶文楼、南开教务处处长姜尚兼、天津市高教局某处处长熊希笑等。这是一次重要的会议。从它的影响来说，对于南开哲学系后来的发展就更显其重要了。在这次会议上，教育部高教司长夏自强同志提出，高校的哲学系应当开设"当代中国哲学"的课程。这个话，许多人都是听听就完了，但我却上心了，因为这个意见同我的认识非常一致。我认为，我国哲学教育的突出弊端之一就是脱离中国实际，这种状况若不改变，哲学教育的改革是没有出路的。我曾经想过，如果我做了系主任，首先要做的事情之一就是抓学风的转变，推动哲学的教学和研究面向中国实际，尤其是我所在的马克思主义哲学学科更应率先实现这个转变。这是我设想过的改造哲学系的重要措施之一。因此，我还没有离开广州就下定了决心，回去之后尽快着手建设这门课程。

经过了近两年的准备之后，我们以"中国社会主义现代化的哲学思考"为题，申报了国家教委"七五"规划项目，并于1987年获准立项。参加这个课题组的成员一共十人，包括南开大学的哲学系、政治学系、国际经济系的教师和博士研究生。这些人承担这一课题的积极性都很高。他们按照统一的编写提纲和进度要求，于1988年内陆续交出初稿。最后由我完成修改、定稿，于1989年5月送交天津人民出版社。

自拟订写作提纲起，我就为这本书的书名发愁。用申报的课题的名称"中国社会主义现代化的哲学思考"或与其相近的名称？觉得这类题目已经用得很多了。同时，我还参与了李秀林教授主持的国家社会科学规划重点课题"马克思主义哲学和中国社会主义现代化建设"的研究，这个课题的最终成果就是《中国现代化之哲学探讨》（人民出版社1990年6月出版），我还是这本书的主编之一。如果这两本书的书名太近似了，那显然不好。仍用夏司长说的"当代中国哲学"作为书名？这个题目的含义又很不确定，可以从不同的角度规定它的对象和内容，最容易产生的歧义是从哲学史角度去理解，以为是写的中国哲学的当代史。我征求过学界许多老师和朋友的意见，最后是夏甄陶先生敲定了："你就叫'当代中国社会哲学'不是很好吗？又切题，又简练。"我接受了夏先生的意见，采用了这个书名，这样就同"社会哲学"结缘了。但当时，我还是有些惴惴不安，因而在该书的后记里写了这么几句话：题目由原定的"当代中国哲学"改为"当代中国社会哲学"，"这一更改，在消除原来题目的不确定性方面是前进了一步，但它本身仍是不确定的。在我国，社会哲学作为一个学科尚未建立起来，所谓'当代中国社会哲学'应当研究什么就更加说不清楚了。不过我想，既然读者已经了解我们现在编写这本书的主要目的还不是要建立一个什么新学科，那么，对于这个书名在科学意义上的确切与否也就不至于苛求了"①。

其实，夏先生建议采用的书名是没有什么问题的，我的那些"惴惴"是不必要的，就这本书探讨的问题来说本来就是社会哲学的问题。该书紧紧抓住当代中国社会由自然经济向商品经济的转变这一中心线索，阐明当前的社会大变动是经济、政治、思想文化等各个方面彼此制约的整体性变动，而对社会变动的整体性认识正是哲学的任务。这本书的主要特点和优点也正是在这里。

从横的维度上说，该书力求把握当代中国社会状况及其变化的方方面面，却又不是停留于它的方方面面，而是着力抓住其基础性的东西，即把各个方面内在地统一起来的东西。这个基础性的东西就是中国社会的经济状况，它的社会化生产及与此相联系的商品经济发展的状况（当时尚未提出"社会主义市场经济"的概念，而是采取"有计划的商品经济"的提法）。这样就可以由当代中国的经济状况去说明当代中国的政治状况、思想文化状况，把对于中国社会的经济、政治、文化的认识统一起来，形成关于中国国情的具体概念。这是研究中国一切问题的基础。在这个基础上，才能达到对于中国社会整体性变革的认识。这种整体性认

---

① 陈晏清主编：《当代中国社会哲学》，天津人民出版社 1990 年版，第 582—583 页。

识，体现在把握了如下几个方面的统一：中国社会的经济发展与政治、文化诸方面发展的统一，中国社会运动的内部因素和外部条件的统一，中国社会的发展和人的发展的统一。同时该书还运用阶段性和连续性、统一性和多样性、宏观和微观、协调和竞争等四对范畴，对当代中国社会运动与以往发展过程不同的规律性，也做了初步的探索。

从纵的维度上说，该书力求把中国社会的过去、现在和未来贯通起来。哲学认识的任务是揭示未来，但不是教条式地预料未来。未来的趋势蕴含于历史和现实之中。该书自觉地运用毛泽东倡导的理论、历史和现状相结合的方法，对中国社会的经济、政治、科技、文化的发展以及影响中国社会发展的国际环境等都做了比较系统的历史考察，从这种历史考察中揭示了中国社会变革的历史必然性和中国现代化道路的特殊性。

从该书的理论意图和基本的理论内容看，可以说，它是对于社会主义初级阶段理论的哲学阐释。我为该书撰写的导言以"中国社会大变动的哲学思考"为题先期发表，并入选1988年12月由中共中央宣传部、中共中央党校、中国社会科学院联合主办的"全国纪念党的十一届三中全会十周年理论讨论会"。

这本书作为一部学术理论著作，无疑是对于当代中国社会变动的哲学层面的考察，达到了一定程度的系统性和深刻性。它对于我们后来的社会哲学、政治哲学的研究也有重要的影响。比如该书关于共产主义和社会主义发展的阶段性的研究，特别是关于"过渡时期"的研究，即关于所谓"大过渡"和"小过渡"问题的澄清，这对于马克思主义现实性政治哲学的理解就具有关键性的意义。这个问题我在关于政治哲学研究的叙述中还将做进一步的说明。可以说，后来社会哲学研究的许多内容都是这部著作的继续。如果按我们写这本书的初衷，即作为一门课程的建设来说，更是达到了它的基本目的的。这本书对于学生和读者理解自己生活于其中的社会，理解我国改革开放的实践及其所推动的社会转型是有帮助的。更重要的是，它在实现哲学教学和研究面向现实生活这一哲学转向上迈出了一大步。但是这种研究还只是运用原来的哲学教科书的理论原理提供的观念框架去解释当今的社会生活，尚未建立起社会哲学的独自的理论和方法，尚未建立起社会哲学的独自的解释系统，更重要的是尚未把握到专属社会哲学的问题体系。一句话，尚不具备社会哲学的学术自觉，因而，这社会哲学就显得不那么地道。这是我国社会哲学研究的起始阶段难以避免的事情。因为我们不是已经建立了社会哲学的学科才去进行社会哲学的研究，而只是在研究中探索着建立起社会哲学的学科。

三、领域哲学的兴起和哲学研究范式的转换

如前所述，20 世纪 80 年代的社会哲学研究是不自觉的。写《当代中国社会哲学》这本书的背景，是 20 世纪 80 年代中期开始的中国社会的剧烈变化要求哲学关注现实生活，而不是意识到了哲学的学科危机，没有把它作为走出哲学困境的途径。到 20 世纪 90 年代初，中国的社会状况和哲学状况发生了明显的重大变化，马克思主义哲学也悄悄地却快速地发生了一种可以称之为研究范式转换的变化，其突出表现就是领域哲学的纷纷兴起。这就是我们继续探索社会哲学的研究路向的主要背景。当然，初始阶段的社会哲学研究也是很重要的基础。如果我们不写《当代中国社会哲学》这本书，或者不用这个书名，也许我们会去探索其他的研究路向。这就是我前面说的对于社会哲学研究路向的选择是发

生在一种必然和偶然的交会点上的。

《当代中国社会哲学》于 1990 年 9 月出版。进入 20 世纪 90 年代，哲学教科书体系改革的研究渐近尾声，曾经几乎席卷全国马克思主义哲学界、吸引老中青几代学者踊跃参加的关于"实践唯物主义"和主体性问题的讨论也悄然停息。这时候，人们不知道应当关注什么问题了，此即所谓"90 年代无热点"。无热点即表明无方向。在邓小平南方谈话之前的一两年里，我不知道该研究什么问题、写什么文章了。在这"左""右"为难、哲学社会科学的学术创新几乎处于停滞状态的年头，我只得做些同现实生活无关的纯学术性的事情，这就是主持编辑了两部资料性的著作。一部是在时任中共天津市委常委黄炎智主持编辑的《马克思恩格斯学说集要》里，由我做哲学卷的主编，组织人员从已出版的全部马克思、恩格斯著作的中译本中查找摘录他们的哲学论述，最后由我和葛树先将其编辑成书。此书由天津人民出版社出版。另一部是由我和许瑞祥共同主编的《哲学思想宝库经典》。这是一部哲学名著导读，介绍了古今中外 167 位哲学家的 200 部重要哲学著作。该书由大连出版社出版。这两件事倒还算是正经事，我自己也由此而补充了一些知识。

我从 1986 年开始招收博士研究生，已历五届。到 1991 年和 1992 年这两年，我却主动停止了招生。这也是极为罕见的事情。当时博士点数量不多，博士生导师也很少，我又处在 50 岁上下的年纪，正当年富力强，突然停止招生，这很让人费解。

我主动停止招生的唯一原因，就是我的研究工作没有方向了。就原理研究原理的老路子走不下去了，我也实在不愿意再这么走了，可新的研究路子又还没有探索到。在这种情况下，我把学生招进来干什么？叫他们去做什么课题？

人们都感到无所适从的时候，也正是酝酿着哲学的重大转向和变革的时候。哲学体系改革的研究告一段落之后，也恰好是邓小平南方谈话之后，越来越多的学者开始思考哲学发展的新走向，探索哲学研究的新路径。这不是从某个可以叫作"权威"或"中心"的地方发出的统一的号令，而是学者们各自的独立思考、独立探索。这样一种思考、探索、徘徊的时间持续了好几年，就整个马克思主义哲学界来说，至少贯穿了20世纪的90年代。我以为，这才是一个关乎哲学发展的最为重要、最为关键的时期。

有的学者提出，在20世纪90年代，我国的马克思主义哲学研究的取向经历着由"体系意识"到"问题意识"的转变。"体系意识"所支配的研究取向，就是追求结构体系的完整、自洽，在内容没有得到基本的更新的时候急于建构新的体系，这就是就原理研究原理的老路子。而"问题意识"所支配的研究取向，则是追求内容的创新，从现实实践中的问题即时代的问题出发，在寻求问题的哲学解决中提出新的观念、新的理论。从"体系意识"到"问题意识"的转变，其实质就是哲学的实践转向。当时逐渐兴起的领域哲学，就是关注实际问题、更贴近各个领域的现实生活的哲学形式。"从体系意识到问题意识的转变"这个概括无疑是正确的，我只想顺便说明一点。这里说的"体系意识"，同20世纪80年代的哲学体系改革研究不可混为一谈，哲学体系改革的研究不都是在所谓"体系意识"支配下进行的，而从"体系意识"到"问题意识"的转变也不是对于80年代哲学体系改革研究的全面放弃。哲学体系改革中说的"哲学体系"，只是指马克思主义哲学的解释体系，也就是哲学教科书体系。哲学体系改革的最初发起者们都是具有丰富的哲学教育经验的著名教授，他们是在长时期的哲学教育实践中认识到以苏联哲学教科书为蓝本的哲学教材体系的严重缺陷才提出这个课题的。而且研究这个课题的任务和目标也是非常明确和有限的，那就是要编写出符合现时代需要的、具有中国特色的马克思主义哲学教科书。它所要解决的问题是如何更准确地表达马克思主义哲学的实质，如何增强对于当代问题的解释力，如何更能够为思想界和广泛的社会成员所接受。但没有想到的是，这件事情后来搞成那么大的规模，那么大的声势，几乎席卷了整个马克思主义哲学界，成百上千的人以不同的方式参与，有研究的、没有研究的或很少研究的人都来发表"意见"，各色各样的或大或小的"体系"如雨后的春笋，我就曾收到过好几个显然不是业内人士研制的"体系"。这种局面的出现，使得一些人误以为研究体系是哲学研究的基本任务，也是哲学研究的基本路径。这种情况下的"哲学"意识，才是典型的体系意识，它离开"哲学体系改革研究"的初衷越来越远了。因此，有些人，特别是一些仍怀抱着"哲学体系改革研究"初衷的人们，提出了"哲学体系"与"体系哲学"之辨，这是有它的道理的。我的看法很简单，要区分"哲学体系"和"体系哲学"，首先就要区分哲学教育和哲学研究这两个方面。从哲学教育来说，不能不讲哲学体系，教科书就应是一种哲学体系的表达；而从哲学研究来说，则应当放弃"体系哲学"。20 世纪 80 年代哲学体系改革后期出现的情况，确实表现了企图建构体系哲学的"体系意识"，表现了一种已经过时的哲学研究范式。后来，我看到汝信主编的《20 世纪中国知名科学家学术成就概览·哲学卷》，在它的"20 世纪中国哲学学科发展史"中，讲到新时期（1976—2000 年）马克思主义哲学的繁荣和发展时，是将哲学体系改革和从"体系意识"到"问题意识"的转变作为两件事情去叙述的，既肯定了哲学体系改革的成就，又采纳了一些学者的说法，肯定了从"体系意识"到"问题意识"的转变及其意义。依我自己的学术经历来评判，我觉得这种叙述很客观，很符合这个时期中国哲学发展的历史实际。

四、从学科角度关注社会哲学

20 世纪 90 年代逐渐兴起的领域哲学，是在探寻哲学与现实生活会通的渠道，表现了我国学界探寻哲学发展新路径的努力。这里所谓探寻哲学与现实生活会通的渠道，就是选择哲学与现实生活会通的相对确定的形式。泛泛地讲哲学的实践转向，讲哲学应关注现实是不足以解决问题的，因为这里不只是讲哲学研究的指导思想，不是讲单个学者的学术活动，而是讲一个学术群体、一个博士点学科在一个时期持续的学术活动，讲一个学科的博士研究方向，是许多人的研究工作所必须共同依循的。因此，要选择社会哲学作为一种哲学与现实社会生活会通的相对确定的形式，就必须从学科角度关注社会哲学，弄清楚社会哲学作为一个学科能不能成立，即有没有必要和可能从一般哲学中分离出一种社会哲学的专门形式。

1990 年，我们向国家教委申请了博士点（第三批）专项科研基金项目"社会哲学研究"并获准立项。国家教委社科司在 1990 年 11 月 20 日下达的资助项目通知书上转达了评审专家们的意见："1. 应明确社会哲学的学科性质、对象和范围，它与历唯（即历史唯物主义——引者注）、历史哲学、理论社会学的关系，确立其独立存在的价值。避免与历唯原有内容的重复。2. 须贯彻从实际出发的原则，立足于社会现实。"专家意见表达的是学界普遍存在的疑惑，这也正是我们必须思考和解决的主要问题。针对课题评审专家的上述意见，我们思考和初步解决了两个带根本性的学科观念问题，一个是关于"社会哲学"的观念，一个是关于"领域哲学"的观念。

中国学界有一个根深蒂固的观念，即认为历史唯物论就是社会哲学。因此，我们遇到的最尖锐的问题就是既然有了历史唯物论还去搞什么社会哲学？这就是要我们讲明白，历史唯物论和社会哲学是不是一个东西，它们有什么异同，是什么关系？

我们从马克思和恩格斯的一些相关的著作中清楚地看出，在他们的社会历史理论中是存在着两种哲学维度的，这就是历史哲学和社会哲学这样两个维度。历史哲学的维度基本上是一种纵向研究的维度，它从历史的发展过程中揭示人类历史的本质和一般规律；社会哲学的维度则基本上是一种横向研究的维度，是直接关注现实社会生活的维度，它从具体社会形态的社会结构切入，研究人们的现实社会生活过程。历史哲学的维度是一般历史观的维度，即唯物主义历史观的维度，这是我们十分熟悉的，但社会哲学的维度却被以往的研究者们忽视了。实际上，对于马克思社会历史理论的许多重要内容，只有从社会哲学的维度去把握，才不至造成不应有的误解。例如，马克思在他的经济学著作中考察了欧洲资本主义社会的经济结构；在他的政治、历史著作中，剖析了欧洲资本主义社会的政治结构和意识形态结构；在他的一系列著作中考察了欧洲资本主义社会的阶级关系、阶级矛盾，考察了人的生存状况，揭示了人的异化的根源；在此基础上，他考察了经济、政治、文化的关系结构，从各种社会矛盾相互交错、相互作用的社会整体运动中揭示了欧洲社会发展的一般趋势，论证了社会主义代替资本主义的必然性；他还在同欧洲社会的比较中对东方社会的社会特征和发展道路进行了一定的研究，等等。这些都是社会哲学的重要内容。如果排除了社会哲学的维度，就有可能把马克思关于社会历史的理论统统装进宏大叙事的框子，把马克思当时考察欧洲社会的一些具体的理论结论转换为抽象的历史观念，而当这些具体的理论结论被历史进程所修正时，有些人也就借此而否定唯物史观的理论价值。后人有些历史唯物论的教科书越编越厚，往往把对于一定历史时期某个国家的具体社会矛盾、社会状况的认识结论（且不说这种认识正确与否）也写进教科书。这样做的结果，不是抬高了唯物史观，而是严重地贬损了唯物史观。

马克思有一个非常著名的论述，也很适合于我们这里谈论的问题。1877年，马克思在回应俄国民粹主义思想家米海洛夫斯基的评论时说："他一定要把我关于西欧资本主义起源的历史概述彻底变成一般发展道路的历史哲学理论，一切民族，不管他们所处的历史环境如何，都注定要走这条路……他这样做，会给我过多的荣誉，同时也会给我过多的侮辱。"[1]关于西欧资本主义起源的研究是会有多学科的维度的，如经济学的维度，历史学的维度，也会有哲学的维度。从哲学上讲，那只能是社会哲学的维度。可见，马克思对于历史哲学和社会哲学两种维度的混淆是很不赞同的。

在马克思的思想中，历史哲学和社会哲学这两个哲学维度的区分是十分清楚的，这二者的联系和结合也是十分清楚的。对于现实社会生活过程的关注和研究，是马克思社会历史理论的源泉和起点，而他在考察现实社会生活过程时又总是保持着高远、深邃的历史视野，并善于从对于现实历史的研究中抽引出历史哲学的结论。马克思在批评旧的历史哲学时说："这种历史哲学理论的最大长处就在于它是超历史的。"[2]他还说："对现实的描述会使独立的哲学失去生存环境，能够取而代之的充其量不过是从对人类历史发展的考察中抽象出来的最一般的结果的概括。这些抽象本身离开了现实的历史就没有任何价值。"[3]马克思的唯物史观就是这样的"概括"。在马克思主义哲学中，历史哲学和社会哲学

---

① 《马克思恩格斯全集》第19卷，人民出版社1963年版，第130页。
② 《马克思恩格斯全集》第19卷，人民出版社1963年版，第131页。
③ 《马克思恩格斯选集》第1卷，人民出版社2012年版，第153页。

这两个哲学维度的关系实质上就是唯物史观和现实历史的关系。马克思主义的历史哲学即唯物史观必须根植于现实历史，并只有回到现实的历史中去才能保持它的活力。因此从学理上讲，社会哲学应是历史哲学的基础。唯物史观代替不了社会哲学，它也离不开社会哲学。认识了历史哲学和社会哲学这两个哲学维度的区分和联系，我们就找到了社会哲学的合法性的最重要的根据。

我们确立的另一个重要的哲学观念是"领域哲学"的观念。我们是把社会哲学视为一种领域哲学的，因此，领域哲学的合法性也就成为社会哲学合法性的直接根据。"领域哲学"究竟是什么？它同第一哲学是什么关系？弄清楚这个问题既关乎社会哲学的合法性，也关乎社会哲学研究的基本路向。

对于"领域哲学"的最普遍的误解，是把它视为应用哲学，视为哲学基础理论在各个领域中的应用。我的看法是，哲学的应用是天经地义的，但"应用哲学"的表述是不确切的，因为所谓应用哲学不构成为一种独立的专门的哲学形式。我们编写的《当代中国社会哲学》倒是大致像被一些人称为"应用哲学"的东西，因为那里面并没有建立起社会哲学的概念系统，而只是应用既有的教科书里的哲学理论和概念去观察当代中国社会转型期的社会生活。正是这个缘故，学界几次"应用哲学"研讨会喊我去，我都没有去。我还是那句话，"当代中国社会哲学"是我们在仓促中选用的一个书名，这本书不足以体现关于"社会哲学"或"领域哲学"的观念。我们要搞的社会哲学不能是这个样子的。

对于领域哲学的另一种较为流行的误解，是把它视为一种次哲学形式，是一种比第一哲学低一个层级的哲学。我在20世纪80年代中期就曾接受了这种看法。后来，我逐渐认识到这种看法也是有问题的。所谓低层级的哲学，次哲学，实质上就是认为它还不是哲学。"次哲学"这种说法容易混淆哲学和科学的界限，类似后现代思想家所说的"直接叫作'理论'的书写"，似乎是哲学"终结"了，没有了，只能直接叫作"理论"而不能叫作哲学了。领域哲学不能是这种非驴非马的东西。

我们获得的一个最重要的基本认识是，领域哲学乃当代哲学的基本的存在形式。对于当代哲学，人们熟悉的是各种领域哲学，如社会哲学、历史哲学、政治哲学、科学哲学、道德哲学、宗教哲学、艺术哲学等，而很少有那种只能叫作"哲学"的哲学。这不是一般哲学的终结，不是第一哲学的终结。原来，第一哲学是以体系哲学的形式存在的，近代体系哲学无可挽回地终结以后，第一哲学便是以领域哲学的形式存在了。考虑到汉语的表达习惯，我们仍然可以采用"领域哲学"的称法，但不能认为领域哲学是哲学在各领域中的展开，或者将领域哲学看作对某一领域知识的概括和总结，当然也就不能将领域哲学看成当代哲学的组成部分，即将当代哲学看成各种领域哲学相拼加。在严格的意义上，在实质性的意义上，领域哲学应当被看作哲学的一种特殊的维度，一种特殊的视角或特殊的言说方式，而并不是哲学的一个领域或层面。哲学具有总体性和反思性的特征，是对于人类生活、对于人与世界关系的总体性思考，但人类生活世界不是一个抽象的总体世界，而是一个多层面、多维度的总体世界。哲学家不是直接地面对这个总体世界（那是古代哲学家的思考方式），因而这种所谓总体性思考也就不能采取那种直接性的态度和方式，而只能从不同的领域切入，从各自不同的维度去思考和把握总体世界。这就是说，会形成不同的哲学视界，但它们思考和把握的却是同一个总体世界。这正是当代哲学的一个显著特点。从当代哲学的大背景去看领域哲学（包括社会哲学）的意义，眼界就更高、更开阔了。在我们后来将研究工作的重点转向政治哲学后，对于当代哲学的这一特点的认识，对于领域哲学与第一哲学的关系的认识更加清楚和更加深刻，因为政治哲学在领域哲学中更具典型性。这些年来，这种关于领域哲学的观念一直是支配我们的哲学研究工作的一个基本理念。

在我们获得了关于社会哲学的上述认识，确立了基本的学科观念之后，便将社会哲学确定为主要的博士研究方向。1993年我恢复招收博士研究生，他们基本上都是做的社会哲学方面的选题，而且招生人数大大增加。在此后的十来年里，我本人几乎每年都招收了三四名。这是南开的社会哲学研究最为活跃、最富有成果的时期。1997年，学校批准建立了社会哲学研究所，由我任所长，王南湜任副所长，社会哲学正式纳入教学科研体制。

五、如何开展社会哲学的研究

在按照上述学科观念开展社会哲学的研究时，首先应当明确的是社会哲学研究的对象。在我国社会哲学刚刚兴起的时候，学者们提出的关于社会哲学对象的规定是很空泛的。比如，有的人说社会哲学就是关于社会的哲学；有的稍微具体点，说是关于社会的基础、本质、动力、规律等的哲学，这种说法似乎前进了一点，但实际上同没有前进一样。于是，有些人就只是在"社会"的概念分类上做文章，提出诸如广义社会哲学、中义社会哲学、狭义社会哲学这类概念。这些说法都没有什么错，但也都没有什么用。

这里，关键不在于如何给社会哲学的对象下定义，而在于找到研究的适宜的切入点，找到了切入点才能使研究对象具体化。社会哲学作为一种哲学形式，当然也是对于人们的现实社会生活过程的总体把握，但这仍然是讲的社会哲学的一般内容。社会生活的总体也是有着多种可能的存在样态的，因而社会哲学的研究就不能不涉及对于它的各种存在样态及诸样态间转换方式的把握。这就是说，社会哲学面对的是一个庞大的社会生活体系，是一个包含了诸多方面的研究对象。因此，必须找到适宜的切入点。如果找不到适宜的切入点，研究工作就无从下手。

理论研究的切入点，归根到底是由研究者生活于其中的社会实践背景所限定的。是现实的社会实践给理论研究提出课题、提出任务，也是现实的社会实践为理论研究提供最基本的信息资源。中国正处在一个由社会主义市场经济的发展所推动的社会转型时期。当时，恰好是1992年邓小平南方谈话重新强调坚持改革开放，进一步明确了市场化取向的经济体制改革的方向，从而大大加速了中国社会转型的进程。在这种情况下，一方面，迫切地需要从哲学的层面上提供一种总体性的观念，以实现对于这个转型过程的观念引导；另一方面，由于社会转型是一种社会的整体性变迁即结构性变迁，社会运动的整体性特征即社会各种矛盾、社会生活各个领域的相互制约关系能够更鲜明地呈现出来，因而它又为这种哲学研究提供了坚实的客观基础，提供了最丰富、最直接的鲜活素材。因此，当前社会哲学研究的最适宜的切入点，就是当代中国社会结构的转型。把当代中国社会转型作为切入点，能够最为清楚地把握住社会哲学的维度，它既是对于现实社会生活的关注和研究，又获得了一种透视人类社会生活总体的最好的视角。

考诸社会哲学思想史，近代西方社会哲学的兴起，也是与西方国家由市场经济的发展所推动的社会转型相伴随的。近代以来，西方社会哲学的研究十分活跃，这几百年里支配社会变革和人们社会生活的许多深入人心的大观念，可以说都是社会哲学研究的成果。中国正在进行的社会转型是世界范围内现代化进程的一个方面或一个部分，因而西方社会哲学的许多积极成果对我们仍然具有可资借鉴的价值。但中国的社会转型是处在现代化这整个世界历史时代的后发阶段，它同西方主要资本主义国家即"先发"国家相比，有着不同的历史起点，并且面临着完全不同的世界格局。即使在"后发"国家里，中国也有自己不同于其他国家的国情。因此，必须建立中国自己的社会哲学。后来《人民日报》约我写一篇关于开展社会哲学研究的文章，用的题目就是《建立中国自己的社会哲学》。[①]

以当代中国的社会转型为切入点，在研究方法上就必定是、必须是以问题为中心，即以当代中国社会转型过程中提出的重大问题为中心。有些评论者评论我们的社会哲学研究是问题中心主义，这是很准确的。以问题为中心，就是要从实际问题出发，而反对从概念出发。这个道理是很清楚的。我们为什么要搞社会哲学的研究？还不就是因为旧的社会观念不足以解释和引导新的社会现实，就是为了建立能够解释和引导社会现实生活的新的社会观念。新的社会观念还没有通过自己的研究工作建立起来，研究者们要从观念出发，就只能是从旧的观念出发，那还研究什么？

理论和实践的关系问题是哲学研究中带有根本性质的问题。在社会哲学的研究过程中，我们始终力求防止两种倾向：一是浮泛化或教条化的倾向，即丢失哲学的现实关怀，离开对于现实生活的具体把握而沉迷于抽象的思辨；二是实证化的倾向，这就是放弃思辨，实际上也就是放弃哲学本身。就哲学的功能或职责而言，前者可以叫作"渎职"，后者可以叫作"失职"，殊途同归，都会使哲学不成其为哲学。我们开展社会哲学的研究，其宗旨就是强调哲学的现实关怀，强调哲学研究为现实

[①]　见陈晏清：《建立中国自己的社会哲学》，《人民日报》2016 年 7 月 4 日；《新华文摘》2016 年第 18 期。

实践服务，但在教学过程中，在指导博士学位论文的过程中，我在实际上更为关注的却是哲学如何为现实服务的问题。换句话说，在理论和实践这两端的关系上，我更多关注的是理论这一端，即理论（哲学）如何保持自身的独立性，哲学如何以哲学的方式为现实服务，说到底，就是如何把社会哲学真正做成哲学。1988 年底，在时任天津市委书记李瑞环召开的理论工作者座谈会上，我做了一个发言，题目就是《理论应以理论的方式为改革服务》，着重讲了理论对于实践（政策、决策等等）的相对独立性，讲了理论的探索功能和批判功能。这个发言稿在《求是》杂志发表后 ①，在《求是》杂志社的连续两期简报上刊登了读者对于这篇文章的反应，说明文章引起了读者的共鸣。我一直是提倡哲学应以哲学的方式为现实实践服务，以此作为哲学研究和教学的基本指导思想的。我这样做也是从实际情况出发的，因为我们后来遇到的问题主要的正是关于理论（哲学）这一端的问题。社会哲学正式确定为博士研究方向招生以后，报考者相当踊跃，但其中有些人是明显地抱着对于社会哲学的误解报考的，他们认为这"社会哲学"很容易，抓住一个什么社会问题发一通议论，多用几个哲学术语就是"社会哲学"了。学生入学以后发觉不是原来想象的那么简单容易了，于是又不断地发问：怎样才能达到哲学的层面？做成什么样子才能称作社会哲学？针对这样的问题，固然首先是要逐步澄清社会哲学的学科观念，弄明白哲学的基本性质如总体性、反思性等，但仅仅如此是远远不够的，这些观念、道理在他们的研究和写作中还是难以落实的。以我的体会而论，除此之外，最为重要的是帮助他们确立清晰而完全的问题意识。从社会哲学研究方式或学科建设说，要贯彻理论联系实际的原则，最重要的、前提性的工作

---

① 见陈晏清：《理论应以理论的方式为改革服务》，《求是》1989 年第 5 期。

就是两件事：一是逐渐建立起社会哲学的话语体系或言说方式；二是把握专属社会哲学的问题体系。

话语体系的实质和内核是观念框架，这同"社会哲学"、"领域哲学"的学科观念直接相关，大道理已于前述。把握问题体系，既与确立社会哲学的学科观念相关，也与正确而完备的问题意识相关。这里着重讲讲我对确立哲学的问题意识的一些看法。所谓"问题意识"，首先当然是要做到心中"有问题"。我们的论文不能无的放矢，不能无病呻吟。这样的问题应当是实际生活中提出的真问题，而不能是从理论出发自设的假问题。而进一步应当明确的是，我们要解决的是什么样子的问题，是理论问题（哲学问题）还是实际问题？毫无疑问，实际生活是"问题"的发源地，但实际生活中的问题不是我们直接的研究对象，必须把实际生活中的问题提炼或转换成哲学问题，亦即揭示出它所负载、所包含的哲学意义后，才能作为我们要研究的问题（当然这"提炼"或"转换"的工作已经是一种哲学的研究了）。总之，就其基础和背景来看，是实际生活中的问题，解决这些问题也正是我们哲学研究的动力所在，但直接地看，我们研究的问题则应是哲学问题，即实际生活中提出的哲学问题。只有当你找到了这样的问题，并且准备用哲学的理论和方法去解决这样的问题时，才算是在完全的意义上有了"问题意识"。而如果是以"社会哲学"的名义去写论文，这样的问题还应当是专属社会哲学的问题。如果从社会哲学的学科发展、学科建设来说，还应当是一定的问题体系，这种问题体系是因时因事而易的。应当说，我指导的博士论文中，大多数是达到了这个要求的。例如我下面将要介绍的收入"社会哲学研究丛书"中的几篇论文，以及因"丛书"出版条件的限制而未能纳入的论文，都是较好地体现了这种要求的。"丛书"就应是对于某种问题体系的把握。

我们坚持以问题为中心，对当代中国社会转型过程中的一系列重大问题进行了比较系统的研究，撰写了上百篇论文，并于1998年、1999年出版了由我主编的"社会哲学研究丛书"，含《当代中国社会转型论》、《从领域合一到领域分离》、《转型社会控制论》、《社会转型与信仰重建》、《社会转型的文化约束》、《社会转型代价论》、《市场经济的伦理基础》、《效率与公平：社会哲学的分析》、《可持续发展——新的文明观》、《社会转型与人的现代重塑》等共十种。这套丛书的作者都是我指导的博士研究生，或在读的，或已毕业的。《当代中国社会转型论》是丛书中带有总论性质的一本，直接由我主持撰写。另外还有几本未能纳入丛书的著作，如《社会秩序及其转型研究》、《当代中国权利规范的转型》、《中国农村社会转型论》、《市民社会论》等，就只能自找门路，单本出版了。因为同山西教育出版社签订的合同规定的字数是二百万字，纳入丛书的十本已达250万字，如再增加则须重新签订合同，那是完全不可能的事了。当时，我们没有得到任何资助。出版社答应给出书，不要我们交钱，还发给作者稿费，这已经令我感激不尽了。这十本书的挑选不完全是依据学术标准，那其余的几本都有较高的学术质量。主要考虑的是这十本都是更具基础性的著作，把它们集中到一起，可以给国人提供一个观察当代中国社会转型的相对完备的观念框架。这套丛书出版后很快销售一空。后来提出过再版或重印，但因种种情况，包括丛书责任编辑已从出版社调离，只得作罢了。在这些论文和著作中，提出和论证了一系列对于理解当代中国的社会转型具有重要意义的新观念。例如，关于社会转型过程中社会结构变化的基本趋势的观念，即经济、政治、文化三大活动领域的结构关系从领域合一到领域分离的趋势的观念；关于社会转型过程中两种类型的代价的观念，即将社会转型的代价划分为模式代价和过程代价的观念；关于文化的层面性结构的观念，即将文化区分为理想性文化和实用性文化两个层面的观念；关于公平和效率之间具有三重关系的观念；以及关于现代市民社会的观念；等等。应当说，已经初步形成了一个中国人自己的社会转型理论的框架。

这套丛书出版以后，社会哲学的"合法性"，社会哲学研究对于哲学的学科建设和学术发展的意义，被学界越来越多的人所认同。在汝信主编的《20世纪中国知名科学家学术成就概览·哲学卷》的"20世纪中国哲学学科发展史"部分，在叙述新时期马克思主义哲学的繁荣发展时，对我们南开的社会哲学有如下评述："社会哲学研究是由改革开放后中国社会巨大发展、变迁所催生的。发展是当今时代的重要主题，随着发展进程的加速，发展中所产生的各种矛盾也逐渐暴露出来，90年代以来社会发展理论的研究一直是人们关注的热点之一。在此基础上，社会哲学应运而生。其中，陈晏清的《当代中国社会哲学》是比较早的著作之一，而他主编的'社会哲学研究丛书'（共10本）于1998年、1999年由山西教育出版社出版，成为当时最具系统性的社会哲学著作，初步奠定了我国社会哲学研究的规模。"[1] 这是对我们的鼓励，更是鞭策。

社会哲学的研究经历了十多年的时间，也经历了许多碰撞。我深深感受到，在哲学研究上探索一种新的路向，确实是很艰难的。没有来自各方面的大力支持，这条路是走不出来的。对于支持过我们的研究工作的所有朋友，我都是由衷地感谢。

首先要感谢我的学生们。我是坚信这种研究的积极意义的，难得的是我的学生们特别是毕业后留在我身边的几位也那么坚信。信是信，但

---

[1] 汝信主编：《20世纪中国知名科学家学术成就概览·哲学卷》，科学出版社2014年版，第16页。

从当时学界的状况来说，恐怕在一个不太短的时间内不一定成得了气候。那是一个盛行"短平快"的年代，人们对一个学科、一个学者的期待也不免带上这种"短平快"的眼光。我本人是没有太大的后顾之忧了，因为即使这件事情没有做成功，以前总还是做成过一些事情的，就算给后人探索路子也是值得的。而我的几位学生就不同了。他们都是潜质很好、独立研究能力很强的人，而且年龄越来越大，正是建功立业的好年龄，我带着他们去做这种在可以预见的时间内尚无获得成功的十足把握的事情，心里极不踏实。但他们都不在意这些，而是十分真诚、积极地支持了这个研究方向，许多重要的工作都是他们做的。没有学生们的支持，这社会哲学研究是做不成的。

同时，我要感谢当时的校领导。在校内外学者对社会哲学的研究方向正存在着意见分歧的时候，时任校党委书记洪国起教授、校长侯自新教授都态度鲜明地表示了对我们研究工作的支持和鼓励。他们不一定十分理解"社会哲学"是怎么回事，但至少知道我们是在探索马克思主义哲学研究的新路向，是在探索哲学为现实服务的方式，是在探索如何打造南开马克思主义哲学的学科特色，认为这些都是有益的探索，应当允许和支持自己领导下的教师去探索。所以，他们毫不犹豫地支持和批准了社会哲学研究所的建立。这件事，对于我们后来直至今天的研究工作具有决定性的意义。当年，我已是年届六旬的老者，如果连学校的领导都不支持，恐怕基本上可以肯定，南开大学不会再有什么社会哲学以及后来的政治哲学研究这码事了。洪国起书记是历史学教授，他理解文史哲学科的困境，更难得的是，作为数学教授的侯自新校长。所以关于侯校长我想借此机会多说几句。他上任后不久，在哲学系的一次系庆大会上说了一番很鼓舞人心的话。他说，要建设知名的高水平大学，没有一个强大的哲学学科是不行的。可贵的是他不仅是这样说、这样想的，而且是这样去做的。支持社会哲学的研究并不是他在这个问题上言行一致的孤证，他还有更厉害的表现。2000年，我们申报哲学一级学科博士学位授权点时，是我陪同时任哲学系主任阎孟伟去向国务院学位评定委员会哲学学科评议组汇报的。当时哲学学科评议组定的标准是必须有四个以上学科已是二级学科博士学位授权点（我们当时只有三个点），有的专家说只要南开还能报出一个点来，他们就可以考虑通过。但我们确实是一个点也报不出来了。一个二级学科博士点要有三名以上的教授，我们再没有一个学科可以满足这样的条件了。回来后不久，我便陪同新上任的系主任王南湜和系党委书记李翔海向侯校长报告了这个情况。侯校长二话不说，立即拍板，要我们精心物色人选，人事处"一律开绿灯"。在一年多时间里，前后有七名具有较高学术水平和一定知名度的教授调进南开哲学系。再一次评审时，南开哲学系获得全票通过。我跟哲学系的人们说，侯校长对哲学学科的支持是一种救死扶伤式的支持。

最后，我要特别感谢山西教育出版社和曾在此就职的张晓芒教授。我们的社会哲学研究，是对于当代中国社会转型的系列性研究，很适合于出版一套丛书。但从当时的条件来说，我们不敢提，也不敢想。这件事是在一种很偶然的情况下，带着一种可成可不成的心态试探着提出来的。当时南开大学哲学系逻辑学专业温公颐先生指导的博士研究生张晓芒毕业后在山西高校联合出版社做编辑。1996年年初他回南开时，我同他谈起我们的社会哲学研究的情况，并且表示了出版一套丛书的意图。晓芒听后饶有兴趣，表示愿意全力协助，并经他与出版社领导沟通，于1996年4月与出版社达成了出版意向。那时候，山西高校联合出版社还是一个刚刚成立不久的小社，资金很困难，我们自己也没有取得任何经费资助。但社长刘长鼎先生是位学者型的出版人，很有学术眼光。他敏锐地感觉到，这很可能是一个引起社会关注的大选题，所以很快就拍板，决定由社里筹措资金出好这套丛书。遗憾的是，此后不久，山西高校联合出版社因故被撤销了。

要不是晓芒担任这套丛书的责任编辑，这事到此也就罢休了。山西高校联合出版社撤销后，晓芒自己也有个饭碗问题，当时山西省委政策研究室有意用他，研究室主任已约他去面谈，这应当是一个很不错的去处。但他觉得这套书的出版要是在他的手里黄了，有愧于母校的师长学友，便婉拒了省委政策研究室，而拿着包括"社会哲学研究丛书"在内的选题计划去山西教育出版社"碰运气"。据晓芒自己后来说，他那时颇有些杨子荣揣着联络图上威虎山的感觉。教育社的社长任兆文先生对晓芒这个人和他的选题计划很感兴趣，并让他重点谈了"社会哲学研究丛书"。晓芒用了两个多小时的时间，详细讲述了这套丛书研究的背景与思路、作者群体、重点讨论的问题、可能达到的社会效果和可能引起的争论，等等。任社长听后，连人带题都接受了。

在丛书的编辑出版过程中又是障碍重重。这件事真是一波三折，也很能反映那个年代的理论工作状况。山西省出版局对这个选题盯得很紧。其中，最重要的问题是"社会转型"这个提法能不能成立。这套丛书都是讲的社会转型中的问题，头一本带总论性质的书的书名就是"当代中国社会转型论"。如果"社会转型"这个概念不能成立，整个这套丛书就得告吹。这种事在当时是不奇怪的。在此之前不久，《中国青年报》就曾专门发过一版关于能否提"社会转型"的争论文章。1996 年 8 月，我去大连参加一个国家教委召开的会议，见到了我的大学校友郑杭生教授，他谈到一位先生（也是我的大学同学）就不赞成"社会转型"这个提法。这位先生是在学术界很有影响的人物。杭生不经意的一句话，引起了我对这套丛书的前途的深深的忧虑。后来果然听晓芒说，这套丛书的选题曾有两次险些被砍掉，只是在晓芒的认真的解说下（他还曾专门去中宣部咨询过关于"社会转型"的提法问题），也在任社长的支持下，这个出版计划才在磕磕绊绊中往前走着，终于在 1998 年出版了第一批四本。但到第二批六本即将付梓时，国家出版署出台了新规定，即版权页必须有"图书在版编目（CIP）数据"，然而在国家出版署的数据库里却没有"社会转型"这个词。山西省出版局接到国家出版署的电话后，立即通知教育社和张晓芒。晓芒也是立即给国家出版署有关部门打电话，将这套丛书的整个选题酝酿过程，"社会转型"的实质含义，社会争论情况及其结果，这套丛书的价值和意义，已出版的四本书的学界影响，这十本书的基本内容和整套丛书的逻辑线索，如此等等，认真仔细地一一说明，通话两个多小时。接听电话的同志不但没有倦意，而且越听越有兴趣，最后做了结论："这是一套有影响的好书。出吧。"晓芒为这套丛书的出版，为推进南开社会哲学的研究，是立下了汗马功劳的。

丛书出版过程遭遇的事情，对我思想上是有些刺激的。所谓"社会转型"是指从传统社会向现代社会转变，就是从社会结构的变化这个角度讲的现代化。西方主要资本主义国家即所谓"先发"国家是经过资本主义的道路实现了这个转型，而中国则是经过社会主义的道路实现这个转型的。没有任何理由把它理解为社会主义向资本主义转变。这个道理，只要对于中国国情、对于社会主义初级阶段理论有个基本的理解就可以明白。中国没有经过资本主义充分发展的阶段，而是新民主主义革命的胜利后经过一个短暂的过渡时期直接由半封建半殖民地社会进入社会主义社会的，因而必须经历一个不算短的社会主义初级阶段去建立社会主义所必需的社会化大生产高度发展的物质基础，并在此基础上，在坚持社会主义基本制度的前提下，在中国共产党的领导下，自觉地推进社会的全面改革，推进社会结构及与之适应的社会体制的变革，实现国家治理体系的现代化。这就是当代中国的社会转型。这本来不算多么深奥的问题，居然引起那么大的争议，并且惊动了一些颇有声望的大学者为之焦虑，这是我万万没有想到的。这种情况倒是正好说明了研究社会哲学、建立中国自己的社会哲学的必要性。

附：相关论著

（1）陈晏清：《民族的振兴亟须鼓舞理论探索精神》，《教学与研究》1988 年第 5 期。

（2）陈晏清：《理论应以理论的方式为改革服务》，《求是》1999 年第 5 期。

（3）陈晏清、石楠：《哲学应是根植于现实生活的终极关怀》，《南开学报》1997 年第 3 期，《学术中国（1984—2014）人文科学卷》，上海人民出版社 2015 年版。

（4）陈晏清：《哲学的实践转向和领域哲学的兴起》，《天津社联通讯》2002 年第 12 期。

（5）陈晏清：《社会哲学：哲学改革的一条新思路》，《哲学动态》1995 年第 4 期。

（6）陈晏清、阎孟伟：《社会哲学研究的对象和任务》，《南开学报》1996 年第 6 期。

（7）陈晏清：《关于社会哲学研究的几个问题》，《湘潭大学学报》1998 年第 4 期；《新华文摘》1998 年第 11 期。

（8）陈晏清：《增强哲学研究的问题意识》，《人民日报》2015 年 12 月 1 日。

（9）陈晏清：《建立中国自己的社会哲学》，《人民日报》2016 年 7 月 4 日；《新华文摘》2016 年第 18 期。

（10）陈晏清主编：《当代中国社会哲学》，天津人民出版社 1990 年版。

（11）陈晏清主编：《当代中国社会转型论》，山西教育出版社 1998 年版。

（12）陈晏清主编：《社会哲学研究丛书》（共 10 本，含《当代中国社会转型论》），山西教育出版社 1998、1999 年版。

历史哲学研究

　　20 世纪 80 年代中期以后，关于社会历史规律客观性的讨论日趋活跃。讨论的核心问题是决定论和选择论的关系。从国内思想界的情况来看，虽然也受到了某些在实质上是机械决定论思想的影响，但主要的是国外非决定论思潮的冲击。20 世纪以来，西方历史哲学中否认历史规律的非决定论历史观日益膨胀成为一股势力强大的潮流，马克思创立的唯物史观是它抨击的主要目标。中国实行改革开放，把瞭望世界的窗口打开以后，苍蝇蚊子也趁机飞了进来，其中就有这种历史非决定论。例如英国哲学家波普的《历史决定论的贫困》和《开放社会及其敌人》两本书就在我国学术界、思想界产生了明显的影响，有的人对这两本书的哲学观点连同它的政治结论全部接受了下来，并做了自己的发挥，说什么承认历史规律是专制社会的特征，而实行民主则是以否认历史规律为前提的。这当然是一个最极端的例子，是一种个别情况，大多数的情况还是学术思想上的困惑。但不管怎样，这都是值得特别重视的情况。这场关于历史规律客观性的争论，涉及马克思主义世界观的根本哲学基础，不能不给予高度的持续的关注。

　　就我来说，关注和参与这场讨论还有其更为特殊的理由。一是我曾经写过一本《论自觉的能动性》的小书，实际上就已经是进入了讨论，而这本小书对于这一问题的解决又很不彻底，我不能再不吭声了。《论自觉的能动性》是 1983 年出版的，实际的写作时间主要是在 1980 年。

那时，否定历史规律的非决定论思潮对国内思想界的影响尚未显露出来。那本书的任务是清理抽象地夸大主观能动性的唯意志论思潮，所以，在论证规律的客观性时，虽然也曾把社会历史规律的客观性问题作为一个突出的问题，但只是从对"规律"这一概念的一般分析立论的，而没有从社会历史过程的特殊性上做深入的研究，没有从历史观的层面去分析。现在，关于历史规律的问题，从另一个不同的角度更加尖锐地提了出来，那本书的这一缺陷就必须加以弥补，这是一种不可推卸的理论责任。二是1992年春夏，我们已经确定将社会哲学作为主要的博士研究方向。社会哲学和历史哲学这两个哲学维度的关系问题，始终是社会历史理论研究中最重要的问题。这个问题可能遭遇到来自两个方面的误解。一个方面是用历史哲学代替社会哲学，认为历史唯物论就是社会哲学，不能在历史唯物论之外再建立独立的社会哲学。对于来自这个方面的误解，我在前面已经详细论述过了。另一个方面是用社会哲学替代历史哲学，实际上是削弱或取消历史唯物论在社会历史理论研究中的指导地位。这两个方面的误解中，后一个方面更加有害。这后一种误解如不消除，对于社会哲学的研究者而言，就可能同历史非决定论走到一起去。著名的历史非决定论哲学的鼓吹者卡尔·波普就与那些极端的非决定论者稍有不同，他也承认"社会规律"或"社会学规律"的存在，只是否认历史规律。

出于上述考虑，我们在开展社会哲学研究的同时，还是腾出了相当多的时间和精力进行历史哲学的研究。1992年，申报了国家社会科学"九五"规划重点课题"社会客观规律与人的自觉活动"，并获准立项。这个课题的最终成果是我和阎孟伟合著的《辩证的历史决定论》。申报课题时，主要是想把它作为社会哲学的理论基础去研究的，但随着研究的深入，认识到它的意义远远不止于此。这一课题本已于1996年以"A"

级结项，但在修改成书时，觉得有些重要问题尚未获得相对满意的解决，这一课题涉及难点也实在太多，且争议太大，不得不推迟出版，先作为博士研究生课的参考教材试用。1996 年后，书稿又经过了 2000 年和 2005 年至 2006 年的两次大修改，才于 2007 年由中国社会科学出版社出版。此外，就历史哲学的研究来说，还写了几篇文章，除关于历史决定论的问题以外，对同社会哲学关系比较密切的几个重要的历史观念如文化观念、价值观念、"社会进步"观念等也作了一些初步的探讨。这里，主要介绍关于历史决定论的研究情况。

一、从自然哲学决定论到历史哲学决定论

（一）自然哲学的决定论和历史哲学的决定论

决定论的原初含义是指因果决定论。世界上一切事物、现象都处在普遍联系、相互制约之中，每一种现象都是由另外一些现象引起的，它自己也必然要引起另外一些现象，现象、事物之间这种引起和被引起的关系就是因果关系。肯定因果关系的普遍性必然性就是因果决定论。它的深层的实质的内涵是肯定事物运动变化的规律性，因为因果关系的必然性只有从事物运动变化的内在规律性才能说明，一种事物、现象必然引起的某种结果，是它在一定条件下合乎规律地发生作用的结果。

人同自然界区分开来，就有了自己相对稳定的主观世界。人的实践活动是有意识、有目的的活动。同人的实践活动须臾不可分离的意识活动就是"解释"和"预见"。所谓"解释"说到底即是对已发生事件的原因的探究，所谓"预见"不过是对可能出现的结果的推断。这就是对

于现实世界的因果关系的把握。如果没有最起码的因果观念，人们的实践活动就谈不上什么目的性，所以"原因"和"结果"可以说是人类认识和掌握自然现象之网时较早抓住的纽结。哲学作为对于人类自身活动的反思，因果决定论也就是哲学史上较早形成的哲学观念之一。

在古希腊哲学中最早对决定论原则作出理论表述的是唯物主义哲学家赫拉克利特和德谟克利特。赫拉克利特提出，世界的本原是在一定的分寸上燃烧，在一定的分寸上熄灭的永恒的"活火"。所谓"分寸"，大致就是指的规律性，他也将其称之为"命运"或"逻各斯"，认为最高的智慧就在于认识和遵从这个"逻各斯"。赫拉克利特的"逻各斯"思想奠定了西方理性主义传统的基础，对后世的西方哲学产生了深刻的影响，以至后现代哲学家德里达把这个理性主义传统称之为"逻各斯中心主义"。德谟克利特的"原子论"发展了赫拉克利特的"逻各斯"思想，把自然必然性归结为因果必然性，认为事物之间的必然的联系，实质上就是原因和结果之间的必然联系，所以他说："只要找到一个原因的解释，也比成为波斯人的王还好。"[①]他肯定了客观规律的存在，肯定了因果联系的普遍性、必然性，也就确立了朴素的决定论哲学的基本原则。但他断然否认偶然性的存在，这在事实上便成了近代欧洲机械决定论的思想渊源。

近代欧洲机械决定论的兴起是与近代自然科学特别是机械力学即牛顿力学的产生密切相关的。在牛顿力学里，物体在不同时刻的机械运动状态之间有着严格的因果确定性，即物体在每一瞬间的运动状态被前此时刻的运动状态所决定，同时又严格地决定了其后时刻的运动状态。由

---

① 《古希腊罗马哲学》，北京大学哲学系外国哲学教研室编译，商务印书馆 1961 年版，第 103 页。

于牛顿力学在解释地球上宏观物体的机械运动方面获得了巨大的成功，且在日后机器大工业的生产中得到了广泛的应用，因而人们普遍相信，牛顿力学是解释世界的最根本的依据。机械力学的成果，很快被重视科学成就的欧洲早期唯物主义经验论哲学所吸收。17世纪英国哲学家霍布斯就是用机械运动的原理去解释因果关系，并将此视为哲学的全部任务。他说："'哲学'是关于结果或现象的知识，我们获得这种知识，是根据我们首先具有的对于结果或现象的原因或产生的知识，加以真实的推理。"① 他认为，因果联系是必然的联系，世界就是原因和结果必然联系的锁链。他肯定因果联系的客观普遍性、必然性，而否认任何意义上的偶然性。

这种机械决定论在法国唯物主义哲学中得到了更为彻底的发挥，霍尔巴赫是其主要的代表。同霍布斯一样，他认为自然界的一切运动变化都遵从不变的必然性法则即因果法则。"宇宙本身不过是一条原因和结果的无穷锁链，这些原因和结果不断地使这一些从那一些中产生出来。"② 没有什么偶然性，人们使用"偶然性"这个字眼不过是为了掩盖对于结果的原因无知罢了。1814年，法国天文学家和数学家拉普拉斯在其《概率的哲学》一书中，把这种机械决定论推向了极端，认为"应当把宇宙的现在状态看作是它先前状态的效果，随后状态的原因"。只要把宇宙中的一切物体运动纳入同一公式中，那么，未来和过去一样，都呈现在我们面前。

古希腊的朴素决定论和近代欧洲的机械决定论，都属自然哲学的范畴，都是自然哲学决定论。尽管有些哲学家例如霍尔巴赫也把这种机械

---

① 《十六——十八世纪西欧各国哲学》，商务印书馆1975年版，第60—61页。
② [法] 霍尔巴赫：《自然的体系》上册，管士滨译，商务印书馆1964年版，第51页。

决定论引申到社会历史领域，那也只是把机械决定论视为普遍适用的原则应用于社会历史领域，并不是着力于社会历史领域的特殊性的分析而建立起来的观念，所以还算不上历史哲学，算不上历史决定论。历史哲学的研究固然受到自然哲学的影响，但它是循着另外的线路酝酿和形成的。

1725 年意大利的历史学家和法学家维科的《新科学》一书出版，当可视为这条线路的开端。维科以伽利略、培根、牛顿等人所代表的自然科学研究为典范，力图建立起"人的物理学"，希望找到支配人们的社会生活和社会制度演变过程的自然法则。在他之后，康德、谢林、黑格尔、孔德、斯宾塞等一批哲学家和社会学家都致力于创立能够与自然科学媲美的"社会科学"。他们确信，社会现象尽管有着扑朔迷离的外表，但也不是没有规律、不能解释和预见的。例如康德认为"人类的历史大体上可以看作是大自然的一项隐蔽计划的实现"[1]，它既是合目的的又是合规律的，因而深信人类社会是在不断地朝着改善前进的。谢林的"同一哲学"认为社会历史过程和自然过程在本质上是同一的，都是合乎规律的发展过程。他甚至明确指出了"历史的主要特点在于它表现了自由与必然的统一，并且只有这种统一才使历史成为可能"[2]。黑格尔更是系统地阐明了自由与必然的关系，可以说是以唯心主义的方式进行了辩证的历史决定论的理论建构。当然，马克思以前的哲学家或社会学家、历史学家都只是在观念或文化的领域寻找历史发展的基础，探索历史发展的规律性。但是，他们的理论努力，为马克思的唯物史观即唯物主义的历史决定论的创立准备了重要的思想资源。

---

[1] [德] 康德：《历史理性批判文集》，何兆武译，商务印书馆 1990 年版，第 15 页。
[2] [德] 谢林：《先验唯心论体系》，梁志学、石泉译，商务印书馆 1976 年版，第 243 页。

（二）自然哲学决定论的核心问题是必然和偶然的关系问题

"自然"这个概念具有两层含义：其一是指有别于人类社会的世界，即通常说的"自然界"；其二是指不体现某种自觉目的而生成、演变和消逝的现象和过程。在后一种含义上，自然就不仅包括发生在自在自然中的现象和过程，也包括发生在以人的感性活动为基础的"感性世界"中的现象和过程。例如大工业的发展所带来的空气污染和温室效应等，显然是人类活动的结果，但并不妨碍我们将其称为自然现象，也就不妨碍对这些现象做自然科学、自然哲学的研究。如果是把人作为自觉活动的主体，对其活动做价值论的考察，追究这类现象的社会原因和社会后果，那就是对于这类现象的产生同时作为社会过程去考察，那也就进入历史哲学、社会哲学的范畴了。可见，自然哲学与历史哲学之间没有绝对分明的界限，尤其是在马克思主义哲学里，它们之间本来就是、也应当是互相渗透、互相影响、互相促动的。

任何现实的因果过程都是必然和偶然的统一。如何看待因果过程中必然和偶然的关系，是自然哲学中决定论和非决定论、辩证决定论和机械决定论的分水岭。

是否承认因果联系的必然性，是决定论和非决定论的界限所在。确定因果过程是否具有必然性，首先必须把发生在特定时空中的个别的"因果事件"与这个因果事件所包含的因果关系区别开来。个别的因果事件只发生一次，是不可重复的，而因果事件所包含的因果关系则是一种恒常的、不变的联系。例如"某年的干旱使某地的水稻减产"，这是一个因果事件的陈述，这个事件在历史上只出现一次。但这个陈述包含着一个一般的论断即"水量不足导致水稻减产"，这便是一个因果关系陈述，它适应于所有这一类事件。个别因果事件不是必定要发生的事件，而因果关系则是不变的必然的联系。

因果关系的必然性来自它本身所具有的内在的规律性，即它的根据在于事物自身，而偶然性则不然。如黑格尔所说："偶然性一般讲来，是指一事物存在的根据不在自身，而在他物而言。"[①]世界上任何事物和过程都不是孤立的，都处在同其他事物或过程的联系之中。一个因果过程和另一个因果过程的交叉或汇合就是一种偶然性，它们中的任何一个过程的规律性都不包含出现这种"汇合"的必然性。所以，普列汉诺夫在《论个人在历史上的作用问题》里说偶然性"只会在各个必然过程的交叉点上出现"。法国生物学家、哲学家雅克·莫诺也认为是在完全独立的两条事物因果链的交叉点上造成了意外事故。[②]例如小麦的生长过程和冰雹的形成过程是两个独立的因果过程，各自包含了自己的规律性、必然性。在这两个因果过程中都没有包含雹灾的必然性，只是这两个因果过程汇合到一起才造成了灾害，这是一个偶然的事件。

必然性要通过大量的偶然性表现出来，并通过偶然性为自己开辟道路。世界上没有纯粹的、赤裸裸的必然性。只承认必然性，否定偶然性的客观存在及其意义，认为事物的存在和发展包括它的一切详情细节都早已为纯粹的必然性所决定，这是机械决定论的基本特征。霍尔巴赫举例说："一阵狂风刮得飞沙走石，在我们的眼睛里看起来好像乱七八糟，一些方向相反的风吹得白浪滔天，引起一场更加吓人的暴风雨，其实在这当中没有一个灰尘或水滴的分子是偶然放在那里的，每一个分子都有充分的原因占据它所在的那个位置，都是严格地以它应有的活动方式在

---

① [德] 黑格尔：《小逻辑》，贺麟译，商务印书馆 1980 年版，第 301 页。
② [法] 莫诺：《必然性和偶然性》，上海外国自然科学哲学著作编译组译，商务印书馆 1977 年版。第 8 页。

活动的。"①这当然是一个最极端的例子，但它清楚地说明这种机械决定论实质上就是一种宿命论。恩格斯说："承认这样一种必然性，我们还是没有摆脱神学的自然观。无论我们是用奥古斯丁和加尔文的说法把这叫做上帝的永恒的意旨，或者是用土耳其人的说法把这称做天数，还是把这就叫做必然性，这对科学来说差不多是一样的。"②如果确认宇宙中所发生的一切皆由宇宙的原始构造中预先安排妥当，人们的活动绝谈不上增添一丝一毫积极的东西，既谈不上什么创造，也不会有什么失误，当然也就没有人的自由可言。

非决定论则与此相反，它是否认必然性而抬高偶然性。与近代自然科学同时起步的英国经验论哲学，把感觉经验视为人类一切知识或观念的源泉，认为人的知识和观念原则上不能超出感性经验的范围。从经验论的这个原则出发，必定带来的一个问题是，人们头脑中有关因果联系和因果必然性的观念能否在感觉经验中得到证实。休谟在他的《人类理智研究》一书中把这个问题明确提了出来。休谟认为，经验并没有向我们提供事件间因果联系的知识，因果观念不过是由于人们把自己行为和活动所具有的"习惯原则"外推到经验事实中，"必然性"则是这种习惯给人们带来的某种"信念"。

休谟的质疑至今仍在西方非决定论思潮中延续。现代非决定论的主要特点是不否认因果联系的存在，而只是否认因果关系的必然性。逻辑经验论的代表人物卡尔纳普说："你观察不到必然性，就不要断定必然性。必然性对于描述你的观察不会添加任何有价值的东西。"③

应当肯定，休谟及其后继者们的议论中有一点是正确的，即在感性

---

① 《十八世纪法国唯物主义》，商务印书馆1979年版，第595页。
② 《马克思恩格斯选集》第3卷，人民出版社2012年版，第917页。
③ 洪谦主编：《逻辑经验主义》，商务印书馆1989年版，第356页。

经验的范围内不能确证因果之间的"必然性联系"。恩格斯说,"单凭观察所得的经验,是决不能充分证明必然性的……但是必然性的证明寓于人的类活动中,寓于实验中,寓于劳动中。"① 经验论者只从感性经验的范围内讨论人的认识活动,而完全忽视了作为人类认识活动基础的实践,不懂得正是"人类的活动对因果性做出验证"。在实践中,"我们不仅发现某一个运动后面跟随着另一个运动,而且我们也发现,只要我们造成某个运动在自然界中发生时所必需的那些条件,我们就能够引起这个运动,甚至我们还能引起自然界中根本不发生的运动(工业),至少不是以这种方式发生的运动,并且我们能赋予这些运动以预先规定的方向和范围。因此,由于人的活动,能造就因果观念即一个运动是另一个运动的原因这样一种观念得到确证"②。

为了更加便于理解恩格斯的这个思想,更加便于理解实践观点对于整个辩证决定论(包括自然哲学决定论和历史哲学决定论)的意义,我们借助于皮艾尔·布迪厄的"场域"概念,提出了"实践场域"的概念。③ 人的感性活动即实践活动就是一个"实践场域"内客体间相互作用的客观过程。在这里,人所使用的工具也是作为客体与其他客体相互作用的。但是,由于工具是人所制备、所掌握和操纵的,是体现人的一定目的的,因而这个以工具为主导的客体间相互作用的过程便是按照人主体

---

① 《马克思恩格斯选集》第 3 卷,人民出版社 2012 年版,第 922—923 页。
② 《马克思恩格斯选集》第 3 卷,人民出版社 2012 年版,第 921 页。
③ 法国社会哲学家皮艾尔·布迪厄提出的"场域"概念是指由一定的价值观和调控原则所界定的一个社会构建的空间(参见 [法] 布迪厄、[美] 华康德:《实践与反思》,李猛、李康译,中央编译出版社 1998 年版)。《辩证的历史决定论》一书的"实践场域"的含义有所不同,它特指由与某种实践活动相关的各方面因素所构成的一个实践活动空间。其中工具行为是主要的、主导的,但也包括其他种种参与其中的社会因素。因此,它不是通常意义上的实践领域,而是支配和影响实践活动的各种因素的总和。

可以理解、可以把握、可以述说的方式发生的，人也就能够确定这种相互作用同其结果的关系，即能够用因果关系来描述这个过程，以至借助概念思维，理论地把握这个过程，揭示其因果关系的规律性、必然性。

逻辑经验论的另一个代表人物赖辛巴哈是从另一个角度否认因果关系的必然性。他不否认因果关系背后有某种规律，但他认为规律也不是必然的。他声称，随着统计规律在科学中的广泛应用，严格的因果律就应当放弃。这个观点是站不住脚的。概率或统计规律是研究随机现象（即偶然现象）的规律的数学理论。它的广泛应用是以偶然现象的大量存在为前提的。统计规律归根到底仅仅表明大量随机现象在整体上表现出来的必然性特征，而不能具体地解释现象间因果关系的必然性。它不涉及个别随机现象的个性特征，对于任何个别事件的因果联系都不能提供任何确切的知识，不能对任何具体事物的运动变化作出可靠的解释和预见。关于统计规律和因果规律的区别，关于统计规律和因果决定论的关系，在《辩证的历史决定论》一书中都有比较系统的论述。① 但在这个论述中涉及许多自然科学中的问题，而本篇的主要话题是历史决定论的研究，所以在此不作详细介绍。

（三）历史哲学决定论的核心问题是必然和自由的关系问题

辩证决定论的自然哲学是从必然和偶然的统一中把握现实的因果运动。这一理论原则对于理解和阐释历史决定论也是适用的，并且是很重要的，这一点，在《辩证的历史决定论》一书中有比较详细的论

---

① 参见陈晏清、阎孟伟：《辩证的历史决定论》，中国社会科学出版社 2007 年版，第 115—136 页。

述。① 但应当说这还是不够的，还不能充分揭示社会历史领域因果过程的特殊性。

人类历史是人自己创造的，是人的活动构成的。人类的第一个历史活动就是物质生产活动。物质生产过程是人和自然的相互作用过程，但它和自然界中自然物与自然物之间的相互作用过程是不同的。这种差别是自然哲学与历史哲学这两个哲学维度的差别的终极缘由。自然物是一种没有自觉意识的存在。它的存在就是它自身，它在与他物的相互作用中表现出来的性质并不是它"想"要具有的。自然物作为一个系统，由于其内部诸因素之间非线性相互作用的关系和复杂的外部条件，因而其未来的演化状态也往往具有多种可能性。但是自然物包括高等动物没有意识，这个未来演化的可能性空间对于自然物来说实际上是关闭着的。在其演化过程中哪种可能性变为现实，不取决于它的选择（它也不能选择），而是取决于它恰巧与其他的哪些因果过程相"汇合"或"交叉"。就是说，这种演化只是必然性与偶然性的统一。而人与自然相互作用的物质生产过程即人化自然的过程，情况就不同了。人有意识，他能意识到自己的活动，或者说他具有对自己活动的自觉，因而他能够在一定程度上意识到这个人化自然系统的未来演化的可能性空间，并能根据自己的需要对将其中的哪种可能性变为现实作出选择。物质生产是人类能动地改造自然的物质实践活动。人不会只是被动地接受客观必然性和偶然性的摆布，而是能够在一定程度上认识客观必然性，也能在一定程度上预见和应对各种偶然情况的发生，把客观必然性、偶然性及其关系置于人的掌控之下。随着人类认识水平和实践水平的提高，特别是科学技术

---

① 参见陈晏清、阎孟伟：《辩证的历史决定论》，中国社会科学出版社 2007 年版，第 304—309 页。

的发展，人类的这种掌控能力会越来越强。物质生产过程如此，在物质生产基础上的一切历史活动、历史过程都是如此。

进一步说，人为什么能够具有对于自己活动的自觉，能够意识到事物发展的多种可能性、能够打开这个可能性的空间？关键是人在劳动中形成意识的同时产生了语言。"语言和意识具有同样长久的历史；语言是一种实践的、既为别人存在因而也为我自身而存在的、现实的意识。"①语言是意识实现的必要条件。正是语言把人类的主观的心理活动规范化、普遍化、客观化，才使以概念思维为特点的人类意识得以形成或实现。有了语言，人类便建构起来了日益丰富、日益强大的主观世界。

语言作为符号系统，由"所指"和"能指"两个极构成。语言的"所指"是人类活动所经验着的事物；而语言的"能指"作为一种能力系统则拥有一种潜在的大于所指的完整性。这就是说，语言的能指不仅仅能够反映现实的事物或事物的现实性，而且还拥有足够多的剩余量去表现或"反映"非现实的事物或事物的非现实性。那些具有客观性的事物的非现实性，表现于语言之中，就是人类所把握的客观可能性。如前所述，这个可能性空间对于没有语言能力的动物来说是关闭着的。而人类则可以打开这个可能性空间，因为人类可以借助语言的象征性功能，通过对于事物的语言"影像"的分解、重组和转换，去想象、把握和述说这种客观的可能性。因此，在人的面前便不再只是一个纯粹实然的世界，而是一个现实性与可能性相互交错的世界。现实的事物或现实的世界不再是唯一的事物或唯一的世界，而不过是多种可能性之中在特定条件下实现了的一种可能性，其他的可能性在它所需要的条件具备时也是能够成

---

① 《马克思恩格斯选集》第 1 卷，人民出版社 2012 年版，第 161 页。

为现实的存在的。这样，人就能够在语言揭示出来的多种可能性中选择一种，将争取这种可能性的实现作为自己活动的目的。这种选择，就是人的活动的自主性，就是自由，是同必然性对立的自由。

美国著名经济学家威斯考夫也说："借助人的意识对某种情景的超越，人才能从这种情景的必然性的一定局限中得到自由。这就为人们提供了各种可能的选择：于是，人得以冲破'定在'（actuality）的樊篱而驰骋于'潜在'（potentiality）的王国，于是出现了选择的可能性，出现了根据价值做出决定的必要性。人们借助意识而实现超越的全过程即构成人的自由。这一过程包括把握潜在的可能性，包括基于价值之上的选择活动。"① 人意识到自己既立足于现实世界，同时又面临着一个可能性空间，因而他指向未来的活动必定要出自自我的决定，出自自我的选择，从而他必定是自由的。在这个意义上，"自由"对于人，与其说是为之奋斗的目标，毋宁说是无法逃避的"命运"，因为他不能不进行选择。不做选择也是一种选择，即选择了不做选择。

诚然，肯定人的自由性，并不意味着人的活动可以超脱客观必然性和客观条件的制约。语言意识虽然使人能够把握对象世界演化趋向的可能性空间，可以通过自由的想象构筑"应然的"或"理想的"世界，从而使人具有自我决定、自我选择的自由，但是这个自由还仅仅是主观的、抽象的自由，而不是具体的、现实的自由。人的驰骋于"潜在"王国的理想要得到实现，不能不双重地受制于现实。首先，作为目的和理想存身之所的可能世界并不是直接呈现于人的，人只是借助语言的象征作用从其所处的现实世界突入可能世界的，可能世界是蕴含于现实世界

---

① 见［美］马斯洛主编:《人类价值新论》，胡万福等译，河北人民出版社 1988 年版，第 200 页。

之中的。因此，人对于可能世界的正确把握和选择，是以对于现实世界的真实的正确的把握为基础和前提的。其次，人固然能够以象征性的语言符号为中介去构筑理想，但要实现理想却必须借助于现实的物质性工具。人的理想能在多大程度上实现，取决于物质性工具即技术的发展水平。这也说明只有基于现实世界的理想才是可以实现的。这个理想和现实的矛盾，就体现了自由和必然的矛盾。这是贯穿于人类一切历史活动中的基本矛盾。

二、辩证的历史决定论是历史决定论与历史选择论的统一

在哲学体系改革研究中，我完全赞成并积极支持把实践的观点作为核心观点贯穿于马克思主义哲学的整个体系，这绝对不是"跟风"，不是"赶时髦"，更不是如某些人所猜想的那样受到了什么西方的影响，而完全是自己独立研究的结果。1980 年，我着手研究和写作《论自觉的能动性》的时候，确定的基本的理论指导线索就是马克思的《关于费尔巴哈的提纲》，就是实践的观点。该书的第一章"哲学史的回顾"列了三节：即"一、形而上学唯物主义怎样贬低了主观能动性；二、唯心主义怎样抽象地发展了主观能动性；三、马克思主义的实践论怎样科学地说明了主观能动性"。在第三节的结语里有这样一段话："马克思说：'哲学家们只是用不同的方式解释世界，问题在于改变世界。'这说的是马克思主义哲学和一切旧哲学的根本区别。'改变世界'，这是人类主观能动性的真正所在，是人类主观能动性的真正基础。因此，一切对于主观能动性问题的科学的理论说明，都要归结到'改变世界'的观点上来，归结到实践的观点上来。实践的观点是马克思主义的主观能动性学说的

基石，实践论是马克思主义者在主观能动性问题上的基本理论阵地。"①
主观能动性的问题不是哲学中的"一个"问题，而是哲学中的全局性问
题，它不仅涉及认识论，而且涉及历史观的基础性问题。因此，这种思
考为后来在哲学体系改革中坚持将实践观点贯通于整个哲学体系打下了
重要的基础。经过哲学体系改革研究以及《现代唯物主义导引》的研究
和写作，全面地确立了实践观点在马克思主义哲学中的基础地位，到研
究"社会客观规律和人的自觉活动"这个课题即写作《辩证的历史决定
论》时，实践观点的运用显然是更加明确和更加自觉了。

历史决定论的核心问题是必然和自由的关系问题。因此，这一课题
的研究同《现代唯物主义导引》一书的研究和写作有着非常密切的关联。
如前所述，马克思创立的人类活动论或实践论的哲学思维方式，是以必
然和自由的关系作为基本的理解线索的。如果说，在那里是以必然和自
由的关系为线索去理解整个马克思主义哲学，那么，在这里则是运用马
克思主义哲学的理论和方法去理解必然和自由的关系问题本身。这两个
方面是相互论证、相互诠释的，这两种研究路向是相互支持的，都是对
于马克思主义哲学的实践论解读，都是人类活动论或实践论的哲学思维
方式的运用和体现。

"社会生活在本质上是实践的"（马克思语）。这一命题是辩证的历
史决定论全部立论的基础。"实践是主观见之于客观的东西"（毛泽东语）。
实践是客观的物质性的活动。实践的物质性、客观性决定了人类社会是
一个遵循其自身固有规律运行的有机系统，这是历史决定论的客观基
础。同时，实践又是有意识有目的的自觉活动，实践的目的性、自觉性
决定了人类社会又是一个具有精神文化特质的存在物，是一个以价值观

---

① 陈晏清：《论自觉的能动性》，上海人民出版社 1983 年版，第 30—31 页。

念为核心的文化集成体。在客观规律规定的社会发展的可能性空间内，人的活动是有自己的价值选择的，社会的发展是有观念引导的，这就是历史选择论的基本依据。辩证的历史决定论是历史决定论和历史选择论的统一，是必然与自由的矛盾的真正解决。

物质生产劳动是人类的最基本的实践，是人类全部社会活动的基础，是人类历史的起点。物质生产劳动是人和自然之间的物质变换。"像野蛮人为了满足自己的需要，为了维持和再生产自己的生命，必须与自然搏斗一样，文明人也必须这样做；而且在一切社会形式中，在一切可能的生产方式中，他都必须这样做。"①这一方面表现了人对自然界的依赖，是一种自然必然性。就必须保持对自然界的依赖来说，不仅文明人和野蛮人一样，人也和其他动物一样。但另一方面，它们之间不同的是，动物只是消极地适应自然环境，而人则是靠自己的劳动这种自觉的、自主的活动去改变自然物的存在形式，在对自己有用的形式上占有自然物以满足自己的需要，这就是人的存在的自为性、自由性。文明人同野蛮人的区别则只是在于这种自觉性、自主性明显地形成了并日益增强了，也就是自由扩大了。可见，物质生产劳动的过程从一开始就包含着必然与自由的矛盾，社会物质生产发展的历史就是这一矛盾不断解决又不断产生的历史。物质生产活动作为人的存在方式，包含着人及社会发展的全部奥秘。因此，恩格斯把马克思主义称之为"在劳动发展史中找到了理解全部社会史的锁钥的新派别"②，理解全部社会史的锁钥当然也就是理解马克思主义历史观的锁钥。所以，对辩证的历史决定论的实践论解读，不论是对于它的决定论的说明还是对于它的选择论的说明都

---

① 《马克思恩格斯全集》第46卷，人民出版社2003年版，第928页。
② 《马克思恩格斯选集》第4卷，人民出版社2012年版，第265页。

必须从解读劳动发展史入手。

（一）实践的物质性、客观性：历史决定论的客观基础

1. 生产实践的物质性

劳动即生产实践是最基本的实践形式，是全部人类历史的现实基础，人类历史活动的其他实践形式都是由生产实践衍生的。因此，欲说明人类实践的性质和特征，说明实践观点对于确立唯物主义的历史决定论的意义，首先就必须说明生产实践的客观物质性。

生产劳动的过程首先是人和自然之间相互作用的过程，即人以自身的活动来引起、调整和控制人和自然之间的物质变换的过程。构成生产劳动的基本要素是劳动对象、劳动资料和劳动者。劳动对象是自然物，即使经过人类加工过的物体也是源于自然的。劳动资料（以生产工具为主）是使用自然界提供的物质材料制造的。劳动者是劳动过程的主体，整个劳动过程都是由劳动者的活动引起和推动的，而且劳动者的活动是有意识有目的的。但是，意识、目的这种观念的东西不能直接作用于人身外的物质世界，只有物质的力量才能直接地作用于物质的东西。"单个人如果不在自己的头脑的支配下使自己的肌肉活动起来，就不能对自然发生作用。"[①]肌肉的力量当然是一种物质的力量，是人自身拥有的自然力。而人类劳动的根本特点是制造和使用劳动工具，劳动者在劳动过程中肌肉的活动也首先和主要的是操作工具的活动。马克思在《资本论》的一个注里引用了黑格尔的一段话。黑格尔把人的工具行为称作

---

① 《马克思恩格斯全集》第 44 卷，人民出版社 2001 年版，第 582 页。

理性的"狡猾",理性的"狡猾"总是在于它的间接活动,即支配人按照物的本性,利用一些物(以工具为主的劳动资料)去作用于另一些物(劳动对象),通过控制物与物之间的相互作用去改变物质的存在形式,实现自己的目的。劳动者的目的是通过他制造和使用的工具来传递和体现的。可见,整个物质生产劳动的过程就是各种物质力量相互作用的过程,就是人主体按照自己的目的,依靠自然,利用自然,改变自然并占有自然的过程。在这个过程中形成的人类控制自然、改造自然的能力,就是"生产力"。讲生产实践的物质性,首先就是讲生产力是一种社会的物质力量。

物质生产力是一个具有内在动力的自组织系统,是一种不停顿地增长和发展的社会物质力量。人类追求美好生活的需要是不断变化和增长的。随着生产和社会的发展,人类不仅追求物质生活水平的提升,而且会超出物质生活的领域而不断地扩展到社会生活的其他领域。这些领域的社会生活所必需的物质条件,也要靠生产劳动去创造。社会不能停止消费,也就不能停止生产。这种消费和生产的矛盾,需要和满足需要的生产劳动的矛盾,体现的是人和自然的矛盾。这个矛盾的不断产生和解决,是生产力发展的永不枯竭的动力。生产力的发展是一种整体性的发展,是劳动资料、劳动对象、劳动者等基本要素相互适应、相互协调的共同发展,但其中起主导作用的因素是关键性的因素。从整个人类历史来看,生产力发展呈一种加速度发展的趋势,这从生产力自身的原因看,主要就是由生产力要素的构成状况,由生产的关键性因素即"第一生产力"的变化造成的。这里说的"第一"是个历史的概念。在人类历史的初期,生产活动是以作为"生产者生存的自然条件"即自然物质为前提的。自然界作为外在的强制性力量直接决定着人的生产活动的内容和形式。这个时期的"第一生产力"就是人口,是人口的繁殖即劳动者的生产和再生产。因为在那种情况下，只有以群体的联合力量和集体行动才能弥补个体劳动力和自卫能力的不足。没有足够数量的人口就不能形成社会，不能进行生产。随着工具的进步，工具在生产中的作用越来越重要，生产工具便成了"第一生产力"。生产工具的每一次划时代的更新，都带来了生产力的大踏步发展。到了现代，特别是二战以后，科学技术又成了"第一生产力"。生产工具仍是最重要的因素，但现代生产工具都是科学技术的物化，或者说科学技术的发展对生产力的影响首先体现在生产工具的革新上。这都是没有疑问的。现在需要澄清的问题是，科学是作为知识形态产生的，是一种精神力量，它怎么成了生产力而且是第一生产力？科学技术成为第一生产力的情况下，生产实践的物质性又当如何理解？这是马克思主义的历史决定论应当回答的问题。在这个问题上，我们认为有以下几点必须保持清楚的认识。

首先，科学转化为技术，物化或对象化到各种劳动要素中去，便成为直接的生产力，成为物质的力量。生产劳动作为人类有意识有目的的活动，知识和经验即人的理智是不可缺少的精神动力，可以说，生产劳动的过程就是人的理智对象化的过程。但不论在何种历史条件下，不论人的理智是表现为粗浅的经验形式还是精妙高深的理论形式，都只有物化到各种劳动要素中去，凭借这种外在的物质力量才能实现自己的对象化。这毫无疑问仍然是现代科学转化为直接生产力的机制。

其次，在现代生产体系中，科学和生产的实质性关系没有改变。近代科学兴起以来，一直是生产的发展和技术的需求推动科学的发展。"社会一旦有技术上的需要，这种需要就会比十所大学更能把科学推向前进。"① 所以一直表现为"生产——技术——科学"的关系。但近几十年

————————
① 《马克思恩格斯选集》第 4 卷，人民出版社 2012 年版，第 648 页。

来，科学、技术、生产逐渐实现了一体化，一种科学上的成果能够迅速地转化为技术，并在生产中广泛地应用，似乎科学跑到了生产的前头，是科学带动了生产，出现了"科学——技术——生产"的新关系。理解这种变化，对于理解现代社会生产体系、理解科学在现代经济社会发展中的作用，理解科学技术为何成为"第一生产力"，都是非常必要的，是有重大意义的。但是，这种变化只是生产和科学、技术的结合方式的变化。从历史决定论研究的视角看，科学与生产的实质性关系是理论和实践的关系。这种实质性的关系是没有改变也不能改变的。诚然，许多新的科学理论、技术发明都是在实验室里创造出来的。但科学实验也是重要的实践形式，实验室也是一种"实践场域"，生产场地只是这种"实践场域"的扩大。把在实验室创造出来的科学理论、技术发明应用于生产，就是从实践中来的认识再回到实践中去，在生产实践中检验和证实科学理论的真理性。这完全是遵循马克思主义揭示的认识规律，还是实践决定理论，而不是相反。至于现代科学为何能够快速地、大规模地应用于生产，也首先是因为该项科研成果适应了生产发展的需要，是生产的发展为科学的应用准备了必需的物质条件，使社会具备了应用新的科学技术的生产能力。总之，归根到底还是生产实践推动着科学的发展。

第三，科学理性的昌明正是对于意志自由的规范和限定。科学理性是人类理智中最为现实的部分。科学研究的任务是揭示事物的客观规律，都是自觉或不自觉地以承认世界的客观物质性为理论前提的。科学按其本性来说，只承认客观的事实，而不迷信任何偶像，不屈服于任何权力。近代科学兴起时的一批科学的殉道者，为了捍卫真理而不怕送上宗教裁判所和火刑场。所以，从这一方面说，科学理性是"自由意志"的产物。但另一方面，科学理性又是对于意志自由的限定和规范。它同任何虚妄之说、同任何荒诞无稽的想象水火不容。一切理论结论都只能用事实说话，用数据说话，一切理论结论都要经受实践的严格检验。可见，科学成为第一生产力以后，不但不会模糊而且只会更加彰显生产实践的客观物质性。

阐明生产实践的客观物质性，看来是在讲一些十分简单明白的道理，但它在思想史、哲学史上的意义却非同小可。这个道理，可以说是马克思的唯物史观即辩证的历史决定论的第一原理。辩证的历史决定论的整个理论体系都是在此前提下建立起来的。

2.社会关系的客观性

人类社会是由各种社会关系之总和构成的有机体，它是人们在物质生产实践基础上形成的交往关系的产物。

人与自然的关系和人与人之间的社会关系是互为中介的，二者是相互制约、相互促动的。人们"只有以一定的方式共同活动和互相交换其活动，才能进行生产。为了进行生产，人们相互之间便发生一定的联系和关系；只有在这些社会联系和社会关系的范围内，才会有他们对自然界的影响，才会有生产"[①]。这里说的人们的"共同活动和互相交换其活动"就是社会交往活动，没有这种交往活动，就不能构成社会，就不会有生产。人类生活不采取社会的形式，就不能克服人类个体及其活动的有限性。人类的存在必须以同代诸多个体的共同活动和不同代诸多个体的连续活动为条件，这种共同活动和连续活动只能通过人类个体之间的交往而构成。因此，社会是人类生活的必然形式。

严格说来，上一个题目的标题"生产实践的物质性"是不大确切的，因为那里只讲了物质资料的生产，而没有同时讲作为生产的社会形式的

[①] 《马克思恩格斯选集》第 1 卷，人民出版社 2012 年版，第 340 页。

生产关系的生产。这两种生产是同时进行的，是同一个过程，都属"生产实践"的范畴。我们在思维中把它们分别地抽象出来，分别地作出科学的规定，是为了更清晰地理解和阐明二者的关系，而在实际的生产实践过程中二者是不能分开的。没有脱离生产力的生产关系，也没有脱离生产关系的生产力。单凭生产力和生产关系的不可分割的统一性，就可以直接从生产力的客观物质性推导出生产关系的客观物质性。但我们不能满足于这种简单的推论，在把握生产关系的客观性上还有许多特殊的问题需要作出更为深入的分析。而且，生产关系这个范畴实在是太重要了，是应当着重加以研究的范畴。生产关系是决定其他一切社会关系的基本的原始的关系。两对社会基本矛盾，正是生产关系所处的两种矛盾关系。生产力在社会发展中的决定作用要通过它所引起的生产关系的变革才能实现，上层建筑的巨大作用也是直接通过保护某种生产关系或推动某种生产关系的变革而实现的。社会生活的各个要素之间的相互作用都要经过生产关系这个决定性的中间环节，即都要通过它们与生产关系之间的相互作用这个"中介"。生产关系是制动整个社会生活的枢纽。所以，说明生产关系的客观物质性及其在整个社会历史发展链条中的地位，对于坚持唯物史观即辩证的历史决定论具有关键性的意义。

生产关系是通过人与物的关系而建立起来的人与人的关系，即以物（劳动对象、劳动资料、劳动产品等）为中介的社会关系，是以生产资料的所有制为核心的经济关系，其实质是物质利益关系。生产关系是物质生产必须具有和必然具有的社会形式。没有这种社会形式，生产劳动的各种要素都只是可能的生产力，只有确立了适合于各该时代的历史条件的生产关系，亦即确立了生产中"人"的因素和"物"的因素的结合方式，才能有现实的生产力。生产关系是由生产力这种物质力量所决定的社会生活的物质关系。它以"物"为中介，也就被"物"所限定。"人们用以生产自己的生活资料的方式，首先取决于他们已有的和需要再生产的生活资料本身的特性。"①确立什么样的生产关系，不取决于人的主观愿望，而是取决于物质生产力发展的客观状况和客观要求，它不是人们可以任意选择的。上述这些，就是生产关系的客观物质性的要点。生产关系是全部社会关系的基础，因此，生产关系的客观物质性也就是全部社会关系的客观性的根据和保证。

随着生产和社会分工的发展，人们的社会交往活动也逐步扩大，并在此基础上形成了日益复杂的社会结构即社会交往关系结构。前面所说的生产关系，是直接在物质生产过程中发生的交往关系。在物质生产活动之外而同物质生产活动联系最为密切的，是建立和维护社会共同生活的秩序的交往关系。秩序的需要也是人类生活的基本需要。没有一定的秩序，人类个体之间就不能有正常的交往，也就不能由此而形成整体力量与自然力量相抗衡，就不会有人类和人类社会的存在和发展。这种为建立和维护社会共同生活的秩序的交往，从一定意义上说是以交往本身为目的的交往，是广义上的政治活动。它的最重要的内容或表现，就是形成能够组织、协调和控制社会共同生活的社会权力，并建立起个体对社会权力的服从关系。政治是经济的集中表现。建立和维护社会共同生活的秩序，首先正是为保证物质生产活动服务的，从根本上说是受物质生活的生产方式制约的，是由各该时代的经济关系所决定的。

精神交往看来是离物质生产活动较远的交往，但它也同样是为物质生活的生产方式所制约的。精神交往是个体之间的信息交流和传递以及各种心理倾向的互动。它不是独立于前两种交往，而是内在于前两种交往的。人类的活动是有意识有目的的，纯粹的物质交往不是人类的交

---

① 《马克思恩格斯选集》第 1 卷，人民出版社 2012 年版，第 147 页。

往，而只能是动物的交往。如果说，生存的需要即物质生活资料的需要为人和其他动物所共有，秩序的需要也为某些动物所具有，那么，意义的需要则是为人类所独有的。精神的生产和交流就是人类生活的意义的生产和交流。人们只有通过精神的交往活动获得对于周围世界的某种必要程度的共同理解，并在此基础上形成共同信念和共享价值，即赋予了人们活动的可以共享的"合理性"意义，才会形成人类的各种共同体，才会有人类的共同的活动。人们的精神交往的过程，就是个体意识社会化的过程。精神活动的社会化也是它的客观化。人们在生产实践中获得的知识经验和技能，在生活实践中形成的信念、价值观念，一旦被人们广泛地认同和接受，以至成为被社会化了的普遍精神，它对于社会群体中的每个个人来说，就是一种制约着他们的思想和行动的客观力量。关于精神交往与物质交往的关系，关于精神的生产和生活在人类历史发展中的地位，是《辩证的历史决定论》着重探讨和阐述的最重要的内容之一。这方面的问题，将在后面作更为详细的介绍。

还有一种社会关系类型也不容忽视，这就是血缘宗亲关系。在人类社会的形成时期存在过杂乱的两性关系，那是纯粹的自然关系。随着乱伦禁忌的推进，稳定的家庭形式的形成，原始的血缘关系便逐渐转变为具有伦理精神的社会关系。从原始社会到封建社会，血缘家庭一直是人们从事生产劳动的基本单位，血缘宗亲关系一直在社会关系中处于重要的地位。这种情形，只要看看中国在奴隶社会和封建社会的极其漫长的历史时期里，以血缘关系为纽带的宗法等级制度、家族中心主义在经济生活、政治生活及整个社会生活中的强大影响和强大力量就清楚了。只是到了近代，随着资本主义生产方式的出现，这种情况才有了根本的改变。资本主义是以工业为主导的生产方式，是直接按照生产过程的本性和规律来组织生产，结成生产关系的。这时候，就必须突破血缘家庭的自然联系的限定，个人不再是作为"一定的狭隘人群的附属物"而作为独立的个人出现。血缘家庭也就基本上只是一个单纯的消费单位了。当然，血缘宗亲关系依然是普遍的社会关系，社会伦理中相当大的一部分依然是针对家庭关系的，家庭亲属关系对社会生活的稳定和持续发展仍然具有不可忽视的作用。只不过在现代社会中家庭已不再是基本的经济单位和政治单位，家庭关系是一种从属于社会的经济、政治关系的存在了。在现代社会中，原来在家庭血缘的自然联系掩盖下的生产关系、社会关系，改变了它的"被给定"的自然外观，它的属人性质或人为性质显露了出来。血缘宗亲关系的客观性是凭经验观察可以把握到的，而现代的社会关系的客观性则需要理论的抽象和论证了。

社会关系的客观性的论证，可以归结于以下两个方面：一是全部社会关系都是在物质生产实践的基础上形成的，物质生活的生产方式制约着整个社会生活、政治生活和精神生活的过程，全部社会关系的客观性都可以从物质生产关系的客观物质性得到说明，这已于前述。二是经过个体之间在各个领域的交往活动形成了各个层面的社会关系，也就把众多个体整合成为共同生活的整体。这个整体就是社会关系体系。作为整体，有着不可还原为个体的功能和属性。它的存在和发展对于每个个人来说就成为一种不以他们的意志为转移并制约着每个个人的活动的客观必然性。这就是个人和社会的矛盾，是人类社会存在和发展的永恒的根本的矛盾。有些人因为缺乏理论思维的能力，所以理解不了这个矛盾。社会关系本来是人们自己在交往活动中造成的，它怎么又作为一种客观的力量来制约自己的活动？人们自己创造的历史怎么又会反过来制约自己的历史活动？这成了人类历史之"谜"。下面的介绍将会说明，马克思的唯物史观即辩证的历史决定论遭到一些人的质疑和抨击，除了理论立场上的分歧这个根本原因外，有些人不善于正确的理论思维也是一个重要的认识上的原因。

3. 人类历史发展的规律性

"社会生活在本质上是实践的"。实践是人和人类社会的存在方式，因此，也只有运用实践的观点才能把握人类历史的本质。人类为什么会有自己的历史？因为人类的活动是有意识、有目的的，是自觉的，他能够调整、变换自己的目的，从而相应地改变自己的活动方式，包括物质生产方式和社会交往方式，以适应生存环境的变化。人的活动方式的不断改变就是一种历史。人在这种改变中不是失去自己的规定性，而只是不断地丰富自己的规定性。就是说，人能够在保持自身存在的同时改变自己的活动方式，或者说能够改变自己的活动方式以保持自身的存在。在社会活动方式的变化中，作为社会活动主体的人始终能够保持自我的同一性，这就使人的社会活动能保持它的连续性。这种人的社会活动的变化和连续的统一，就构成了社会的历史，构成了人的历史，即真正的人类历史。而人以外的动物则不然。动物与它的活动方式是直接同一的，其活动方式的变化就是该物种本身的变化。动物活动方式的变化意味着它变成了他物，即意味着物种的灭亡。所以，动物没有活动方式变化的历史，也就是没有真正意义上的历史。"动物也有一部历史，即动物的起源和逐渐发展到今天这样的状态的历史。但是这部历史对它们来说是被创造出来的，如果说它们自己也参与了创造，那也是不自觉和不自愿的"。① 所以说，这不是真正意义上的历史。

由上所述可以得知，社会是人的活动构成的，历史是人的活动创造的，人类历史主要就是由人的活动方式即物质生产方式和在此基础上发

---

① 《马克思恩格斯选集》第 3 卷，人民出版社 2012 年版，第 859 页。

生的社会交往方式的变化构成的。"人们不能自由选择自己的生产力——这是他们的全部历史的基础，因为任何生产力都是一种既得的力量，是以往的活动的产物……后来的每一代人都得到前一代人已经取得的生产力并当做原料来为自己新的生产服务，由于这一简单的事实，就形成人们的历史中的联系，就形成人类的历史，这个历史随着人们的生产力以及人们的社会关系的愈益发展而愈益成为人类的历史。"① 考察人类历史主要就是考察人们的物质生产方式及在此基础上形成的人们社会交往方式发展变化的历史；揭示人类历史发展的规律性主要就是揭示物质生产方式和社会交往方式发展变化的规律性。这是研究人类历史的基本线索。

人类历史有没有客观的规律性？这是历史决定论和历史非决定论争论的焦点。有些历史非决定论者可以承认自然规律，就是不承认历史规律。这个"扣"在什么地方？这个"扣"就在于，在历史中活动的都是有自觉意识的人，都是抱着自觉期望的目的各行其是的人，怎么能够形成人们共同活动的规律即历史的普遍规律？人们的意志对历史规律的形成有没有作用？这里，我首先想说的是这种疑惑中包含了双重的误解，既是对于历史规律的认识的误解，也是对于自然规律的认识的误解。

对自然界的认识和对社会历史的认识，都遵循共同的认识逻辑，都只有在实践场域内才能发生。这就是毛泽东说的"人的认识一点也不能离开实践"。毛泽东说："辩证唯物论的认识论把实践提到第一的地位，认为人的认识一点也不能离开实践，排斥一切否认实践重要性、使认识离开实践的错误理论。"② 不论认识的发生、发展和检验，不论对社会历

---

① 《马克思恩格斯选集》第 4 卷，人民出版社 2012 年版，第 408—409 页。

② 《毛泽东选集》第 1 卷，人民出版社 1991 年版，第 284 页。

史的认识还是对自然的认识，都是一点也不能离开实践的。有些人有的时候还是想离开一点实践去讲认识，并且还以为是坚持了马克思主义，实际上最多只是坚持了旧的唯物主义即直观的唯物主义。我觉得，"实践场域"这个概念的提出，极有助于彻底坚持认识论的实践观点。构成实践场域的各种基本因素中，工具行为是主要的或主导性的因素，因而实践场域当然有主体的在场，但主体的意志对客观规律的形成却不起任何作用。不仅对于社会历史规律的认识是这样，对于自然规律的认识也是这样的。所以，要解开上面所说的"扣"，对于实践场域内工具行为的理解和说明显然具有关键性的意义。

先说对自然界的认识。自在自然是人的有限活动可以无限扩展的可能性空间。肯定自在自然的存在，即是肯定外部自然界的优先地位，这是人类活动包括认识活动的前提，但自在自然并不是人们认识的客体。因此，我们这里讲的不是对于自在自然或自然界的自在形态的规律的认识问题。这样的问题是一个在逻辑上说不通的问题，也是一个在事实上并不存在的问题。恩格斯说，"人的思维的最本质的和最切近的基础，正是人所引起的自然界的变化，而不仅仅是自然界本身"①。人所引起的自然界的变化，就是人的实践活动对于自然界的自在性的扬弃。自然事物纳入实践场域（物质生产和科学实验中的观测、实验等都是实践形式，都可以构成实践场域）就是进入了对它的自在性的扬弃过程，它就不再属于自在自然。科学实验的"结果"，即人们在科学实验中观察到的"现象"，并不是物理客体独立运动的结果，而是实验仪器和物理客体相互作用的结果。仪器是人按照人的经验或理论制备的，是体现人的目的和意图的。但人的目的和意图不能左右实验的结果，不会影响科学

① 《马克思恩格斯选集》第 3 卷，人民出版社 2012 年版，第 922 页。

认识的客观性。仪器是由物质的材料和能量制造的，仪器和物理客体的相互作用在表现形态上仍是客体之间的相互作用，只是把这种相互作用置于人们可观察、可理解、可述说的方式之中罢了。这个道理，我们在论述生产实践的客观物质性，讲到工具行为的性质（工具行为是理性的"狡猾"）时已经说明了。

科学实验的结果，就是呈现于主体面前的"自然现象"，是人们进一步作出理论认识的客观依据。如果在同样的实验条件下，这样的结果反复出现，就说明这是一种合乎规律的现象。至于是一种什么样的规律性，如何对这个规律作出正确的理论表述，那就是理论认识的任务了。什么是规律？恩格斯说，"自然界中的普遍性的形式就是规律"[1].列宁说，"规律是现象中持久的（保存着的）东西"，是"现象在自身同一中的反映"[2]，恩格斯和列宁的论述是完全一致的。现象中同一的、持久的东西，就是现象中具有普遍性的东西。据此，我们可以把规律规定为"实践场域内客体间相互作用关系的一般形式"。列宁还说："规律和本质是表示人对现象、对世界等等的认识深化的同一类的（同一序列的）概念"[3]，规律是"本质的关系"[4]。这就是说，规律是事物的内在的联系，不是直接呈现于人的感官的东西，是要依靠理论的思维才能把握的。实验中的结果，是直接呈现于人的感官的"现象"。当原有的理论即概念系统不能解释时，人们不能改变这些"现象"使之适合于原来的理论，而只能改造原来的理论以成功地解释这些"现象"，例如量子力学对于经典物理学的改造。这就是发现了新的规律，或发现了原来已知规律适

---

① 《马克思恩格斯选集》第 3 卷，人民出版社 2012 年版，第 938 页。

② 《列宁全集》第 55 卷，人民出版社 2017 年版，第 126 页。

③ 《列宁全集》第 55 卷，人民出版社 2017 年版，第 127 页。

④ 《列宁全集》第 55 卷，人民出版社 2017 年版，第 128 页。

应范围的改变。这就是自然科学的理论创新。

对于社会历史规律的认识也是如此。历史哲学和自然哲学的区别，不在于对历史规律和自然规律的认识方式或认识模式上有什么不同，而主要是客观规律发生作用的方式不同。历史规律是通过人的自觉活动发生作用的，所以历史哲学决定论的核心问题是必然和自由的关系问题，而自然规律则不然。就对于这两类规律的认识来说，是没有区别的，都要依赖于主体的能动的活动，都只有在实践中才能获得。社会就是一个以工具行为为主导的扩大了的实践场域。生产工具既是人与自然之间交往（物质交换）的中介，也是人与人之间社会交往的中介。但在人们的社会交往中，除了生产工具这个中介以外，还在此基础上创造了语言作为交往的工具和中介。实际上，语言是生产工具的符号功能的单纯化，因而是一种更便捷、更有效的中介。中介化即是客观化普遍化。通过工具和语言的中介，使各个主体联系起来，形成社会的共同生活和整体力量。这个整体就具有了各个独立的个体所不具有的属性和功能，它对于单个的个体来说就是一种客观的力量了。社会历史的规律即是社会这个整体中各种基本因素之间相互作用的一般形式。对于这种规律的形成，个体的意志就不起作用了，所以它是一种客观的规律。前面论述了生产实践的客观物质性、社会关系的客观性，对社会生活的基本因素如生产力、生产关系以及在生产关系基础上形成的各种社会交往关系包括政治关系、思想关系乃至血缘宗亲关系等都作了抽象，作了明确的规定。社会历史的规律就是这些基本因素之间相互作用的一般形式。可以说，前面的这些论述为阐明人类历史的客观规律性确立了逻辑前提。驳不倒这些前提，就否定不了历史规律。有些历史非决定论者可以承认自然规律，但不能承认历史规律，像波普那样的学者，甚至可以承认社会规律却坚决否认历史规律。这有什么道理？是什么逻辑？社会规律和历史规律有什么绝对分明的界限？不考察社会生活的或长或短的历史演进过程就不能发现和确定社会生活各基本因素之间相互作用的一般形式，而历史规律也不过是社会生活各基本因素之间相互作用的一般形式在历史中的延续。只要不否认历史，就不能否认历史规律。当然，历史决定论要着力把握的是贯穿于整个人类历史的普遍规律。上述各种社会生活的基本因素，就是人类社会自始至终恒久存在的基本因素。马克思经过科学的抽象，把握到了社会生活的这些基本因素，并对其作出了科学的规定，在此基础上概括出了这些基本因素相互作用的一般形式，这就揭示了人类历史的普遍规律。他说："人们在自己生活的社会生产中发生一定的、必然的、不以他们的意志为转移的关系，即同他们的物质生产力的一定发展阶段相适合的生产关系。这些生产关系的总和构成社会的经济结构，即有法律的和政治的上层建筑竖立其上并有一定的社会意识形式与之相适应的现实基础。物质生活的生产方式制约着整个社会生活、政治生活和精神生活的过程。不是人们的意识决定人们的存在，相反，是人们的社会存在决定人们的意识。社会的物质生产力发展到一定阶段，便同它们一直在其中运动的现存生产关系或财产关系（这只是生产关系的法律用语）发生矛盾。于是这些关系便由生产力的发展形式变成生产力的桎梏。那时社会革命的时代就到来了。随着经济基础的变更，全部庞大的上层建筑也或慢或快地发生变革。"①马克思这段非常著名的论述讲的就是人类社会的基本结构及其发展规律，主要就是讲的生产力和生产关系的矛盾运动、经济基础和上层建筑的矛盾运动。毛泽东把这两对矛盾准确地表述为"社会的基本矛盾"。社会基本矛盾运动的规律就是贯穿整个人类历史的基本规律、普遍规律。

---

① 《马克思恩格斯选集》第 2 卷，人民出版社 2012 年版，第 2—3 页。

4. 历史规律对人的活动的客观制约性

前面论证了生产实践的物质性、社会关系的客观性以及人类历史发展的规律性，这就已经包含了历史规律对人的活动的客观制约性的论证。作为唯物史观出发点的现实的个人，就是"社会中的个人"，即受社会关系制约的个人。而如前所述，所谓人类历史的规律，主要的就是物质资料生产方式和在其基础上发生的社会交往关系发展变化的规律。社会中的个人的活动，当然也就是受着人类历史规律制约的活动。

马克思认为社会经济形态的发展是一种自然历史过程。"一个社会即使探索到了本身运动的自然规律……它还是既不能跳过也不能用法令取消自然的发展阶段。但是它能缩短和减轻分娩的痛苦。"① 这是历史决定论的一个基本结论，是关于历史规律对人的活动的客观制约性的准确说明。所以，关于这个问题的理论论证本身，似无更多的话需要再说了。但是，与此相关联的问题却还是不少。其中，如何看待历史的自发进化到自觉发展的问题，就是十分重大的问题。人类历史处于自发进化阶段时有没有它自身的规律？人类历史能不能进到自觉发展的阶段？进入自觉发展的阶段后，人们的历史活动还是不是受到历史规律的制约？这都是历史决定论和历史非决定论争论的重大问题。

在很长的历史时期内，人们对于社会历史只能限于片面的了解，不能了解社会历史发展的规律，历史规律是作为盲目的必然性支配人们的历史活动，人类历史总的来说是处于自发发展的时期。在马克思看来，资本主义社会就是人类社会自发进化的最高阶段，也是最后阶段。资本主义社会发展的自发性首先表现在社会生产的盲目性。这个所谓盲目性

---

① 《马克思恩格斯全集》第 44 卷，人民出版社 2001 年版，第 9—10 页。

并不是无目的性，只不过它的目的是利润的最大化，而不是满足人的社会地发展起来的需要。利润最大化目标的驱动，资本主义的竞争，都使大工业企业必须不断地扩大生产。"资本主义生产不是在需要的满足要求停顿时停顿，而是在利润的生产和实现要求停顿时停顿。"①它是一种没有预先决定和预先被决定的需要界限所束缚的生产，所以生产越是扩大，生产就越是超过消费，供给就越是力图强制需求。就社会生产来说，这就是生产的盲目性或曰无政府状态，其结果就是"生产过剩"的经济危机。自1825年英国第一次爆发之后，差不多每隔十年就爆发一次这样的危机。经济危机的爆发，正是资本主义商品生产的规律盲目地发生作用的结果。"商品生产同任何其他生产形式一样，有其特殊的、固有的、和它分不开的规律；这些规律不顾无政府状态、在无政府状态中、通过无政府状态而为自己开辟道路……这些规律是在不经过生产者并且同生产者对立的情况下，作为他们的生产形式的盲目起作用的自然规律而为自己开辟道路。"②可以说，经济危机是对资本主义商品经济规律盲目作用的一种自发的、强制性的调节。通过危机，淘汰过剩的生产能力，缓和生产与需求的矛盾，在一定程度上恢复供求平衡，以在此基础上重新刺激生产的扩大。但这种自发性的、强制性的调节造成的经济损失却是非常惨重的。从1900年到1937年，周期性地爆发了六次经济危机，都使资本主义经济受到沉重的打击。特别是1929年至1933年长达四年之久的经济危机震动了整个资本主义世界，并辐射到所有殖民地、半殖民地国家。这次危机使资本主义工业生产几乎倒退到第一次世界大战前的水平，造成了五千万人的失业。

---

① 《马克思恩格斯全集》第46卷，人民出版社2003年版，第288页。
② 《马克思恩格斯选集》第3卷，人民出版社2012年版，第803页。

1936 年，英国经济学家 J.M. 凯恩斯发表了《就业、利息和货币通论》一书，主张放弃自由放任主义，由政府对经济活动进行干预和调节。二战后，西方主要资本主义国家都不同程度地接受了凯恩斯的主张。国家干预固然是一种自觉的力量，但在资本主义私有制的条件下，它的作用是十分有限的，而且，国家干预还不可避免地同市场的自发调节发生尖锐的矛盾。对资源配置起决定作用的依然是追求特殊利益的市场主体，他们依然只是根据自己对未来收益和风险的判断决定自己的经济行为，市场经济的自发性并没有从根本上消除，而且还会产生新的问题。一旦国家经济政策本身出现误差，这种误差就会在市场要素的自发的相互作用关系中被迅速放大，产生难以预料的结果。20 世纪 70 年代后西方资本主义国家普遍出现的长时期的"经济滞胀"，就被视为凯恩斯主义政策的副作用长期积累的后果。所以，20 世纪 70—80 年代，以货币学派、供应学派和新自由主义学派为代表的当代新保守主义经济学又都把批判的矛头指向了"国家干预"。这些都说明，资本主义的经济危机，本质上是资本主义私有制的危机。"在危机中，社会化生产和资本主义占有之间的矛盾剧烈地爆发出来。"① 资本主义制度自身无法解决这个矛盾，在资本主义生产方式炸毁以前，这种危机不能不周期性地发生。

在现代资本主义社会，社会的自发发展即盲目发展，不仅造成周期性的经济危机，而且造成严重的生态危机以至政治、文化的危机，是全面的社会危机。在前现代社会，人们的实践能力比较薄弱，改造外部世界的成效比较低下，社会自发进化的负面作用也相对薄弱。而在现代社会，随着经济、社会和科学的发展，人们的主观能动作用空

---

① 《马克思恩格斯选集》第 3 卷，人民出版社 2012 年版，第 664 页

前强大，无视客观历史规律的社会自发进化即盲目发展所造成的负面作用即破坏性作用也空前强大，强大到足以把人类生活推向绝境的地步。所以，资本主义社会是人类社会自发进化的最高阶段，它也必定是最后阶段。人类社会必然走上自觉发展的轨道。指引人类社会从自发进化走上自觉发展的道路，这正是马克思创立辩证的历史决定论的根本的历史意义所在。

但是，有些思想家面对满目危机的现实，却仍在不遗余力地鼓吹自发进化论。其中，新自由主义的奠基人之一、历史非决定论的积极鼓吹者、英籍奥地利经济学家哈耶克就是最著名的代表。哈耶克极力向人们证明，人类社会秩序的扩展是一个自发进化的过程，不要试图凭借自己的理性去人为地设计和建构社会秩序。他说的理由是人类理性能力不及，而实际上，其根本的前提是否认人类社会发展的客观规律。他说："有些哲学家，如马克思和奥古斯都·孔德之流，认为我们的研究能够找出进化规律，从而可以对不可避免的未来发展做出预测，他们是错误的。"① 更加令人不解的是，这种明显荒谬的理论，而且历史和现实都证明是给社会发展带来危机和灾难的理论，竟然还能在我国理论界获得一些称赞。这种现象真不可等闲视之。这就是我们在《辩证的历史决定论》一书中专辟"历史从自发进化到自由自觉的发展"一章的直接原因。

哈耶克和波普是西方历史非决定论的两个著名的代表人物，而且对中国思想界产生了重要的影响，我们曾写专文对其作过集中的、比较系统的批判。本书在后面也将对这种批判作专门的介绍。

---

① ［英］哈耶克：《致命的自负》，冯克利、胡锦华译，中国社会科学出版社 2000 年版，第 25 页。

（二）实践的目的性、自觉性：历史选择论的基本依据

1. 人类社会是一个文化集成体

什么是文化？据考证，关于"文化"的定义已不下二百种。我认为其中肖前教授等主编的教科书《马克思主义哲学原理》给出的文化定义，是最正确地揭示了文化的一般本质，最符合马克思主义的定义。这本教科书的根本特点和优点就是力图将实践的观点作为马克思主义全部哲学的首要的基本的观点贯通于整个教材体系。文化问题是以往哲学教科书不作为专门问题予以阐述的，这本教科书考虑到文化问题是现当代最受人们关注且思想分歧很大的重要问题之一，所以单辟一章。同其他各章一样，文化这一章也是充分运用实践的观点去阐述的。这本教科书写道："文化是人类在改造世界的对象性活动中所展现出来的体现人的本质、力量、尺度的方面及其成果。""简言之，文化便是人化，是人类所创造的'人工世界'及其人化形式的那一方面。"[①] 我是《马克思主义哲学原理》的副主编和统稿人，当然是完全赞同该书给出的文化定义的。在《辩证的历史决定论》一书里是这样解释"文化"的概念的："社会文化是社会实践的产物……它在实质上是内含于人类实践活动，并在实践的过程和结果中被社会化和客观化了的普遍精神。"[②] 这个解释，同上述教科书的定义在基本观点上是吻合的。需要说明的是，在《辩证的历史决定论》这本书里不是给"文化"下定义。我们不是做文化学或文化哲学的研究，而是对历史哲学作文化视角的解读，所以不是也不须给

---

① 肖前等主编：《马克思主义哲学原理》，中国人民大学出版社 1994 年版，第 687 页。

② 陈晏清、阎孟伟：《辩证的历史决定论》，中国社会科学出版社 2007 年版，第 84 页，第 185 页。

"文化"下定义，而只是对于文化的一般意义的解释。我们对历史哲学作文化视角的解读，或者说，从文化视角对人类历史的考察，主要是为了说明人和动物的区别、人的活动和动物活动的区别，进而说明人类社会是一种具有精神文化特质的存在物，说明人类社会不同于自然界的发展方式。所以，也就没有刻意去作广义文化和狭义文化的区分，但着重于（而不局限于）精神方面，即观念文化方面的说明。

文化精神与人们的物质实践活动是共生的，不存在二者孰先孰后的问题。也就是说，人类社会一经产生，就具有它的文化精神；而文化精神也总是要同人们的物质实践活动相融合，这样才使物质实践活动真正成为属人的活动。离开了人的物质实践活动的文化精神或离开了文化精神的物质实践活动都是不可想象的。社会文化精神和人的物质实践活动都有一个从低级到高级的发展过程，这是一个文化和实践互相促动、共同发展的过程。

马克思和恩格斯在《德意志意识形态》里论述过"自然产生的生产工具"和"由文明创造的生产工具"的区别。[1] 这个区别对于理解文化和文明的起源与发展颇为重要。刚刚脱离动物界的原始人只能使用自然产生的生产工具，从自然界直接获取生活资料，不懂得生产和创造，和动物一样完全依赖于自然界。他们也有对自然界的意识，但只是一种动物式的意识。"自然界起初是作为一种完全异己的、有无限威力的和不可制服的力量与人们对立的，人们同自然界的关系完全像动物同自然界的关系一样，人们就像牲畜一样慑服于自然界，因而，这是对自然界的一种纯粹动物式的意识（自然宗教），"[2] 这种动物式的意识突出体现在以图

---

① 《马克思恩格斯选集》第 1 卷，人民出版社 2012 年版，第 183—184 页。
② 《马克思恩格斯选集》第 1 卷，人民出版社 2012 年版，第 161 页。

腾崇拜为特征的宗教观念上。原始人把某些自然物视为本氏族的祖先、庇护者或象征，并用一套崇拜图腾的仪式和禁忌来维护它的神秘性，以期得到保护或从中获得超越自身的力量。法国人类学家列维—布留尔在《原始思维》一书中详细叙述了原始人的智力活动是遵循自己特有的规律而不同于我们的智力活动的。布留尔把这个规律称之为"互渗律"，即自然力与人的生命活动互渗、融通、彼此相关、直接同一。这是原始人对自然的直接依赖性在观念上的反映，表明人还没有同自然界区别开来。

只是到了会制造生产工具，即使用"由文明创造的生产工具"，人们开始懂得了制造或创造，懂得了可以依靠自己的力量去改变自然物的存在形式来满足自己的需要，也就逐渐有了依靠人自己的观念，逐渐有了"人造物"即"文化物"的观念，这才真正开始有了文化观念。所以，严格说来，是在人开始制造生产工具以后，人类社会才可以说是一个"文化集成体"，尽管在早期还极其粗陋。

生产工具的制造和使用，表明人不再像动物一样只是通过基因突变和自然选择来适应外部环境的变化，把自己的命运维系于自然必然性，而是可以自觉地改变自己的活动方式来适应外部环境。人类社会的历史也就因此而成为有别于自然进化的自主活动的历史。

生产工具作为有意识有目的的创造物，本质上也可视为一种"物化"的精神力量。人可以依据对于自然界的不断深化和扩展的认识，依据自己需要的变化及对于这种变化的理解，不断地改造和革新生产工具。人的认识的发展是无限的，作为人类认识的产物、作为人类能力系统的生产工具的革新和进步也是无限的。"……发展着自己的物质生产和物质交往的人们，在改变自己的这个现实的同时也改变着自己的思维和思维的产物。"①

---

① 《马克思恩格斯选集》第 1 卷，人民出版社 2012 年版，第 152 页。

这是生产和社会发展的逻辑，也是思维和认识发展的逻辑。遵循这个逻辑，人类已经创造了如此复杂、如此丰富和如此强大的文化。文化已经存在和活跃于人类生活的一切领域和方面并发挥着日益强大的作用。如果今天我们仍不能如实地把人类社会视为一个文化集成体，那么可以说我们对于人类社会历史不会有任何真正的认识。

2. 文化精神是社会进步的灵魂

如前所述，文化作为人类生活所独有的现象，是从人制造和使用生产工具，扬弃自然界的自在性，制造出不同于自然物的"文化物"即人工物品开始出现的。这时候，人们开始意识到人自己的力量，意识到人和自然界的区别，这是人的自我意识的萌芽，伴随而生的是文化观念的萌芽，也是自由观念的萌芽。可见，社会文化集成体的形成，人的自由本质的确定，其内在根据都在于人的自我意识的形成和强化。

人有了自我意识，他就成为一种自为的存在。他不仅"存在着"，而且意识到自己的存在。人和动物一样，作为生命存在物都有着维持和再生产自己生命的需要，但人能意识到自己的需要并在观念中把它转化为自觉活动的目的，而动物则不能。人和动物一样要运用自然力同外部环境进行物质、能量和信息的交换，但人始终力图使这个交换过程及其结果符合自我设定的目的，而动物则没有目的。总之，人的一切活动都是以"自我"为根据，他不像自然物一样是一种为他物的存在，而是一种自主的存在，就是说，人的一切活动都是出于"自我"的决定。"在我、自我之内，有一个绝对决定者，它不是外来的，只是在自身内作决定的。"①

---

① ［德］黑格尔:《哲学史讲演录》第 4 卷，贺麟、王太庆译，商务印书馆 1978 年版，第 10 页。

人有了自我意识，就会形成日益强大的相对独立的主观世界。人在处理自己同客观世界的关系时都会有日益明确的态度，做什么、不做什么、怎么做，都会有自己的选择。这就是所谓意志自由。这是一个实践过程，也是一个文化过程。选择就是人所拥有的对待客观世界的尺度在实践中的运用。人因为有了自我意识，他所拥有的尺度也与动物完全不同了。马克思说过人的生产和动物的生产的区别。他说："诚然，动物也生产。它为自己营造巢穴或住所，如蜜蜂、海狸、蚂蚁等。但是……动物只是按照它所属的那个种的尺度和需要来构造，而人懂得按照任何一个种的尺度来进行生产，并且懂得怎样都把内在的尺度运用于对象；因此，人也按照美的规律来构造。"① 所谓任何一个种的尺度，就是适合于一切客观事物的尺度，这就是把握客观事物的规律和属性的尺度，简单地说就是物的尺度，真理的尺度。所谓内在的尺度，就是人的本性和需要的尺度，简单地说就是人的尺度，价值的尺度。人在生产中，在一切实践活动中，都是同时运用这两种尺度，并力求实现这两种尺度的统一的。客观尺度即真理尺度的正确运用是人的实践活动取得成功的先决条件，这是毫无疑义的。但是，如果只有客观事物的尺度，没有人的内在尺度，人就不会有选择，就不能确定实践的目的，就不会有自由自觉的活动。所以，从文化的角度看，人的内在尺度具有主导性的意义，能够为一定的社会共同体所共享的价值观念是社会文化观念的核心。

价值观念是主客体价值关系的反映，是人的本性和需要的观念化，是人对于自己活动意义的自我意识，它决定人们的行为取向。如前所述，事物的客观规律只是规定了事物发展的可能性空间，人们可以从客观规律规定的多种可能性中选择一种符合自己的需要又有实现的能力的

---

① 《马克思恩格斯全集》第 3 卷，人民出版社 2002 年版，第 274 页。

可能性，将争取它的实现作为活动的目标，这就是价值观念对于历史活动的引导作用。

固然人的最基本的需要是生存的需要，但决不是把生存作为终极目标，否则人与动物就没有什么区别。即使是满足人的生存需要的物质生产活动，也具有经济学和人本学的双重意义。马克思和恩格斯说："这种生产方式不应当只从它是个人肉体存在的再生产这方面加以考察。确切地说，它是这些个人的一定的活动方式，是他们表现自己生活的一定方式、他们的一定的生命方式。个人怎样表现自己的生命，他们自己就是怎样。因此，他们是什么样的，这同他们的生产是一致的——既和他们生产什么一致，又和他们怎样生产一致。"①物种的本质体现在物种的活动方式上，人的本质就体现在人的活动方式上。人作为一种自为的存在，他的生产活动是以"自我"为根据的，是自由自觉的活动。这就是人的活动方式的本质，它表现了人的本质。所谓理解物质生产活动的人本学意义，就是理解人及其活动方式的这种自由自觉的本质，理解这种本质对于人类历史的意义。人的需要是不断变化和提升的。随着社会生产和实践的发展，人的需要会越来越远地超出物质生活的领域而扩展到政治生活、精神生活等其他社会领域。文明社会以来，各个时代的人们都有他们对于社会正义和美好的社会状态的向往，都有对于真善美的追寻，并且都由各个时代的思想家表达了出来。社会理想是一种价值诉求，是对基本社会价值的追求，它的核心就是价值观念。理想是现实的超越。用社会理想观照现实，就能发现现实的不完满性。或者干脆说，社会理想就正是在批判现实对于人类生活的意义而言的不完满性中建立的。这种关于社会理想的价值观念激励着人们去改造自己生活于其中的

---

① 《马克思恩格斯选集》第 1 卷，人民出版社 2012 年版，第 147 页

社会环境，以至进行改变社会关系、社会制度的社会革命。因此说，以价值观念为核心的文化精神是社会进步的灵魂。

3. 文化决定论批判

肯定社会生活的文化属性，肯定文化价值观念对社会发展的引导作用，并不意味着社会生活是精神或"理念"的自由创造物。在这一点上，辩证的历史决定论与各种唯心主义的文化决定论观点是根本对立的。

文化决定论是泛指那些把社会发展过程归结为文化过程的理论。18世纪初的意大利著名法学家维科就力图从文化的角度建立关于人类社会的科学，他在《新科学》一书中提出人有分属于三个不同时代的三种自然本性，即神性的、英雄的和理智的本性。这三种自然本性在不同的历史时代创造出三种不同的习俗、自然法、政府、语言、文学、法学、权威、理性，历史的发展就是这三种自然本性所创造的三种文化的依次产生。19世纪中期，法国社会学家孔德则认为人类知识、职能的发展经历了三个不同阶段：神学阶段，又名虚构阶段；形而上学阶段，又名抽象阶段；科学阶段，又名实证阶段。在这三个阶段上，不仅产生出三种不同的文化，而且还形成了分别与这三种文化相适应的三个不同的历史时期，即军事时期、过渡时期和工业时期。孔德以后，许多社会学家、文化学家都以社会文化为中心线索，去揭示社会发展的原因和规律。美籍俄国社会学家索罗金主张社会发展是神性、感性和理性三种文化无休止的交替循环；施宾格乐和汤因比则认为，社会发展表现为多种文化模式的兴衰、替代、碰撞、融合的过程。文化决定论的诸种理论，尽管在具体内容的表述上不尽相同，但有一个共同点，这就是把社会文化看成社会发展的终极性因素，并且它们一般的都是从人的精神活动中寻找文化发展的动因。如维科所讲的"人的自然本性"就是指人的"富于创造力的心灵"；孔德则认为社会进步的根源在于人的本能、情感和智力，认为人类进步实质上就是人类固有的道德和理智品质的进化。可以说，文化决定论不过是唯心史观的别样形式。

辩证的历史决定论当然不否认社会的发展可以通过社会文化的进步表现出来，认为社会文化在实质上是一种社会化、客观化了的普遍精神，在社会发展的一定历史阶段上必然会产生反映该历史阶段的基本性质的精神特质。辩证的历史决定论也不否认社会文化是人有意识有目的的创造物，因而必然要借助人的精神活动才能产生，并对社会发展起着强有力的引导作用。文化决定论的基本错误是在于，它们没有看到人的心灵、理智、智力等精神活动的发展是人类实践活动，特别是物质生产活动发展的结果，并在人类实践活动的发展中实现。人们确实要通过自己有意识的活动来创造文化，但是能创造哪种文化却不是他们可以任意选择、任意设计的。他们创造的文化连同他们创造文化的意识、目的归根到底取决于物质生产活动的发展水平，取决于由物质生产活动一定发展阶段所决定的社会经济、政治的基本性质。文化选择同样只能在人类社会实践活动所开辟的可能性空间中进行。

就文化的发展来看，由于社会文化模式一经形成就有相当的稳定性和保守性，新的文化因素、文化精神一般很难从旧的模式中自动产生。因此，文化的变迁，其动力不是存在于既定的文化模式中，而是存在于随着物质生产活动的发展而增强了的人的自主能力与旧的文化模式之间的矛盾。例如，欧洲文艺复兴时期，由加尔文教创设的新教伦理所倡导的文化价值观绝不可能从中世纪占统治地位的文化模式中自发产生，只有当资本主义生产方式的发展迫切需要从封建文化的禁锢中解放出来时，也就是当社会物质生产的进步同原有的文化价值观发生尖锐矛盾时，新教伦理才通过宗教改革运动确立起来，并成为资本主义经济和社会的精神特质。总之，存在决定意识。文化精神虽然同人的物质生活是共生的，但它在历史发展的每一阶段上所具有的内容归根到底是对人们的现实生活的反映，并随着现实生活的发展而发展。

辩证的历史决定论同西方盛行的"经济"与"文化"、"物质与精神"二元决定论的观点也是有原则区别的。德国社会学家马克斯·韦伯在考察新教伦理产生的根源和作用时，曾说过这样一段话："本文仅仅试图在一个非常重要的问题上，就新教伦理禁欲主义发生影响的事实和方向，追溯它们的起因，然而也还有必要反过来进一步考察社会状况，尤其是经济状况的总体是如何影响新教禁欲主义的发展和特征的。……当然我们的目的不是要用片面的唯心论代替同样片面的唯物论，对文化和历史做出因果解释。两种解释都同样能够做出，但如果这种解释不是作为一项研究的准备工作，而是作为结论，则对于寻求历史真理而言，两者同样没有多少作用。"① 韦伯的这一观点，似乎既反对了"片面的唯心论"，又反对了"片面的唯物论"，而是要用物质的和精神的交互作用来说明社会的进步。这种表面上的"公允"和"全面"，使他的历史观点和方法被西方许多社会学家所接受。例如，美国社会学家查尔莫斯·约翰逊在他的著作《革命性变革》中就认为："一个社会制度的平衡依存于该社会的价值观与该社会的劳动分工之间协调程度。既然这两个变量还决定一个制度的结构，社会结构就会随着它们的变化而变化。"②

然而，这种"全面"的观点却未必不会偏向"片面的唯心论"。只要把社会的文化价值看成独立于社会物质生产活动而起作用的东西，就必然会得出价值观念高于经济力量的结论。如美国社会学家罗伯特·N.

---

① [德] 马克斯·韦伯：《新教伦理与资本主义精神》，彭强、黄晓京译，陕西师范大学出版社 2002 年版，第 177—178 页。
② [美] 约翰逊：《革命性变革》，波士顿，李图尔、布朗出版社 1966 年版，第 56 页。

贝拉就这样说："社会行动并非仅仅由经济、政治或社会诸关系的结构来决定，而且还由当然是与纯粹意义上的文化体系有关的社会价值观结构来决定，但是这种结构并不是马克思主义意义上的上层建筑；毋宁说这些结构是社会制度的实际构成部分。……我并不认为这种价值体系是经济力量或阶级力量的直接反映；或者说，我并不认为，这种价值体系当经济力量或阶级力量变化的时候一定发生变化。事实上，我认为这种价值体系比经济力量或阶级力量具有更大的稳定性的抵抗力。"①

如果说，从经济的和文化的交互作用中来阐明社会发展和社会结构、社会制度的变迁，阐明社会文化价值观体系对社会发展的引导作用，还是应当肯定的。因为，随着社会向更高的文明阶段进化，随着社会分化程度和文化的复杂性在社会发展过程中日益增大，社会文化体系就获得了相对独立的存在，人类对文化价值的追求，使文化价值日益成为批判旧的社会制度和确立新的社会制度的尺度。既然人类创造的物质的或精神的产品、社会制度、社会组织等等都可以被理解为广义上的文化创造，那就不能忽视文化价值在人类活动的过程和结果中的存在。我们的确不能把思想范畴的价值观文化体系简单地同物质生产所创造的经济条件对应起来，从而把社会变革和发展还原为物质条件的进步。仅仅从物质条件的进步，并不足以说明社会的变化，任何历史地形成的社会制度包括各种非制度化的社会规范，既是社会物质生产活动发展的结果，同时也以一定的社会文化价值观念为基底。正因为如此，在社会制度的变革中，文化价值观更新才显得至关重要。上述"二元决定"的观点的错误不在于它们强调文化价值观对社会发展过程的引导作用，不在

---

① [美]罗伯特·贝拉：《超越信仰》，纽约，哈尔伯与罗氏公司1970年版，第114—115页。

于强调应当从经济的和文化的、物质的和精神的交互作用中说明社会的进步发展，而在于它们完全没有看到，社会的文化价值观体系并不是某种脱离物质生产活动而独立的东西，而恰恰是深深地根植于物质生产活动一般本性之中的东西。它们至多只是理解人类物质生产活动的经济学意义，而并没有真正理解马克思所揭示的物质生产活动的人本学意义，因而它们也就不能从人类的物质生产活动或人类实践活动的历史发展中发现社会文化价值体系本身发生发展的根源。马克思主义关于物质生产活动对于社会生活及其历史发展的基础作用和决定作用的观点并不排斥社会精神生活或文化价值观对社会发展的引导作用，只不过这种观点不把文化观念看成是社会历史发展的独立的"本原"，而是力图从物质生产活动出发揭示一定历史时代文化精神的现实内容及其得以产生和发挥作用的物质动因。

总之，马克思主义非常重视文化在历史发展中的作用，却断然否定文化的决定作用，因为文化自身就是被决定的。社会历史是一个遵循其固有规律运动发展的自然历史过程，因此，马克思主义的历史观是一种唯物主义的决定论，但它又肯定社会主体的价值选择和观念引导在历史发展中的作用，是包含了选择论的辩证的决定论，是历史决定论和历史选择论的统一，因而能够正确地把握人类社会历史过程中的合规律性和合目的性的统一。这就是辩证的历史决定论的基本思想，不须也不能再给它附加任何的东西。在《辩证的历史决定论》一书中，立足于决定论和选择论的统一，对几个重要的且学界有所争议的问题如社会的隐结构和显结构、历史发展过程的统一性和多样性、社会发展的自发性和自觉性的问题等做了专门的论述，那也只是对于这个基本思想的应用，或者说，是从不同的理论角度对于这个基本思想的说明和发挥。

三、对西方历史非决定论思潮主要代表人物的批判

（一）对波普的批判

英国哲学家卡尔·波普的《历史决定论的贫困》的核心内容是关于历史规律、历史趋势、历史预见的议论。鉴于该书已经在我国思想界产生了明显的恶劣影响，必须专门写成论文，对其主要论点和论据逐一予以批驳。我们想借重《求是》杂志的声望，增强文章的影响力，便把稿子投给了它，并得到了《求是》杂志的支持。①

1. 社会学规律与历史规律

波普与那些极端的反历史决定论者有所不同：他肯定"社会规律"或"社会学规律"的存在，只是否认历史决定论所说的"历史发展规律"。他认为，第一，人类社会的进化是一个独特的、不可重复的历史过程，而规律是可以重复的，所以，对历史过程的描述就不是规律，而只是一个"单称的历史命题"。② 第二，连续发生的三个或三个以上有因果关系的事件都不是按照某个自然规律来进行的，那种认为连续进行的事件或序列可以用一个或一组规律来解释的想法是错误的。③ 看得出来，波普力图把自己同某些极端的反决定论者区别开来，避免使自己的理论得

---

① 见陈晏清、阎孟伟：《历史规律·历史趋势·历史预见——评波普〈历史决定论的贫困〉》，《求是》2003 年第 18 期。

② ［英］波普：《历史决定论的贫困》，杜汝楫、邱仁宗译，华夏出版社 1987 年版，第 85—86 页。

③ ［英］波普：《历史决定论的贫困》，杜汝楫、邱仁宗译，华夏出版社 1987 年版，第 92—93 页。

出足以侮辱社会科学的结论，但他的说明和论证却很令人失望。

首先，所谓社会规律（或社会学规律）无非是在人们的社会交往活动中生成的内在于人们社会生活过程的规律。一旦人们之间的社会交往活动和交往关系把个人的活动整合为社会性的共同活动，就会产生对于构成这种共同活动过程来说必不可少的社会生活基本因素，这些基本因素的相互关系就构成了社会活动的客观规律。而人们的社会生活是一个在时空结构中不断展开的动态过程，也就是说，社会生活本身不能只在空间中存在，还必然在时间中存在，是一个不断延展的过程。构成社会学规律的那些社会生活的基本因素不能不是一种历史性的存在，是历史地生成和历史地传承的。因此，只要不否认历史，也就不能否认历史规律。

其次，波普认为，三个以上具有因果联系的事件构成的连续的序列中并不存在一个规律。这种看法只有部分的正确性。任何具体的历史事件都包含着多重的因果联系。我们可以指出当这些因果联系"聚合"在一起时就会导致何种事件的发生，但由这种"聚合"所造就的具体事件的确是一种"单称的"或"个别的"即不会重复的事件，而不可将其称之为一种规律。但是，社会历史发展过程尽管在外观上是由大量的不可重复的历史事件所构成，却不可由此而否认社会历史的普遍规律。社会历史运动也是由多种因素及其相互作用关系所构成的一种特殊的运动形式，因此社会科学也像自然科学一样，完全有理由从不可重复的历史事件或社会事件中抽象出构成社会这种特殊运动形式的基本因素，并揭示这些因素之间的因果关系，以发现支配社会历史过程的普遍规律。

当然，在社会发展中，一般规律和特殊规律是有所不同的。那些存在于社会生活的一定历史形态中的特殊规律是会随着社会生活历史形态的变化而变化的。但是，由此却决不能否认一般规律的存在，因为前者不过是后者的表现形式。马克思一方面坚决反对那种用臆想的联系代替历史过程中的真实的联系，企图构造适应一切时代的永恒公式的"超历史"的历史哲学；另一方面又承认历史的一般规律的存在。我们可以从"生产的一切时代"所具有的共同规定中，揭示一切时代生产活动本身所蕴涵着的内在矛盾即生产力与生产关系（交往形式）的矛盾及其运动规律，这种运动规律就是历史的一般规律，马克思的唯物史观所表述的正是贯穿于人类社会发展过程、把前后相继的时期连结起来的普遍的历史规律，但这个规律在不同的民族或国家，以及在不同的历史时期有着十分不同的具体内容并通过不同的"社会学规律"表现出来，因而它并不与"单称的"、"个别的"、"不可重复的"现实历史过程相矛盾。

2. 历史规律与历史趋势

否认了历史规律自然也就会否认依据历史规律来判定历史趋势的可能性和必要性。波普在口头上并不否认历史趋势的存在，而是认为，"规律和趋势是根本不同的两回事"，"被解释的趋势是存在的，但它们的持续存在依赖于某些特定的原始条件的持续存在（这些原始条件有时又可以是趋势）"。① 他甚至说，历史决定论的"主要错误"是把规律和趋势相混同，从而把趋势看成"无条件的"。

这里有一连串的问题需要澄清。首先是如何说明条件和趋势的关系。波普没有说明"某些特定的原始条件"是什么。在宽泛的意义上，规律也是条件。在这里，显然是讲的同规律相对区分的条件。肯定趋势依赖于条件，这是没有问题的。但是，波普只是空泛地谈论趋势和条

---

① ［英］波普：《历史决定论的贫困》，杜汝楫、邱仁宗译，华夏出版社 1987 年版，第 92、101 页。

件，而有意避开趋势和规律的关系，结果是条件和趋势的关系也完全说不清楚。规定社会发展趋势的，是其自身发展的内在根据。这种内在根据不是别的，正是社会自身所具有的规律。而条件既是一定的规律得以形成的依据，也是一定的规律发生作用的基础。所以，条件对于社会发展趋势的形成也是起重要作用的，但它是通过社会发展规律而起作用的。条件总是相对于一定的规律才是条件，离开社会发展的内在规律，任何因素都不成其为社会发展的"条件"。就是说，离开社会发展的规律，条件起什么作用、如何起作用等等都无从谈起。

肯定社会发展趋势以社会发展的规律为根据，当然不意味着趋势等同于规律。社会生活体系本身所具有的规律只是决定演化的可能性空间。这个可能性空间中究竟是哪一种可能性成为主导趋势便取决于现实的具体条件，这个"条件"即是前面所说的同规律相对区分的条件。显然，人在社会演化的可能性空间中并不是消极无为的，而是可以作出选择的，因为现实的具体条件是可以改变的。人认识了社会发展的客观规律，从而把握了社会在一定历史阶段发展的多种可能性以及各种可能性转化为现实的条件，就能够通过强化或抑制历史条件起作用的方向，或者说通过改变条件和创造条件促使其中某一种可能性变成现实。而条件的改变又显然是同这个历史阶段上的人的价值选择直接相关的。这表明社会发展的趋势既以社会发展的客观规律为内在根据，又必然包含着社会历史主体的价值选择。波普所谓"被解释的趋势"的持续存在"依赖于某种特定的原始条件的持续存在"的论断是没有什么意义的，因为没有什么始终不变或"持续存在"的原始条件，条件总是在变化的。从一定意义上说，人类的历史就是不断改变自己的生存条件的历史。随着条件的变化，社会规律发生作用的方向和方式乃至社会规律本身也会变化。把历史趋势的存在归因于特定原始条件的持续不变，只能说明波普仍然沉溺于近代的形而上学思维之中。

3.历史趋势与历史预见

所谓历史预见是指对历史发展的趋势或可能性的揭示，唯物史观从历史规律和历史趋势的存在推出社会历史的发展是可以预见的。辩证的历史决定论这一关于社会发展的可预见性的观点遭到了波普的最猛烈的攻击。在波普看来，承认历史进程的可预见性是历史决定论的核心，他相信自己已经成功地找到了反驳历史决定论从而也是彻底摧毁历史决定论的"纯粹的逻辑理由"。这个"逻辑理由"是一个简单的三段式推论：（1）人类历史的进程受人类知识的增长的强烈影响；（2）我们不可能用合理的或科学的方法来预测我们的科学知识的增长；（3）所以，我们不能预测人类历史的未来进程。

波普对于自己的推论相当满意，但当我们仔细推敲波普的推论时，却不难发现，这个三段式推论是在一系列不可原谅的理论"疏漏"中进行的。其中，最关键的"疏漏"是：断言人类知识的增长不可预测是没有充分根据的。知识的增长固然与知识创造者个人的才能、品德、境遇以及知识创造过程中各种偶然因素密切相关，因而确有不确定性的一面。但是，如果把知识的增长放到社会进步的历史过程中进行考察，而不是把它理解为仅仅是个人的事情，我们就会看到知识的增长及其对社会进步的强烈影响亦取决于两方面的社会条件：其一，知识资源的历史性传承和积累；其二，社会经济、政治和文化发展的需求对知识的"选择"。就前者而言，一种新知识的产生总是以历史地积累起来的知识资源为基础和前提，以往文化发展的成果包含着孕育新知识的种种智力因素，新知识的创造者只有充分占有这些知识资源才能真正有所作为。因此，依据人类知识业已达到的程度及其所面临的新问题，人们是可以大体上预测出知识增长的未来走向的。就后者而言，人类知识是在社会经济、政治、文化等诸方面因素交互作用并通过这种交互作用而对历史进程产生"强烈的影响"的。一种科学知识或技术知识只有在被现实的生产过程所吸收，从而转化为现实的生产力的时候，它才能对人们的物质生产、经济过程乃至历史进程产生影响；一种关于社会变革的理论，只有当它把握了真实的社会矛盾或社会问题，并能够被更为广大的社会成员所接受时，它才能实际影响社会进步的过程。因此，尽管知识本身的增长有其不确定性的一面，但现实的生产活动，或现实的社会矛盾和社会问题却对知识的运用产生一种"选择"作用，这种选择作用可以使人们用"合理的或科学的方法"从社会经济、技术、政治、文化等诸多方面的社会条件来判定哪些知识可以被吸收或接受，并推测出这些被吸收和接受的知识将对社会发展进程产生何种影响。而且，我们越是能够准确地把握使知识发挥作用的社会条件，就越能准确地预测知识的影响作用。在很多情况下，当某种知识缺乏的时候，生产活动或社会进步所面临的矛盾和问题也会激发人们去学习、创造这些知识。因此，真正推动历史进程的现实力量，是社会物质生产力的发展，以及这个发展所引发的各种社会矛盾。知识之所以能够对历史进程产生强烈的影响，是因为它能够融入这个现实力量中，能够融入现实矛盾和问题的解决中。没有融入这个现实力量的知识，是不可能对历史进程产生任何影响的。仅仅从知识增长的不确定性出发，是不能径直得出"历史的未来进程不可预测"的结论的。

总之，历史的辩证决定论完全肯定历史主体可以在社会演化的可能性空间中进行选择。这是它的辩证性之所在。这种选择之所以可能，正在于人们可以对社会发展的趋势作出预测。而选择和预见之所以可能，则在于每一种演化的可能性都以社会发展的客观规律为根据，并依赖于一定的条件。从历史规律、历史趋势和历史预见之间的这种内在联系可以说明，辩证的历史决定论，即历史唯物主义是一种正确的、逻辑上十分严整的历史观。

（二）对哈耶克的批判

1. 对哈耶克"自发进化"理论的批判

英籍奥地利经济学家哈耶克也是以否定历史规律和历史预见为前提，鼓吹自发进化论，否认人类自觉地把握社会历史过程的可能性，否认通过理性设计而建构社会秩序的任何企图。他的观点和论证方法同波普十分类似，其实践的目的性也同波普一样明确。

哈耶克的社会自发进化论可以说是对启蒙运动以来逐渐形成的、并在法国和德国的哲学中得到系统阐述的理性主义或建构主义历史观的直接而公开的挑战，同时也是对以亚当·斯密、大卫·休谟为代表的自由主义历史观的秉承与发展。在《致命的自负》这本书中，他开宗明义地道出了自己的基本论点："本书所要论证的是，我们的文明，不管它的起源还是它的维持，都取决于这样一件事情，它的准确表达，就是在人类合作中不断扩展的秩序。……这种扩展秩序并不是人类的设计或意图造成的结果，而是一个自发的产物。"[①] 在这里，"自发进化"和"扩展秩序"是哈耶克社会进化论的核心概念，他试图用这类概念来否定通过理性设计而建构社会秩序的任何企图，认为"在未经设计的情况下生

---

① ［英］哈耶克:《致命的自负》，冯克利、胡锦华译，中国社会科学出版社 2000 年版，第 1 页。

成的秩序，能够大大超越人们自觉追求的计划"。①

哈耶克的社会自发进化理论从对人类社会"原初状态"的理论设定开始，后来秩序的扩展，即超出原始的小团体秩序形成更大范围的秩序。在秩序的这种扩展中，财产分立的形成起到了关键的或基础性的作用。由于"个人决定要以个人的控制范围为前提，因此只有随着个人财产的进化才成为可能"②。随着财产分立的逐渐形成和普遍化，秩序的扩展经过漫长的演化过程最终造就出今天我们生活于其中的人类交往的扩展秩序——市场秩序。

哈耶克力图向人们证明，人类社会秩序的扩展是一个自发的进化过程，如果人们不想失去自己的文明基础和文明成果，就应当让这个自发的进化过程持续地进行下去，而不要试图凭借自己的理性去人为地设计和建构社会秩序，把文明的进展纳入任何计划就必然导致文明的覆灭。

为什么呢？哈耶克认为，扩展秩序之所以不可能是理性设计的结果就在于人类理性是有限的，在我们行动的基础和条件中总是包含着"理性不及的因素"。因此，尽管我们可以说人创造了文明，但这并不意味着文明是人之设计的产物。"那种认为人经由审慎思考而建构起了文明的观念，乃源出于一种荒谬的唯智主义；这种唯智主义视人的理性为某种外在于自然的东西，而且是那种能独立于经验就获致知识及推理的能力。但是，人之心智的发展乃文明发展的一部分；恰恰是特定时期的文明状态决定着人之目标及价值的范围和可能性。人的心智决不能预见其

---

① [英] 哈耶克：《致命的自负》，冯克利、胡锦华译，中国社会科学出版社 2000 年版，第 3 页。

② [英] 哈耶克：《致命的自负》，冯克利、胡锦华译，中国社会科学出版社 2000 年版，第 53 页。

自身的发展。"①

　　就承认迄今人类社会发展史在很大程度上仍是一个自发进化的过程这一点而言，哈耶克与马克思之间没有重大分歧。马克思实际上也是以另一种方式阐释了传统社会和资本主义现代社会演化的自发性特征。二者的根本分歧在于是否承认社会进化或发展过程本身是一个合乎规律的过程？是否认为人类能够逐渐地通过把握社会进化的规律来预测社会进化的可能趋向，从而将社会的自发进化逐渐转变成为人的理性所能控制的自觉的发展过程？这些问题无疑是辩证的历史决定论与历史非决定论的根本分歧之所在。哈耶克也正是在这些问题上十分坚决地用他的自发进化理论或扩展秩序理论来反对历史决定论的社会发展观念。他认为，文化进化与生物进化都是对不可预见的、无法预知的环境变化不断适应的过程；人们充其量可以揭示复杂的结构如何具有一种使进化进一步发展的调整方式，但是由其性质所定，这种发展本身是不可预测的。他断言："从规律支配着进化产物必然经历的各个阶段，因而能够据以预测未来的发展这个意义上说，无论是生物进化还是文化进化，都不承认有什么'进化规律'或'不可避免的历史发展规律'。"② 扩展秩序既不为某种"进化规律"所决定，也不能为人们的心智所预见。

　　哈耶克的自发进化论或扩展秩序论以及他对历史规律的否认都是以贬低人类理性能力为前提的。在哈耶克眼里，理性主义或建构主义的错误首先表现为这样一种要求：不能盲目地顺从或采取行动，一个有目的的行为，对它的意图和后果必须做到事先有充分的了解。他认为，理

---

① ［英］哈耶克：《致命的自负》，冯克利、胡锦华译，中国社会科学出版社 2000 年版，第 21 页。
② ［英］哈耶克：《致命的自负》，冯克利、胡锦华译，中国社会科学出版社 2000 年版，第 25 页。

性主义的这种要求是荒谬的。实际上，哈耶克所否认的所谓理性主义的"荒谬要求"正是人类理性能力的正当要求。的确，就个人理性的有限性而言，在我们行动的基础和条件中包含着"理性不及的因素"，我们也很难对行动的或近或远的后果作出准确无误的预测，我们的行动也常常不能完全甚或完全不能达到预期的目标。从这个意义上说个人的理性不足以穷尽来自自然和社会生活的全部信息，而且即便就人类理性的整体而言，要穷尽生存环境的知识也是一个无止境的过程。在这个意义上，我们不得不承认迄今人类历史在一定程度上依然是自发进化的历史。但面对这个事实，我们应当放弃理性的运用，还是应当发展我们理性运用的能力呢？这个问题其实并不难回答。人类科学的发展，不管是自然科学还是社会科学，都是在扩展我们的理性能力，丰富我们有关行动的基础和条件的知识，增强我们对行动后果的预测能力，强化我们对行动方案的设计能力。人类正是通过经验和知识的积累，通过不断发展自己的科学理论，而强化自己的理性运用能力。正是因为这样，人类才最终脱离了动物界，创造了自己的文明史。

哈耶克为了给自己的观点作辩解，还提出了一个似是而非的论证：随着人类知识的增长，人的无知的范围亦会不断地增加和扩大。他说："人类的知识愈多，那么每一个个人的心智从中所能汲取的知识份额就愈小。我们的文明程度愈高，那么每一个个人对文明所依凭的事实亦就一定知之愈少。知识的分工特性，当会扩大个人的必然无知的范围，亦即使个人对这种知识中的大部分知识必然处于无知的状态。"① 哈耶克的这种论证是站不住的。个人知识在人类知识总量中所

---

① [英] 哈耶克：《致命的自负》，冯克利、胡锦华译，中国社会科学出版社 2000 年版，第 25 页。

占份额的相对缩小，正表明人类知识总量的绝对扩大。而人类社会由自发走向自觉发展所依赖的知识条件，只能是人类知识，而不是个人知识，个人知识是汇合到人类知识总体中去发挥作用的。这个过程自然也包含着个人对人类知识的占有，也就是说，个人知识正是通过对人类知识的占有而突破个人理性的有限性的。

哈耶克将人类知识归结为个人知识，即将人类理性归结为个人理性，由此论证人类理性的有限性，并进而论证他的"自发进化论"的历史观。这就使得如何看待人类理性和个人理性的关系问题成为理论上的关键问题之一。人类理性当然包含着每个个人的理性，但绝不能简单地把人类理性看成是个人理性的总和，因而把个人理性的有限性直接地述说为人类理性的有限性。"人类理性"更重要的成分恰恰是克服个人理性有限性的认知机制，其中最典型的就是科学，就我们的论题而言特别是那些直接研究人类秩序的科学如人类学、伦理学、法学、政治学、社会学等等。正是人类的科学探索集中了、积累了、延续了人类的智慧。它的发展使人们日益清晰、日益全面、日益深入地了解和把握了习俗、道德传统的形成过程和条件，不断地把习俗、道德纳入人类理性的建构当中。今人能够较之古人更准确地理解习俗道德的秩序功能和价值，并不断地更新它们，淘汰那些野蛮的、不文明、不科学的习俗规范，并面向新的生活，通过自觉的立法和司法活动创立和维护新的秩序。

总之，哈耶克自发进化论的要害是否认社会发展的客观规律。否认了客观规律，社会历史过程当然也就是不能和不需为理性所把握的，所谓扩展秩序也就是不能和不需有理性建构的。这种理论的实践目的，就是要人们相信资本主义秩序只是自然进化、自然选择的结果，这种自然进化还要永远地持续下去，人们应当放弃依据对于社会发展的客观规律的认识，通过理性的设计而自觉地建构新的社会形态的"荒谬要求"。

2. 对哈耶克的"个人自由"论的批判

哈耶克的"个人自由论"是新自由主义的政治哲学理论，且是这种政治哲学的核心，但它是同哈耶克的"自发进化"论历史观紧密相关的。了解他的"个人自由"论，大有助于理解他的"自发进化"论的实质。

哈耶克坚决否认历史规律，因此，他的自由观十分明确地把自由与必然的关系从自由问题的论域中排除出去。他把自由限定在一个十分狭小的范围内，认为自由就是一种"人的状态"，"在此状态中，一些人对另一些人所施以的强制，在社会中被减至最小可能之限度"①。一个人是否自由，取决于他能否期望按其现有的意图形成自己的行动途径，来自他人的强制之所以构成了对个人自由的侵犯，是因为这种"强制"使一个人的环境为他人所控制，以至于"除了选择他人强设于他的所谓的较小危害之情境以外，他既不能运用他自己的智识或知识，亦不能遵循他自己的目标及信念"②，这种强制实际上使人彻底沦为实现他人目标的工具。当然，哈耶克并不一般地排斥对人的活动的限制或强制，在他看来，强制不能完全避免，因为防止强制的方法只能依靠强制，但必须把行使强制的权力赋予国家，即由国家对个人私域加以保护，以免遭他人的干预，由此形成所谓"个人主义秩序"或"自由秩序"。

哈耶克强调这种"自由秩序"或"个人主义秩序"只能建立在分立的财产制度（即保护私有财产）上。从"财产分立制度"出发，他明确反对追求事实上的平等，认为"平等地待人"与"使他们平等"是两回事。前者是指任何个人都不能受到他人的强制，都有按照自己的知识和

---

① ［英］哈耶克：《自由秩序原理》，邓正来译，上海三联书店1997年版，第3页。

② ［英］哈耶克：《自由秩序原理》，邓正来译，上海三联书店1997年版，第16—17页。

信念行事的权利，因而这是一个自由社会的前提条件；后者则是用强制限制的方式，使人们彼此相同，这意味着一种新的奴役形式。因此，个人主义的主要原则是，任何个人或集团都无权决定另外一个人的情形应该怎样，这是自由的一个非常必要的条件。

不容否认，对于市场经济社会而言，哈耶克的这些思想对于维护个人的基本权利，对于维护市场经济的秩序有一定的积极价值。但问题在于我们能不能把哈耶克的自由观看成是对人的自由的一种终极理解？

回答只能是否定的。因为哈耶克明确反对"使人平等"，而只赞成"平等地待人"。所谓"使人平等"就是实现人们事实上的平等。而所谓"平等地待人"不过是要求国家的法律要平等地对待每一个人，要平等地维护每一个人的基本权利，特别是其中的财产权利。在市场经济条件下，维护这后一个意义上的平等必然会使人不平等，就是说必然带来贫富分化，必然带来苦乐不均。就市场经济的运作机制来说，收入差别在其适度的范围内可以提高市场的活力和经济活动的效率。但哈耶克自由观的要害是把反对"使人平等"同实现"社会公平"的要求绝对对立起来，从而反对为实现社会公正所作的任何努力。1971 年，美国学者罗尔斯发表了《正义论》一书，使正义问题成了政治哲学的主要议题。人们普遍认同的观念，便是"正义是社会制度的首要价值"。然而哈耶克对此却公开表示反对，明确主张人们放弃对公正的追求，认为"坚持让一切未来的变化符合公正，这无异于要求终止进化过程……因此，罗尔斯的世界绝对不可能变成文明世界：对于由运气造成的差异进行压制，会破坏大多数发现新机会的可能性"①。哈耶克这种拒绝社会公正的态度

---

① ［英］哈耶克：《致命的自负》，冯克利、胡锦华译，中国社会科学出版社 2000 年版，第 83 页。

必然使他无视财富分配上不平等的过度扩张。显然，市场经济本身所导致的这种贫富分化趋势是没有止境的，如果没有社会公正策略予以适当限制，它必然会使越来越多的人丧失财产，陷入贫困者阶层。对于那些贫困者来说，尽管他们在法律上依然被平等地对待，但是一个没有财产的人还需要平等地维护财产权吗？在市场经济社会中，对于个人自由来说，真正能够使人免除他人强制和奴役的不是财产权利，而是财产本身。完全丧失了财产的人，就不能不接受资产者对他的奴役和强制。

当然，这并不是说，在市场经济社会中法律上或基本权利上的平等和人的独立性、自由性都是骗人的鬼话，而是说在这种"平等"和"自由"之下产生的事实上的不平等以及由此导致的人与人之间的奴役关系，是出自市场经济的"自发倾向"。因此，如果没有恰当的社会公正政策和策略来进行调节，过度的贫富分化就必然会在事实上衍生出对人的奴役关系。但哈耶克把财产本身、财富的多少问题从自由问题的论域中排除出去，无非是想告诉人们，法律上的、形式上的平等和自由就是你所能获得的全部平等和自由。

由于哈耶克完全否认社会公正的要求，因而他对资本主义社会贫富分化的事实不但没有一丝忧虑，而且对少数富人占有财富的合法性给出了肆无忌惮的解释。他说："在一个进步的社会中，如果不允许少数人享有财富，那么我们就没有理由相信这些财富还会继续存在。这些财富既非剥夺于其他人，亦非其他人不可享用的东西。它乃是先锋人士所开创的新的生活方式的最初标志。"① 从这段话中，我们至少可以看出哈耶克的三重意思。其一，财富的继续存在与财富的创造者无关，而仅仅与财富的少数拥有者相关。也就是说，正是因为财富积聚在少数富人手

---

① ［英］哈耶克：《自由秩序原理》，邓正来译，上海三联书店 1997 年版，第 159 页。

中，而没有让占人口绝大多数的劳动者（他们是财富的创造者）来共同分享，财富才得以继续存在。其二，富人拥有的财富并非来自剥夺，并不是出自对他人剩余劳动的无偿占有。这些财富在理论上是任何人都能享用的财富（但问题是，当少数富人拥有了这些财富的时候，绝大多数的劳动者也就在事实上丧失了享用这些财富的权利）。其三，少数富人是开创新的生活方式的"先锋人士"。更令人愤慨的是，哈耶克还公然为富有者骄奢淫逸的生活辩护，宣称"从量上来看，富有者在娱乐中的浪费与大众在相似且同样的'非必要的'娱乐中的浪费相比较，的确是微不足道的"，甚至富人的那些"最为荒谬的生活尝试"也能产生"一般意义上的有益的结果"。① 相反，穷人的浪费却"偏离了一些从伦理标准上来看极为重要的目的"② 不仅如此，哈耶克还把资本家对工人的剥削美化为保障人的生存的"道德实践"，认为西方国家的资本家为西方社会和发展中国家的无产阶级提供了维持生活的手段，声称"只要我们成功地维持并改进使扩展秩序成为可能的私有财产基础，我们就能养活目前包括共产主义国家在内的世界人口"③。这就把劳动者血汗的榨取者毫无羞耻地说成是劳动者的衣食父母，甚至说成是国际主义的慈善家。由此我们可以看出哈耶克所鼓吹的自由是什么人的自由！

就自由的基本价值而言，自由总是个人的自由。马克思主义同样是以个人自由的完整实现为基本目的的。马克思所设想的未来的理想社会就是一个个人自由得以全面实现的社会，"在那里，每个人的自由发展

---

① ［英］哈耶克：《自由秩序原理》，邓正来译，上海三联书店 1997 年版，第 159 页。

② ［英］哈耶克：《自由秩序原理》，邓正来译，上海三联书店 1997 年版，第 158—159 页。

③ ［英］哈耶克：《致命的自负》，冯克利、胡锦华译，中国社会科学出版社 2000 年版，第 150—151 页。

是一切人的自由发展的条件"①。不仅如此，马克思还历史地肯定了自由主义所推崇的"个人自由"的合理性和价值。在他看来，资本主义生产是一种以资本为基础的生产，只要这种生产还是发展社会生产力所必需的，是生产力发展的适当形式，这种生产"在纯粹资本范围内的个人运动"就表现为"个人的自由"，或个人之间的自由竞争。以资本为基础的资本主义生产本质上就是交换价值的生产，相应地，资本主义社会中的平等与自由，也就是建立在交换价值基础上的平等与自由。"如果说经济形式，交换，确立了主体之间的全面平等，那么内容，即促使人们去进行交换的个人材料和物质材料，则确立了自由。可见，平等和自由不仅在以交换价值为基础的交换中受到尊重，而且交换价值的交换是一切平等和自由的生产的、现实的基础。"②

哈耶克把在交换价值基础上的"个人自由"理解为一个人所能获得的全部自由，理解为个人自由的终极形式。与哈耶克自由观根本不同的是，马克思则进一步深刻地揭示了交换价值基础上的自由的不彻底性和表面性。他说："在现存的资产阶级社会的总体上，商品表现为价格以及商品的流通等等，只是表面的过程，而在这一过程的背后，在深处，进行的完全是不同的另一些过程，在这些过程中个人之间表面上的平等和自由就消失了。"③ 因为，"交换价值作为整个生产制度的客观基础这一前提，从一开始就已经包含着对个人的强制"④。产生这种强制的客观机制在于：交换价值的实现使"私人利益本身已经是社会所决定的利益，而且只有在社会所创造的条件下并使用社会所提供的手段，才能达

---

① 《马克思恩格斯选集》第 1 卷，人民出版社 2012 年版，第 422 页。
② 《马克思恩格斯全集》第 46 卷（上），人民出版社 1979 年版，第 197 页。
③ 《马克思恩格斯全集》第 46 卷（上），人民出版社 1979 年版，第 200 页。
④ 《马克思恩格斯全集》第 46 卷（上），人民出版社 1979 年版，第 200 页。

到；也就是说，私人利益是与这些条件和手段的再生产相联系的。这是私人利益；但它的内容以及实现的形式和手段则是由不以任何人为转移的社会条件决定的"①。这样，个人之间的全面的相互依赖性使物化的社会关系成为外在于每一个个人的异己力量。马克思认为，交换价值基础上的个人自由之所以在现实中是一个悖论，就在于这种自由本质上不过是"自由竞争"的表现形式。因此，"断言自由竞争等于生产力发展的终极形式，因而也是人类自由的终极形式，这无非是说中产阶级的统治就是世界历史的终结——对前天的暴发户们来说这当然是一个愉快的想法"②。马克思的这一观点应当是我们认识和评价哈耶克自由观的基本立足点。

哈耶克的"个人自由"理论，和他的"自发进化"理论一样，其实质就是要维护私有制，维护一个人奴役人、人压迫人的世界，一个没有公正甚至不能讲公正的世界，一个在事实上是少数人占有巨大财富和享有高度自由的社会。因此，哈耶克的理论是为维护资本主义的统治服务的理论。

哈耶克的"自发进化"理论的基本论点和论据同波普的《历史决定论的贫困》非常类似，所以我们没有专门写成论文，而是在《辩证的历史决定论》的第八章"历史从自发进化到自由自觉的发展"列了一节对它做了评述。而他的"个人自由"论则不仅是他的政治哲学理论的核心，也是新自由主义经济学派的根本性立论前提，从一定角度说，哈耶克的自由理论在我国学术界、思想界的影响更大，更需要认真分辨它的理论是非。因此，我们也写了专文，也是出于和发表批判波普的文章同样的

---

① 《马克思恩格斯全集》第 46 卷（上），人民出版社 1979 年版，第 102—103 页。
② 《马克思恩格斯全集》第 46 卷（下），人民出版社 1980 年版，第 161 页。

考虑，在《求是》上发表。①

附：相关论著

（1）陈晏清、阎孟伟：《辩证的历史决定论》，中国社会科学出版社2007年版。

（2）陈晏清、阎孟伟：《历史规律·历史趋势·历史预见——评波普〈历史决定论的贫困〉》，《求是》2003年第18期。

（3）陈晏清、阎孟伟：《是自由还是奴役——评哈耶克的自由观》，《求是》2008年第17期。

（4）陈晏清：《"社会进步"观念的更新及其意义——重读〈展望二十一世纪〉》，《黎明圣报》2000年5月8日。

（5）陈晏清：《重建新世纪的价值观》，《中国教育报》2000年10月11日、《天津社会科学》2001年第1期、《新华文摘》2001年第1期。

---

① 见陈晏清、阎孟伟：《是自由还是奴役——评哈耶克的自由观》，《求是》2008年第17期。

政治哲学研究

一、社会哲学研究的重点转向政治哲学

在广义上，即在同历史哲学相对应、相区分的意义上，社会哲学就包括了政治哲学。社会哲学研究的是人们的现实社会生活过程，当然包括政治生活。社会哲学研究所面对的是异常庞大的社会生活体系。在不同的历史条件下凸显的社会矛盾、社会问题不同，社会哲学研究的重点也应随之变换。20 世纪 90 年代中期以后，社会政治生活的急剧变化和哲学自身的发展，都把政治哲学的研究推到了一种十分重要而显赫的地位。事实上，在社会哲学研究的重点转移以前，我们已经在"社会哲学"的框架下，研究了若干政治哲学的问题，如市民社会、公共领域、公共政策、社会秩序、权利规范、协商民主、市场经济与政治民主化、制度正义、公平和效率等等。在我指导的博士生的学位论文选题中，政治哲学的题目已占有很高的比重。

我本人对政治哲学的专门关注始于 1996 年。1996 年底，在南开大学举行了一次总结天津市和平区社区文明建设经验的理论座谈会，天津市委的两位领导同志也出席了会议。我在发言中提出，社区文明建设的意义是在城市的社区功能日益强化的背景下凸显的。而社区功能的强化则表明国家和社会的关系发生了重大的变化。真正意义上的城市社区的

形成、社区功能的强化，是同市民社会的兴起密切相关的，因此，我呼吁加强市民社会问题的研究。我的意见得到了市委领导同志的支持。市民社会问题是一个涉及对于中国的社会结构及其变动的认识的重大问题。随着市场经济的兴起，原来的社会结构被逐渐打破。特别是当着非国有经济开始在中国呈现出迅猛发展之势时，整个社会生活也发生了明显的变化。国家逐渐退出某些社会生活的领域，相对独立于国家的私人自主的社会生活空间逐渐形成和扩大。社会生活的总体结构由原来的"国家与社会一体"的结构形态逐渐转变为"国家与社会相对分离"的结构形态。这意味着国家控制整个社会生活的局面的结束，国家治理、社会治理的方式必将发生重大的改变。可见，市民社会问题是社会哲学、政治哲学的基础性问题，十分重要。所以这次座谈会之后，我一直想物色一位能够胜任这项研究工作的博士生来做这个题目。恰好，1998年王新生考取了博士研究生，跟我攻读博士学位。新生原本就是我和封毓昌教授共同指导的硕士生，也是在南开哲学系读的本科，对他可谓知根知底。新生功底和悟性都很好，又已有十多年理论研究工作的训练，我认定他是承担这一研究课题的理想人选，便在他入学时就把论文选题定了下来。他也欣然答应，知难而上。论文写得很好。他在梳理黑格尔和马克思及其后市民社会理论的演变时，比较系统地了解和思考了涉及西方政治哲学研究的情况和问题。以致2003年他的《市民社会论》出版时，我为这部著作写的序言里，将它称之为一部政治哲学的力作。当时不曾想到，做这件事情，竟为我们后来重点转向政治哲学的研究做了最重要的准备。

2003年夏，我主持本学科全体会议，讨论学科研究方向的调整。大家认为，政治哲学的研究，既是适应于现实实践的迫切需要，也是推进马克思主义哲学发展的重要机遇。我们已有多年社会哲学研究的基础，是能够且应当把握住这个发展机遇的。因此，一致赞成把社会哲学的研究收缩、集中到政治哲学上来，把政治哲学确定为南开马克思主义哲学学科的主要博士研究方向，同时保留马克思主义哲学基础理论的研究方向。我们决定调整研究方向之后不久，即 2003 年 9 月，在北京大学召开了一个全国马克思主义哲学博士点的学科建设研讨会。李淑梅教授作为我们的教研室主任在会上作了发言，趁此机会向学界介绍了我们调整研究方向的基本思路。我支持她作这个发言，一方面是为了取得学界同行的理解和支持，另一方面也是破釜沉舟，把话说出去就不能再缩回来了。淑梅的发言效果很好，会上的反应比预想的要强烈，许多人都非常支持我们作出这样的选择。会上，时任中国社会科学院哲学研究所所长李景源先生说，政治哲学的研究太重要、太必要了。他说在此之前不久，一些外国学者来同他们讨论政治哲学的问题，他们都不知道找什么人去参加讨论。可见我国政治哲学研究已经很是滞后了。这次会上的反应，极大地鼓舞了我们的信心。

这个调整是原来社会哲学研究框架内的调整。原来确定的大思路没有改变，原来确立的学科观念如"领域哲学"的观念仍是支配政治哲学研究的基本理念。但是，具体的研究思路和研究方法不能不有所改变，因为政治哲学的学科状况和正在开拓中的社会哲学毕竟有很大的差别。政治哲学有其悠久的学术传统，它的研究对象和范围比较确定，已有相对完备的学术规范，自古至今已形成了无数的理论体系，因而也就形成了政治哲学史的清晰的发展脉络，并且当前已形成了世界性的研究热点。因此，我们的研究工作可以直接进入它的内核，而无须在题外兜圈子。

重点转向政治哲学的研究之后的几年，我们的研究工作迅速地全面推开。2011 年我们精选了近几年发表的五十余篇论文，由中国社会

科学出版社出版了以"政治哲学的当代复兴"为题的论文集。论文集分
四个部分：（1）马克思主义政治哲学的建构；（2）当代政治哲学问题研
究；（3）马克思和恩格斯政治哲学思想研究；（4）西方政治哲学思想研
究。中心是马克思主义现实性政治哲学的建构，本学科老少九人都有论
文收录。

我们还成功举办了两次有重大影响的全国性政治哲学研讨会。一
次是 2006 年与中国社会科学杂志社合作举办的第六届马克思哲学论坛，
主题是"马克思主义政治哲学：阐释与创新"。我在会上作了题为"政
治哲学的兴起与当代中国马克思主义政治哲学的建构"的主题发言。一
次是 2010 年与《哲学研究》编辑部、《哲学动态》编辑部、青年哲学论
坛合作举办的第七届马克思主义哲学创新论坛，主题是"唯物史观与政
治哲学"。2006 年，政治哲学研究被《光明日报》评选为当年十大学术
热点之一。政治哲学在国内也已成为炙手可热的显学。我们的整个研究
工作正在有序地进行，再也没有前些年社会哲学研究时那种疲牛负重的
感觉了。

二、政治哲学在当代复兴的背景和意义

我国的政治哲学研究起步较晚，已明显滞后于国际学术界。因此，
我们在重点转向政治哲学之后的最初几年里，主要做的事情就是澄清政
治哲学的学科观念，尽快了解和熟悉政治哲学研究的历史和现状，中心
是弄清楚政治哲学在当代复兴的背景和意义。

可以说，从人类开始自觉地反思自己的政治生活，并将这种反思诉
诸一种系统的哲学表达起，政治哲学就作为一个哲学的分支存在了。作

为一种特殊的哲学形式，政治哲学是对政治事物的内在本性进行形而上的反思，对政治事物进行善恶好坏之别的价值判断，为人类的政治活动提供理念的支撑，即为合理的社会秩序的建构提供观念依据。因此，它是一种关于人类应当怎样生活的智慧，是一种有别于经验性研究的规范性研究。在西方，政治哲学最先发端于古希腊，柏拉图的《理想国》、亚里士多德的《政治学》可谓开了政治哲学的先河。古希腊政治哲学兴起的客观基础是希腊（特别是雅典）社会的工商经济及由此而决定的古典民主政治。但脆弱的古代工商业很快就消失了，政治哲学也随之衰落了。直到近代，随着资本主义生产方式和市场经济的兴起，为适应于建立资产阶级民主政治的理论需要，政治哲学才又一次在更大规模上发展起来，但 19 世纪中叶以后，政治哲学又走向衰落而为作为政治科学的政治学所取代。政治哲学的兴衰起落，都是由不同时期的社会状况及理论需要所决定的。在资本主义生产方式和市场经济兴起之时，人们主要关注的问题是如何建立同新的生产方式相适应的政治制度，建立一种什么样的国家，如何建立合理的政府。所以当时最有影响的是各式各样的国家或政府的构成理论，如从霍布斯、洛克到卢梭的社会契约论等。随着西方社会转型的完成，资产阶级政治统治的完全确立，资本主义的政治国家已经纷纷建立起来，政治理论的主题便转变成了国家运行的常规性问题，即常态政治运行的经验性分析，如研究政治活动的具体过程、公共权力的存在形式及运作规则等。人们不再热衷于政治活动、政治事物的哲学追问，即关于这一类事物的内在本性、终极价值之类的追问了。

政治哲学的衰落还有其十分重要的知识背景，这就是 19 世纪以后，随着自然科学的迅速发展及其取得的日益突出的成就，科学主义的知识论原则逐步在各个科学领域中占据了统治的地位。按照科学主义的知识论原则，只有关于经验事实的知识才是真知识。科学研究的目的是为了探求真理，而探求真理就必须遵循价值中立的原则，必须以可证实的经验事实为依据。于是，用"事实的描述"取代价值判断，用"科学的理解"取代形而上的追问，越来越成为各个学科的基本原则。在这种情况下，探讨政治事物的价值和意义，追问政治事物的内在本性和应然形态的政治哲学便陷入了知识合法性的危机。政治哲学被视为屠龙之术而受到嘲弄，如果说还有所保留的话，那也只是对政治理论概念作语言分析的哲学技术了。这就是政治哲学的衰落。

但是 20 世纪以来，特别是"二战"以后，社会生活发生了重大的变化，提出了一系列新的问题。就西方世界来说，"二战"以后一些发达国家试图以"福利国家战略"对自由资本主义进行调整，深刻地改变了近代以来一直统治着西方社会的社会秩序和价值观念，改变了西方社会的政治生态，它在降低传统冲突的可能的同时，也产生了一些新的冲突和抗争，这些冲突和抗争都难以归入任何一种政治冲突的传统形式，因而难以在传统的政治理念下得到合理的解释。而在世界的另一端，苏联和东欧社会的剧烈变化，苏联模式的传统社会主义的失败造成了社会生活的新分化、新格局，市场化取向的社会主义改革也引发了一系列全新的政治问题。显然，这些政治问题都不是以往那种政治运行的常规性问题，是作为经验性分析的政治学所解决不了的问题。在这样一个社会生活急剧变动和各种社会矛盾相互交错的历史时期，人们迫切地需要有为社会整合和社会发展提供新的政治理念的政治哲学，去发挥它对社会的导向和规范作用。

更为重要的是，20 世纪下半叶以后，全球化进程大大加速，与以往的时代相比，全球化已经成为当今时代最具历史意义的时代特征。这样一个迈向全球化的时代，并不是福山们所期望的历史终结，恰恰相反，它是一个充满矛盾、风险和冲突的时代。它向我们展示了一个传统的理论模式完全无法把握的矛盾体系、风险模式和冲突类型。在这个时代里，传统的价值观念不再受到尊崇，既往的秩序不再稳定，旧有的社会结构将会在新的基础上重构。所有这些问题表明，在现代条件下，人们对传统的政治价值和实践行为的认同在发生转变，即人们的政治认同和社会归属在发生转移。生活在现代社会中的人们不能不思考这样的问题，即如何在被现代化和全球化毁弃了的废墟上重建自己的家园？这个家园的构建应当遵循怎样的正义原则？我们将怎样获得这种正义原则？对于这些问题的回答，正是当代政治哲学无可推卸的历史使命。

政治哲学在世界范围内的复兴无疑会波及变革中的中国社会。中国特色社会主义市场经济的发展，使整个社会生活包括政治生活经历着空前的历史性的大变动。中国已经无可选择地汇入了全球化和市场化的世界历史进程。可是悠久而独特的文化传统、庞大的人口压力、落后的生产力，未能完全消除的旧有计划体制的影响，等等，为中国的市场化与全球化的进程设置了难以想象的复杂局面。上面论及的问题为包括中国在内的世界各个国家所共有，而它在中国的表现则更为复杂。驾驭这种复杂的局面需要高超的政治智慧和清醒明晰的政治理念。推进市场化和全球化的进程是一项巨大的社会工程和政治工程。完成这一社会变革的伟大工程需要观念上的自觉，而这种观念上的自觉则依赖于哲学的智慧。因此，作为中国社会转型发展过程的灵魂和指导思想的马克思主义哲学也必须与时俱进，必须进行一个同这一伟大社会工程的需要相适应的哲学理论变革，其中就包括马克思主义政治哲学的重建。怎样从时代生活的要求出发开展政治哲学的研究，把握当代政治生活的根本性问题，从而提炼出符合时代需要的政治理念，已经成为我们面临的迫切的时代课题。

中国共产党领导的中国革命和建设一直是在马克思主义政治哲学的引导下进行并取得胜利的。但由于种种历史的原因，政治哲学没有形成专门的哲学形式，没有建立起政治哲学的独立的话语体系。马克思创立的政治哲学是理想性的政治哲学，在实践中，我们也做了许多将理想性政治哲学现实化的工作，但没有获得系统化的形式。现在我们面临的理论任务，就是在承续马克思理想性政治哲学的同时，建构系统化的现实性政治哲学，以为政治实践提供更具体更切实的理论指导。从这点上说，这也是政治哲学在中国的复兴。

三、现实问题的政治哲学研究

了解政治哲学在当代复兴的背景和意义，从而转变和澄清关于政治哲学的学科观念，是研究政治哲学的前提。从 2003 年重点转向政治哲学时起，到 2005 年我和王新生教授合作的论文"政治哲学的当代复兴及其意义"发表，这项前提性的研究工作告一段落，大致进行了两年的时间。这篇文章刊发于 2005 年第 6 期的《哲学研究》，并译成英文为《中国哲学前沿》刊载。文章力图阐明的是，19 世纪中叶以后西方政治哲学的衰落是作为一种规范性研究的政治哲学的衰落，代之而起的是作为经验性研究的政治科学（政治学和行政学）；20 世纪下半叶复兴的也正是作为规范性理论的政治哲学。所以，现在世界范围内的政治哲学热，热的与其说是"政治"，毋宁说是"哲学"，即一种对于政治生活的哲学思考方式和言说方式。应当说，这篇文章表达了中国马克思主义哲学界对于政治哲学的新理解。这也是我们在后来的研究工作中必须牢牢把握的最基本的方法论原则。

　　鉴于政治哲学的学科状况，我们在研究工作的安排上，是现实问题的研究和基础理论的研究并举并重。但不论作何种研究，都必须做成政治哲学。就我本人来说，在最近的十来年里，更侧重于现实问题的研究。2011 年，南开大学哲学系的校友、时任天津市政协主席邢元敏倡议建立当代中国问题研究院，选择一些重要问题进行专门的理论研究，形成一些新的理念，为党和国家的战略决策提供理论的支持。元敏的倡议同我长期形成的学术观念非常吻合，也同我们正在进行的社会政治哲学研究的思路非常一致，因此，我表示了完全的赞同和支持。当年 6 月，学校批准了南开大学当代中国问题研究院的建立。这个研究院是个体制外机构，挂靠在南开大学哲学院，根据研究任务，联合校内外相关学科的研究力量组建课题组，由我担任学术委员会主任，并确定了近一个时期的主要研究方向是中国政治建设的道路。这个研究院是近十年来我的研究工作的主要平台。我在研究院里，同政治哲学相关的，主要做了两件事情。

　　一是协助研究院的创办人邢元敏同志，直接主持了"协商民主理论研究"的课题。这个课题就是要在理论上回答中国社会主义民主政治建设走什么道路的问题。结合总结中国共产党半个多世纪来实行群众路线和民主集中制、推行民主政治协商的丰富经验，研究社会主义市场经济条件下中国社会的新情况新变化，我们认为，社会主义协商民主是最能体现社会主义民主的本质、最适合中国国情的民主政治。这个课题分为八个子课题，较为系统地探讨和阐述了中国特色社会主义协商民主的理论基础、文化基础、实践基础，以及协商民主在"广泛、多层、制度化发展"的实践推进中涉及的重要理论问题，同时研究和阐述了西方民主理论由代议民主到协商民主的演进、中西协商民主理论的比较等。对于社会主义协商民主的深层理论研究固然是一种政治哲学的研究，但必须有哲学和政治学、经济学、历史学等多个学科的合作。这个课题的最终成果是一套八卷本的丛书，含《社会主义协商民主：超越"个人"与"共同体"对立的政治路径》、《协商民主与公民素质培育》、《协商民主的中国资源》、《协商民主中的社会协商》、《协商民主的制度化研究》、《从代议民主到协商民主》、《当代西方协商民主理论研究》、《中国协商民主的民众参与研究——基于 2016 年全国问卷调查数据》等。由邢元敏和我担任总主编。丛书已于 2019 年全部结稿，不久将由人民出版社出版面世。

二是主持了"新时代政治思维方式研究"的课题。2015 年，《人民画报》记者王蕾女士对我作采访时，我说："做协商民主课题的研究，也许是为我的哲学生涯画个句号了，现在还只是开始在画，我希望把它画圆了。"当时我也已经是年近八旬的老人，想休息了。但是，党的十八届三中全会及后来的十九大精神的鼓舞，又让我把这个句号往后推了一段。

党中央提出"把完善和发展中国特色社会主义制度，推进国家治理体系和治理能力的现代化作为全面深化改革的总目标。"这是党中央在新时期推进中国社会改革和建设的伟大战略部署，是习近平新时代中国特色社会主义思想的重要组成部分。

国家治理就是国家秩序、社会秩序的建构，在广义上就是政治建设。实现这个目标，依赖于高超的政治智慧，特别是正确的政治思维方式。国家治理现代化问题的提出，表明我们国家的社会治理已经逐渐由传统的自上而下的国家统治向更为复杂的现代社会治理转变。与此相适应，一些重要的政治观念及建立于其上的政治思维方式也应随之变更。基于这些考虑，我们选择了"新时代政治思维方式"的研究课题，并获准列入天津市社科规划重大委托项目。

　　这是一个政治哲学研究的极好的课题。政治哲学的研究必须把握社会的维度。所谓社会的维度，就是社会结构分析的维度，即政治与经济、文化、社会、生态诸方面的关系考察的维度。马克思就是这样研究政治哲学的。他说过："法的关系正像国家的形式一样，既不能从它们本身来理解，也不能从所谓人类精神的一般发展来理解，相反，它们根源于物质的生活关系，这种物质的生活关系的总和，黑格尔按照18世纪的英国人和法国人的先例，概括为'市民社会'，而对市民社会的解剖应该到政治经济学中去寻求。"① 我们现在研究的问题，同当时马克思面对的问题不大一样了，但马克思的方法论的精髓对我们的研究仍有极重要的启示意义和指导作用。国家治理体系的现代化是通过全面深化改革实现的，党中央把全面深化改革的部署称之为"五位一体"总体布局，我们的课题也就设置了五个子课题，从国家治理体系的变革这个角度，分别对经济、政治、文化、社会、生态等五个领域的改革、建设和治理及其体现的政治思维方式进行专门的研究和阐述，单设一题"以人民为中心"，是超越上述各个领域的总体性叙述。还有两题（"国家治理中的道德建设"和"建构人类命运共同体"）是不能完全归属于国家治理，但同国家治理关系密切且内容十分重要的课题，一共八个子课题。这个课题研究的最终成果也是一套八卷本的丛书，由我任主编、王新生、闫孟伟任副主编，现已全部结稿，将由人民出版社出版。下面我对各卷的核心内容作一简要的介绍。

　　第一卷"以人民为中心"。"以人民为中心"是新时代政治思维方式的总规定、总特征。它为共产党人的政治思维确立了一个坐标，是共产党人一切政治思考的基点。从国家治理的角度说，以人民为中心就是要

---

① 《马克思恩格斯选集》第 2 卷，人民出版社 2012 年版，第 2 页。

全面确立人民在国家治理中的主体地位；坚守党在一切事业中的人民立场；用"以人民为中心"的思维方式理解社会主要矛盾的变化，全面贯彻"以人民为中心"的发展理念，推动社会全面进步和人的全面发展；推进人民共同富裕，让发展成果更多更公平惠及全体人民；坚持人民共建、共治、共享的统一，等等。它体现在国家治理的方方面面，在理论构架上，"以人民为中心"的思想也就贯通于丛书的各卷，所以，这是作为丛书中具有总论性质的一卷，列为第一卷。

第二卷民主和法治。这一卷的主题是中国特色社会主义政治建设的基本逻辑，主要是运用"以人民为中心"的思维方式，从理论上阐明人民和党的关系、人民和国家的关系，从而阐明"坚持党的领导，人民当家作主，依法治国的有机统一"。中国共产党的领导是中国特色社会主义的最本质特征，也是中国特色社会主义事业取得成功的根本保证。"以人民为中心"的观念就是一个共产党的观念，是其他任何政党都不可能真正具备的观念。只有加强和改进党的领导，"以人民为中心"的原则才能真正得到贯彻。民主化和法制化是国家治理现代化的基本标志。民主必然走向法治。人民当家作主就是按人民的意志治理国家，但必须通过立法把人民意志提升为国家意志。国家法律才使国家意志获得一般表现形式，而不是表现为任何个人的任性。法治根本区别于人治。法治是同民主相伴随的现代政治文明形态，人治则是同专制相伴随的陈旧的政治文明形态。

第三卷效率和公平。按照丛书的总体设计，这一卷的主题是讲政治和经济的关系，从政治与经济的关系中思考政治。就经济领域而论，公平和效率的关系是典型地集中地体现政治和经济的关系的。市场经济本身只解决效率问题，不解决公平问题。必须由政治（政府）从市场经济外部干预，矫正其自发性。社会主义市场经济更需要政府干预。因此，效率和公平的关系问题在市场经济发展的实践形态上主要表现为市场和政府的关系问题。在我们国家，不论效率还是公平，价值主体都是人民，价值旨归都是人民需要的满足。效率和公平两种价值都要保证，不能只顾一种不顾另一种。处理好效率和公平的关系，关键是找到二者的合理的结合点。这个结合点是历史的，变动的。探寻这个合理的结合点的过程，是一个实现效率和公平的动态平衡的过程。本卷在阐明上述基本理论的基础上，较大的力气用在探寻确立这个结合点的基本因素，以及实现这种动态平衡的条件和途径，例如市场、政府和社会各起何种作用，以及各种作用如何按照一个正确的方向配合而形成一种良好的合力，等等。

第四卷论中华民族的文化自信。这一卷讲政治和文化的关系，即从政治和文化的关系中思考政治。制度和道路是历史主体的自觉选择。"选择"就说明有观念引导、观念支持，这观念就是广义上的文化观念。"文化自信"当然包括了对于民族优秀传统文化的自信。文化自信本质上是一种民族自信，这是我们的底气所在。但传统文化再优秀，也只是有助于我们理解现在的问题，而不足以解决现在的问题。因此，从根本上说，所谓"文化自信"应当定义为对中华民族文化创造力的自信。本卷从理论上回答了现实的文化生活中的重大问题，例如如何对待传统文化和外来文化，现代社会中的文化整合及社会主义核心价值观现实化的问题等等，在对这些问题的理论回应中，阐明了马克思主义的文化观点和党的文化建设方针。还着重阐述了文化的变革和创新，阐述了文化变革对于社会变革的意义，文化创新的社会基础，文化创新的价值目标和价值尺度，文化创新和马克思主义中国化，以及文化的变革和继承，批判了文化保守主义和文化虚无主义。

第五卷创造社会治理的新格局。这一卷是从政治与社会治理的关系

275

中思考政治。社会治理、社会建设的问题，看起来比较零散，不似其他领域那么集中，那么宏大，可事事关乎人民切身利益，都是为人民造福，都要把人民利益至上作为最高的价值准则。创建社会治理新格局的前提，是我国社会结构的新变化。市场经济具有越来越强的社会整合功能。社会的整合不再需要完全依靠政治的力量，因而逐渐由以往政治统摄一切的领域合一状态转变到各领域相对分离的状态。领域分离的最重要的结果和表现是国家和社会的结构状态的改变，即由国家与社会一体向国家与社会相对分离的转变，也就是独立于政治国家的自主社会生活领域的形成。国家的一部分社会管理职能需要让渡给社会。人民是国家的主人，也是社会的主人。所谓"多元主体共治"也只是从多种维度体现人民的主体地位。国家是社会治理主体的一个重要层次，但国家也是代表人民的意志治理社会。社会治理的目标是把社会治理得符合人民的需要，社会治理的成效由人民说了算。人民也需要管理，但本质上是人民的自我管理。社会治理和社会建设不可分割。必须坚持人民共建、共治和共享的统一。

第六卷生态文明建设。这一卷是从政治与生态文明的关系中思考政治。将生态问题的思考纳入政治思维的范畴，这本身就是政治思维方式的重大革新。"人与自然是生命共同体"，这是马克思主义生态理论的核心命题，也是本卷全部立论的基础。人与自然是一种一体性的存在，是性命相关的整体，所以，人与自然只能互相依赖，互相滋养，而不能互相伤害。对传统的"人类中心主义"应有反思。人类是主体、是"中心"，主要不意味着人的权利，而是意味着人的责任。人应当以人的方式对待自然。人对待自然有两种尺度，一是物的尺度，即科学的尺度，这就是认识和尊重自然规律。所谓人的方式，就是以认识和尊重自然规律为前提的自觉活动的方式，而不似动物的盲目活动的方式。二是人的内在尺度即价值的尺度。人是通过自己的活动改变自然物的存在形式，在对人有用的形式上占有自然物以满足自己的需要。这个价值尺度就表现人在对待自然上的伦理态度，所谓人的方式又是有伦理态度的方式。所以，人改造和利用自然的实践活动的合理性，就在于实践中运用于对象的尺度及其运用过程的合理性。所谓环境伦理就是调整在处理人与自然关系中发生的人与人的利益关系的行为规范。共产党人的伦理立场是立足于人类的全面幸福和长远发展，或叫作人类社会的可持续发展。批判资本逻辑，批判消费主义。

第七卷国家治理中的道德建设。这一卷的一个重点问题也是讲法治和德治，但与第二卷在侧重点上不同。第二卷是侧重于讲德治要以法治为基础，这一卷侧重于讲法治要有德治的配合才能顺利推进。法治，或一般地说法律、制度和社会权利规范等等的建立和完善，是外在的社会秩序的建构，而德治或道德建设则是人的内在的心灵秩序的建构。内外两种秩序一致，相互适应，相互协调，就可以相互为用，相互促进。一个社会的良法善治，总是同道德的普遍进步相伴随的。当前中国社会道德建设的困境是一种现代性的困境，具有世界的普遍性。作为一种现代性困境，是社会现代化过程中不可避免的困境，当然也是国家治理现代化过程中随时会遇到的困境。对于走出这种困境的途径和措施，本卷也作了初步的探讨。另外，本卷特别关注对社会道德生活影响越来越大的互联网，对网络空间中的道德建设也作了专门的系统性的研究。

第八卷构建人类命运共同体。经济全球化进程的加速，世界市场的形成和扩大，在全球范围内构成了一个"需要的体系"；又由于经济全球化对世界政治、文化的影响，历史已真正成为"世界历史"。人类已经成为命运相关的整体。以市场经济为基础的社会化大生产发展到一定阶段，要求继续提升生产的社会化程度，突破国家或地域的限制，让生产要素在全球范围内流动，资源在全球范围内优化组合，这是在现代科技革命推动下生产发展的必然趋势。但是在一个长时期里，是由美国等少数发达国家主导全球的现代性事业，由其主导建立的国际经济秩序及相应的国际规则越来越不适应世界的深刻变化，市场经济的自发性未能得到应有的限制，市场经济发展的负面效应同它的正面效应同时在全球范围内放大，从而产生了一系列全球性的问题。这就是所谓全球问题，即需要全世界共同面对、共同治理的问题。

全球治理和人类命运共同体是互构共生的。对于全球治理要放在人类命运共同体的背景下思考，要摒弃旧的治理理念和模式，例如摒弃西方中心主义的理念和模式，建立以《联合国宪章》的宗旨和原则为核心的平等合理的新型国际政治秩序，以合作共赢为核心的新型国际经济秩序等。正是在这样重大的时代背景下，习近平同志反复阐明了建构人类命运共同体和新型国际经济政治关系的理念，并一再表示中国愿意积极参与全球治理体系的改革。我们不仅在理论上提倡，而且在实践上身体力行。倡议"一带一路"并推动各种相关项目落实，同国际社会通力合作，共同抗击新冠疫情，就是践行"人类命运共同体"理念的突出事例，获得了国际社会的认同和赞扬。

以上就是丛书各卷的主要内容或主要思路。它的研究内容涉及哲学、经济学、政治学、法学、社会学、伦理学、生态学以及历史、文化的多个领域，是一种以哲学为基础的多学科的综合研究。

四、马克思主义现实性政治哲学研究中的几个重要问题

在"新时代政治思维方式研究丛书"的设计、研究和写作过程中遇

到许多过去很少思考的问题，其中不少也是近几年学界（包括丛书课题组内部）在学术讨论中从不同角度提出的问题，如什么是"政治"和"政治哲学"？马克思主义有没有自己的政治哲学？马克思主义的政治哲学和唯物史观是什么关系？为什么要把马克思主义政治哲学区分为理想性政治哲学和现实性政治哲学？理想性政治哲学和现实性政治哲学是什么关系？政治思维和哲学思维是什么关系？政治观念和政治思维方式是什么关系？如何建构马克思主义政治哲学的话语体系？以及如何研究现实性政治哲学？如此等等。其中任何一个问题解决得不好，都会成为政治哲学研究的逻辑障碍。因此，我为丛书写了一个长篇序言，力图对这些问题作出自己的回答，当然只能是原则性的、初步的回答。这也是希望为读者阅读这套丛书提供一个可资参考的理论线索。下面叙述的就是丛书序言的主要内容。

（一）"政治"概念的澄明

古往今来，特别是近代以来，出现了各种"政治"定义，但相互之间没有公度性，几乎不可通用。究其原因，主要在于两个方面：一是各种政治学说的学术旨趣不同，或理论视角不同，因而对于"政治"的本质的理解和阐释也就不同；二是现实社会政治生活的变化较快，"政治"概念的外延不确定，相应地，它的内涵也难以确定，现代社会尤其如此。这使得政治思想的研究和对话、交流都不可避免地存在着逻辑上的障碍。我们过去使用的"政治"概念，是列宁的"政治"定义（政治就是各阶级之间的斗争），这在阶级社会是正确的、适用的，即使在现时代，对于某些重要的政治现象的思考仍然必须运用阶级的观点，但从总体上说，这样的概念显然是不够用了。

现在对于政治的关注和研究成为哲学社会科学的热点，政治哲学和政治科学的研究都十分活跃，却极少有人试图根据变化了的社会政治生活重新定义"政治"。有些学者对原来使用的"政治"概念作了必要的修正和补充，这当然是非常有益的，而且目前来说也只能如此。在我看来，出于上面所说的原因，要做出一个可公度、可通用的"政治"定义仍是很困难的。但若没有对于"政治"的基本规定，研究工作便无所依循。这套丛书是一套政治哲学的研究著作。我想超出政治科学的视野，先从哲学上作些思考，将来如有可能的话再回到政治科学上来，这样或许可以提供一些新的研究线索。这里说的从哲学上思考，也不是企图作一个关于"政治"的哲学定义，而只是从哲学角度把握政治的一般规定，提供一个研究政治生活的观念框架。

按照马克思主义的人类活动论（或实践论）的哲学范式，哲学是对于人类自身活动的反思。人类是以自己能动地改变世界的活动来满足自己的需要的。人类生活有三大基本的需要。一是作为有生命的存在物，首先是生存的需要或物质生活资料的需要；二是作为社会性的存在物，有秩序的需要；三是作为有意识有思想的存在物，有意义的需要。满足物质生活资料需要的活动是物质生产活动或广义的经济活动，满足秩序需要的活动是广义的政治活动，而满足生活意义的需要的活动便是广义的文化活动，它们构成人类活动的三大基本领域，即经济、政治、文化的领域。哲学反思人类自身的活动，当然包括对于这三大基本活动及其相互关系的思考。而政治哲学作为哲学的一个重要分支，作为一种专门的哲学形式，它的主要任务正应当是对于现存秩序及其构成方式的合理性（主要是正义性）的批判性思考。这个看法，就是我作出国家治理是广义上的政治建设以及对于国家治理问题的哲学研究是一种政治哲学的研究这一论断的观念依据。这样的观念，同列宁的"政治"定义是可以相容的。在阶级社会，阶级斗争无疑是改变旧秩序、建设新秩序的根本途径。只是在我国国内剥削阶级作为一个阶级已不复存在，阶级矛盾已不是社会的主要矛盾，社会主义建设包括政治建设即社会秩序的建构和维护的活动，不再以阶级斗争为纲，因此，就国内政治来说，对于原来作为指导思想的"政治"概念需要有所澄清。

当然，说广义的政治活动是满足人类的秩序需要的活动，这是对于"政治"的最为一般即最为抽象的规定，还必须有一系列的补充说明，即作出一系列的限定。秩序普遍存在于自然界和人类社会中，进入"政治"范畴的只能是社会秩序。进一步说，即使在社会生活中，也不是任何一种秩序都与政治相关。人的一切活动都是需要有一定秩序的，这种"秩序"或"秩序性"同人的理性的运作直接相关，但有的只是同科学理性相关，只是一种技术上的要求，而同价值理性无涉，不关乎人们的利益关系的调整。例如，在经济活动中，任何一个具体的生产过程都是按照一定的操作规程有序地进行的，这种"秩序"与政治不相干，而宏观的经济运行秩序如市场秩序，则会涉及人们的利益关系，不仅影响经济活动，而且会影响整个社会生活。这样的秩序合理与否就具有政治的性质了，这是经济中的政治。政治视野里的秩序，主要是社会成员共同生活的公共秩序，它的最重要的内容或标志，就是形成能够组织、协调和控制社会共同生活的社会权力，并建立起社会个体对社会权力的服从关系。

公共秩序实际上就是调控和维护个体与共同体即个人与社会的关系的秩序。它的存在样态是由社会和人本身的发展状态决定的，是历史关系的产物。马克思指出："人的依赖关系（起初完全是自然发生的），是最初的社会形态，在这种形态下，人的生产能力只是在狭窄的范围内和孤立的地点上发展着。以物的依赖性为基础的人的独立性，是第二大形态，在这种形态下，才形成普遍的社会物质变换，全面的关系，多方面的需求以及全面的能力的体系。建立在个人全面发展和他们共同的社会生产能力成为他们的社会财富这一基础上的自由个性，是第三个阶段。第二个阶段为第三个阶段创造条件。"①马克思的这个论述，为我们研究社会秩序建构的历史类型提供了基本的指导线索。

就文明社会以来的历史考察而论，这第一个阶段即人的依赖性的阶段，是指的前市场经济社会。在这个阶段上，个体依附于共同体，没有个体的独立性；生产规模狭小，生产力水平低下，人们相互之间的经济交往和社会交往极不发达，因而社会关系十分狭隘和简单，基本上是一种以人身依附关系为基础的自上而下的统治和服从的线性关系；经济活动本身不可能起到对于社会个体活动的整合作用，公共秩序只能依靠超经济的力量特别是政治的强制性力量来建立和维持。这就是专制政治得以产生的社会基础。在这种社会形态下，人只是"一定的狭隘人群的附属物"。这种"狭隘人群"就是古代的共同体，如家族、公社、行会等。社会与国家一体，国家就是社会的共同体。皇帝、国王就是国家，皇权、王权就是秩序。所有的人包括那些小的共同体的首领和成员都是国家的臣民，都依附于国家，即依附于皇帝或国王。

第二个阶段是指市场经济社会。这个阶段上传统的共同体解体，人们解除了人身依附关系，成为独立的自主活动的主体；社会生产有了巨大的发展，生产规模不断扩大，日益成为社会化的大生产；随着商品经济的发展，人们相互之间的经济交往和社会交往也逐步发展起来，使整个社会关系越来越丰富和复杂，使从前的以人身依附关系为基础的线性的关系，逐步为以纯粹的经济利益关系为基础的、由错综复杂的横向交

---

① 《马克思恩格斯全集》第46卷（上），人民出版社1979年版，第104页。

往所织成的非线性的网络式的关系所代替；社会化的生产和市场化的经济本身也对个体的活动具有整合的功能，社会秩序的建立和维护对于政治的强制性力量的依赖程度显然不如上述第一个阶段那么高，而主要依靠强力支撑的专制政治在客观上也已不适合于管理一个社会关系日益复杂的商品社会。这就是近代资产阶级民主政治兴起的社会基础。这里需要特别注意的是，马克思讲的第二个阶段的人的独立性是"以物的依赖性为基础的人的独立性"。这种"独立性"，只是说的个人已解脱了人身依附，由人的依赖性变成了物的依赖性。这个"物"不是指的自然物，而是社会关系的物化，或物化的社会关系。"物的依赖性无非是与外表上独立的个人相对立的独立的社会关系，也就是与这些个人本身相对立而独立化的、他们互相间的生产关系"①。由人的依赖性转变到物的依赖性，不过是由"人的限制即个人受他人限制"转变为"物的限制即个人受不以他为转移并独立存在的关系的限制②"。本来是人在自己的活动中创造的并作为自己活动的社会形式的社会关系，又反过来限制人的活动，并成为支配人的力量，这也是一种异化，即社会关系的异化。在以交换价值为基础的市场经济社会，"个人的产品或活动必须先转化为交换价值的形式，转化为货币，才能通过这种物的形式取得和表明自己的社会权力"③。所以马克思说，这种个人是"在衣袋里装着自己的社会权力"④，谁的腰包越鼓，谁的社会权力就越大。而且，按照市场经济自身的逻辑，它的自发发展的逻辑，必定是一部分人即少数人的腰包越来越鼓，另一部分人即大多数人的腰包越来越相对缩小的两极分化的趋势。

---

① 《马克思恩格斯全集》第 46 卷（上），人民出版社 1979 年版，第 111 页。
② 《马克思恩格斯全集》第 46 卷（上），人民出版社 1979 年版，第 110 页。
③ 《马克思恩格斯全集》第 46 卷（上），人民出版社 1979 年版，第 105 页。
④ 《马克思恩格斯全集》第 46 卷（上），人民出版社 1979 年版，第 103 页。

所以，资本主义的市场社会，就是一个信奉货币万能、金钱万能的社会。这个社会中人的独立性，如马克思所说是"外表上"的，即形式上的，这个社会中表现人的独立性的一些基本的社会价值如平等、自由、民主等等，也就都只能是形式上的，而不能是事实上的或实质上的。我们只有按照马克思主义的观点，这样去理解所谓"以物的依赖性为基础的人的独立性"，理解这个社会的社会关系的性质，理解以此为基础和依据的社会秩序的构成方式，才能真正理解资本主义市场经济社会的政治。

第三个阶段就是指共产主义社会（社会主义是它的低级阶段）。在这个阶段，既消除了人的依赖性，也消除了物的依赖性，而是在个人全面发展基础上的自由个性；人们的社会结合方式是在共同占有和共同控制生产资料基础上的自由人联合体。这第三阶段同第二阶段的根本性的区别就在于人不再受物化的社会关系的支配，而是能够支配自己的社会关系，因而能够支配和控制自己的生存条件，成为自己的社会结合的主人。正是在这个意义上，恩格斯把从第二个阶段向第三个阶段的转变，称为"人类从必然王国进入自由王国的飞跃"[1]。

中国已经建立了社会主义制度，就表明中国已经进入了马克思说的人类社会发展的第三阶段，尽管现在仍处在这个阶段的初始时期。决不可因为中国现在仍在发展市场经济，就认为中国同其他没有建立社会主义制度的市场经济国家处在相同的发展阶段上。如果这样认为，那就是一种明显的错误认识，而且是一种政治思考的前提性错误。马克思说"第二个阶段为第三个阶段创造条件"，但由于历史的原因，中国社会的第二个阶段即市场经济社会的阶段没有获得充分的发展，即没有为

---

[1] 《马克思恩格斯选集》第3卷，人民出版社2012年版，第815页。

中国社会进入第三个阶段准备好充分的条件。这正是中国的社会主义社会必须经历一个漫长的初级阶段的原因。中国需要在社会主义的初级阶段，运用社会主义制度的优势，发展市场经济，为自己在第三个阶段内的发展创造条件。市场经济是人类社会的发展不可超脱的历史阶段。"全面发展的个人……不是自然的产物，而是历史的产物。要使这种个性成为可能，能力的发展就要达到一定的程度和全面性，这正是以建立在交换价值基础上的生产为前提的，这种生产才在产生出个人同自己和同别人的普遍异化的同时，也产生出个人关系和个人能力的普遍性和全面性。"①没有以交换价值为基础的市场经济的发展，就不会有普遍的社会物质变换和社会交往活动，不会有丰富的社会关系，当然也就不会产生出个人关系和个人能力的普遍性和全面性，不会产生出马克思说的"自由个性"，不会具备人类社会在第三阶段运行的前提和条件。因此，我国在现阶段，在整个社会主义初级阶段，政治建设的基本任务，就其主要之点来说，就是建立和完善同社会主义市场经济的发展相适应的社会秩序，保证社会主义市场经济的健康发展。一方面，坚持社会主义方向，依靠市场经济的发展，建立起社会主义的强大物质基础，积累社会文明进步的种种积极成果；另一方面，发挥社会主义政治上层建筑干预、引导和规范市场经济的作用，矫正和克服市场经济的自发性，最大限度地防止市场经济的消极后果。这种思考，也正是丛书各卷立论的依据和基础。

上述关于政治的理解，是笼统了一些，但可公度性、可通用性增强了。各种政治学说的理论立场、理论观点可能不同甚至互相对立，但可以是讨论同一个问题，而不至于各吹各的调。这样理解的"政治"是可

---

① 《马克思恩格斯全集》第 46 卷（上），人民出版社 1979 年版，第 108—109 页。

以持续研究的，不用担心什么时候会停滞乃至消失。将来，阶级在全球范围内消灭了，国家消亡了，政治会不会也随之消失？议论这样的问题还为时尚早，但有一点可以肯定，即人类生活对于秩序的需要永远不会消失。人总是社会中的个人，总要结成一定的社会关系才能活动，也就总会有社会关系的维护和调整，社会总会要有规范，总会有权威和服从，等等。人类将来会在一种什么性质的秩序下生活？这倒是可以引用马克思在谈论"自由王国"问题时说的话来表达：社会化的人，将"在最无愧于和最适合于他们的人类本性"①的秩序下生产和生活。这同马克思关于人类解放的思想在精神实质上是完全一致的。毫无疑问，这个伟大目标的最终实现，还需要经过一个漫长的、艰巨的社会改造过程。但这是我们不可动摇的信念和理想。我们现在所做的一切都是朝向这个目标的努力。所谓现实性政治哲学的研究，就是要把握这一价值目标在现阶段实现的可能程度，探讨将这一理想现实化的条件和途径。可以坚信，国家治理现代化的实现将是向这个伟大目标前进的一大步。

（二）哲学的进步和政治思维方式的更新

政治思维方式变更的根本原因和动力固然是现实社会生活特别是政治生活的变化，但哲学进步的影响也不可低估。哲学是普照的光。哲学思维的重大变化必定会影响社会生活和科学的各个领域，政治生活当然也不例外，甚至可以说，政治生活领域的反应会比其他领域更加敏感。从世界范围来说，当代哲学实现了一种可以称作后形而上学的转向，即在理论旨趣和哲学思维方式上由传统形而上学向后形而上学的全面转

---

① 《马克思恩格斯文集》第 7 卷，人民出版社 2009 年版，第 928—929 页。

换。马克思主义哲学在实际上就是引领这种历史转向的潮流的。它首先是一种哲学的实践转向。针对传统形而上学理论至上、热衷于构造理论体系的哲学活动方式，不少哲学家纷纷提出哲学回归生活世界，主张实践活动优先于理论活动，社会生活世界成为哲学家们理论探索的第一视域。这种转向的直接表现就是领域哲学的纷纷兴起。哲学的研究不再是对世界总体的笼统的直接性追问并在此基础上建构起无所不包的哲学体系，而是从社会生活世界的各个领域切入，在不同的维度上把握总体世界，即从不同的哲学视界去把握同一个总体世界。这是 20 世纪下半叶以来政治哲学复兴的学术背景。而且由于政治哲学特殊的问题域、切入生活世界的独特视角，使得它成为思考和把握人类生存困境的最佳方式之一，因而迅速成为各种领域哲学中的显学。在后形而上学转向中表现的一些哲学倾向和提出的一些新的哲学观点，也对政治思维方式的更新产生了重要的影响。例如，批判绝对理性主义、遏制技术理性的单一性膨胀、要求重建理性的思潮，促使价值理性、道德实践理性得以凸显，这是直接为以规范性研究为特征的政治哲学的复兴开道。传统形而上学遵从理性至上、理论优先，满足于抽象的理论思辨，因而关注的是城邦、国家等宏大叙事；而在后形而上学的实践优先的思想语境下，有关人的日常生活的话题如权利、自由、社会公平、民主等则不断凸显。改变传统形而上学对于"一"和"多"关系的抽象理解，肯定和强调异质性存在的合法性，便提倡多元性思维方式，要求人们在处理价值观念、生活方式和文化问题时持多样性共存的宽容态度。主体间性哲学的提出，促进了西方协商民主理论的兴起。至于对传统形而上学的主体性及与之密切相关的个体性思想的反思而导致的对公共性的追寻，更是引导人们进入当代政治思考的核心，即个人权利与公共善的关系问题，亦即个人和社会的关系问题。

就国内情况而论，除上述世界共同的学术背景外，中国还有其更为特殊的背景，哲学对政治思维的影响也更为明显和深刻。中国共产党在对于"文化大革命"的反思中，以纠正自己错误的巨大理论勇气，果断地否定了所谓"无产阶级专政下继续革命"的理论。这是政治观念和政治思维方式的根本性转变。这种反思是伴随着一系列的理论争论的，其中，最重要的正是哲学上的争论。首先是关于真理标准问题的哲学大讨论。经过这场讨论，重新确立了实践的权威，恢复了马克思主义的思想路线，这是敢于纠正自己错误的理论勇气的来源和保证。同"无产阶级专政下继续革命"的理论内容直接相关的哲学争论，主要是这样相互密切关联的三个方面：一是批判上层建筑决定论包括唯心主义的阶级斗争观和唯心的阶级估量，以及建立于其上并作为其集中体现的"全面专政"论，果断地停止了"以阶级斗争为纲"的口号。这是我国政治生活的最重要的历史性转折。二是对于批判所谓"唯生产力论"的反思。通过这种反思，重新认定并强调了生产力是社会发展的最终决定力量的观点，重新认定并强调了社会化的大生产是社会主义所绝对必需的物质基础，小生产必然向社会化大生产发展，而生产的社会化必须经过生产的商品化才能实现，进而从历史发展的普遍规律上认识到市场经济是社会发展必经的、不可超脱的历史阶段。三是对于批判所谓"折中主义"的反思。有人把政治和经济的统一、政治和业务的统一等等斥之为"折中主义"，以致"宁要社会主义的草，不要资本主义的苗"一类极端化的言论满天飞舞。这种以哲学的名义又完全不顾哲学常识的"大批判"，歪曲了社会主义的本质，把整个社会的政治思维也引向了极端的混乱和荒谬。在这一类问题上澄清理论是非，其影响更为广泛和深远。这些哲学上的反思，同其他学科或领域的理论思考相结合，其直接的作用就是促成了社会主义初级阶段理论和社会主义市场经济理论的产生（社会主义市场经济理论也属于社会主义初级阶段理论，是其支柱性的核心内容）。这是彪炳史册的伟大理论成果，它为我们的政治思维确立了前提和方向。

可见，政治思维方式是密切相关于哲学思维方式的，政治哲学并不是游离于整个哲学发展状况的一个哲学领域。德国当代政治哲学家奥特弗利德·赫费也说过："从概念上廓清政治的正义性观念，尽可能使它成为可应用的标准，成为正义原则，一直是哲学的最高任务……政治讨论亦主要是从哲学角度进行的，而且成了道德的统治批判的决定性部分，并以这种形式建立了哲学的法和国家伦理学。"① 赫费的话是对的。哲学当然是概念思维，政治哲学也是如此。政治哲学作为有着悠久学术传统的特殊的领域哲学，有其独特的概念系统，这是由它独特的问题域和切入问题的独特的理论视角所决定的。但我们不能局限于既有的这个政治哲学的概念系统。近代以来的西方政治哲学主要是以自由主义为理论基点的，在此基点上建立的是以个人权利为核心的概念系统，它的理论内容是以政治解放为限度的，而我们要建构的现实性政治哲学，是超越政治解放、走向人类解放的政治哲学。中国处在社会主义的初级阶段。一方面，还要大力发展市场经济，作为市场经济存在条件的个人权利、个人自由还需要维护和规范，民主制度还需要完善等等。总之，还有一些属于政治解放范畴的历史任务需要继续完成，因而属于政治解放范畴的概念系统作为问题构架仍会保持，但要补充和更新概念的内涵，因为这些任务对于我们来说是已经走上人类解放之路、同人类解放的目标直接关联的任务了。另一方面，则是要着力探讨人类解放的目标在我国现阶段现实化的途径和条件。这是包含着全新内容的理论探索。对于

---

① ［德］奥特弗利德·赫费：《政治的正义性：法和国家的批判哲学之基础》，庞学铨、李张林译，上海译文出版社 1998 年版，第 3 页。

我国国家治理现代化的研究就多属于这种研究，它涉及许多原来的概念系统难以容纳的新问题新内容，必须由马克思主义的基础哲学为其提供理论基础和方法论的指导，才能使这种研究达到政治哲学的层面，并在研究中逐步形成和完善新的政治哲学的概念系统，也才能真正把握和阐明政治思维方式的更新。

有一个问题需要顺便说明一下，这就是政治思维方式和政治观念的关系。其实，"政治观念"和"政治思维方式"在实际的思维过程中是不可分割的，是一种一而二、二而一的存在形态，只是在对于这个思维过程进行研究和述说的时候，需要运用思维的抽象把它们分割开来，即抽象出它们各自的规定性。毛泽东在《矛盾论》里说："这个辩证法的宇宙观，主要地就是教导人们要善于去观察和分析各种事物的矛盾的运动，并根据这种分析，指出解决矛盾的方法。"①事物的矛盾法则即对立统一学说，是一种宇宙观，但又是方法论。这就是说的马克思主义哲学的世界观与方法论的统一。马克思主义的政治哲学也是如此，也是观念和方法的统一。任何一种思维方式都有它的观念基础，而在观念向实践转化时，第一步就是将观念化为方法。政治哲学是一种地道的实践哲学，现实性政治哲学更是如此，它的现实基础是我们正在做的事情，它所形成的观念随时都会运用于政治实践。当它运用于政治实践时，就是作为政治思维方式在起作用了。

（三）建构中国化马克思主义政治哲学的话语体系

话语体系当然包括话语风格、话语方式等等，但其实质或内核则是

---

① 《毛泽东选集》第1卷，人民出版社1991年版，第304页。

观念框架、理论框架，说到底也就是思维方式。政治哲学是关注政治事物的内在本性、价值指向和政治活动的应然规范，是一种有别于经验性研究的规范性研究，是要对人类应当怎样生活即人类生活的伦理价值目标进行哲学的追问。但在我们过去的哲学研究中，极少有这种规范性研究。我们长时期里只会在流行的历史唯物主义教科书的框架内说话，而没有政治哲学的独立的话语。流行的历史唯物主义教科书体系是排除了价值论的维度的。它把历史唯物主义规定为"关于人类社会发展一般规律的科学"，这就只剩下认知的维度了。所以，虽然也曾有人用"马克思主义政治哲学"的名义写书写文章，但讲的基本上还是历史唯物主义教科书里关于阶级、国家、革命的内容，一涉及基本的社会价值如自由、平等、人权等等，就难以与国际学术界对话了，因为这些内容恰恰是作为规范性理论的政治哲学的话语范围内所讨论的问题。这就是话语体系上的障碍。

曾经流行的历史唯物主义教科书和政治哲学两种话语体系的差异，主要是表现在认知和规范（即事实性与价值性）这两个维度的关系上。虽然任何一种政治哲学都要求在理论上达成规范和认知的统一，但就其知识形式来说，无疑是属于规范理论。所谓进入政治哲学的话语体系，首先就是遵照政治哲学的学术传统，认定政治哲学是一种规范理论，接受规范理论的话语体系。当然，历史唯物主义的政治哲学比任何一种政治哲学都更加重视事实性对价值性的制约，这是维护政治哲学的唯物主义基础，但这并不排斥政治哲学话语的独立性。这两个维度在任何时候、任何情况下都不能互相排斥、互相割裂，而应当互相结合、互相统一。只有从认知与规范、科学与价值的统一中，才能把握和阐明政治哲学之作为哲学的本质。

用价值与事实之统一的观念框架解读马克思，肯定马克思创立了自己的政治哲学是毫无疑义的。马克思是不是创立了自己的政治哲学，是不是从政治思考的特殊角度把握了时代的精神，首先就看他是否把握了为历史的事实性所规定的具有客观可能性的价值目标。19 世纪中叶，即在工业革命之后，马克思从这种社会化大生产看出它在促进生产力高度发展的基础上，开放了一种人类解放的可能性，因而创立了以人类解放为价值目标的政治哲学。马克思把握到的事实性是一种表现历史发展趋势的事实性，因而其价值目标也就是一种表现人类历史进步的新的可能性的价值目标。马克思的政治哲学所达成的事实性与价值性的统一，是一种基于理想的事实性的统一，所以叫作理想性的政治哲学。这种理想性政治哲学既有批判性，也有建设性，但首先和主要的是它的批判性。以"人类解放"即人的全面自由发展的价值理想观照资本主义社会的现实，看到资本主义社会是人的全面异化，是资本主义剥削制度下的种种不正义、不道德。因此，实现"人类解放"这一理想目标的决定性条件就是消灭资本主义私有制，消灭剥削，消灭阶级。"全部问题都在于使现存世界革命化，实际地反对并改变现存的事物。"[①]马克思主义哲学的革命的批判的本质在马克思的政治哲学的批判性之维得到了最充分的表现。这种政治哲学也是建设性的，它也包含了对于新的能够保证人的自由全面发展的社会制度的建设性构想，是有关于未来社会的理论模型的。

俄国十月革命使社会主义由理论变为实践，第二次世界大战后，社会主义又由一国的实践变为多国的实践。按说，应当建立一种现实性的政治哲学，以利于更具体更切实地指导社会主义的政治实践。但是，几十年来，建构系统性的现实性政治哲学的理论任务一直未能提到日程上

---

① 《马克思恩格斯选集》第 1 卷，人民出版社 2012 年版，第 155 页。

来。究其原因，无非是两个方面。一方面，是在学科观念上，不理解政治哲学的学科性质，普遍认为历史唯物论就包括了政治哲学，没有必要在历史唯物论之外再建立一种政治哲学。另一方面，对于社会主义实践所处的历史方位把握得不清楚，甚至不正确。政治哲学中事实性与价值性的统一，是以事实性为基础的，价值性是受事实性制约的，在现实性政治哲学中这种制约更加明显。对于社会主义实践所处的历史方位不清楚，也就是它的历史任务不清楚，当然也就不能清楚地规定它在当下的价值目标。这种情况，突出地表现在对于所谓"过渡时期"的认识上。

马克思在《哥达纲领批判》里有一个非常重要的著名论断："在资本主义社会和共产主义社会之间，有一个从前者变为后者的革命转变时期。同这个时期相适应的也有一个政治上的过渡时期，这个时期的国家只能是无产阶级的革命专政。"[1] 在马克思的概念里，"共产主义"和"社会主义"是在同一意义上使用的，在《哥达纲领批判》里就有"共产主义社会第一阶段"和"共产主义社会高级阶段"的区分。后来列宁明确把马克思说的共产主义社会第一阶段称为社会主义社会，有"在共产主义社会的第一阶段（通常称为社会主义）"[2] 的说法。后人都是按马克思和列宁的说法，把社会主义社会理解为"共产主义社会的第一阶段"的。所以，马克思在这里说的"革命转变"时期是指的由资本主义社会向社会主义社会的转变，而不是指的向共产主义社会高级阶段的转变。这个"革命转变时期"的主要任务就是剥夺剥夺者，即"利用自己的政治统治，一步一步地夺取资产阶级的全部资本，把一切生产工具集中在国家即组织成为统治阶级的无产阶级手里，并且尽可能快地增加生产力的总

---

① 《马克思恩格斯选集》第 3 卷，人民出版社 2012 年版，第 373 页。

② 《列宁选集》第 3 卷，人民出版社 2012 年版，第 196 页。

量"①。可见，马克思说的这个过渡时期是很短暂的，是社会生活急剧变化的"革命转变"时期，非常规时期。②

但是，这个"过渡时期"被后人不断拉长了。列宁时期还是比较清楚的，至少"过渡时期"和"共产主义社会第一阶级"即社会主义社会的区别是清楚的。我们在开始的时候也是十分清楚的，后来有一个时期就不清楚了。我们曾提出过两个"过渡时期"，学界俗称"小过渡"和"大过渡"。20世纪50年代初提出的过渡时期，即是"小过渡"。这个"过渡时期"是指从中华人民共和国成立到社会主义改造基本完成这一时期。党在这个过渡时期的总路线和总任务，是要在一个相当长的时期内，基本上完成国家工业化和对农业、手工业、资本主义工商业的社会主义改造。1956年，社会主义改造基本完成，这个"过渡时期"也就宣告结束。所以，1957年2月毛泽东在最高国务会议上做关于正确处理人民内部矛盾问题的报告时郑重宣布："革命时期的大规模的急风暴雨式的群众阶级斗争基本结束"③。这个"小过渡"的理论是符合《哥达纲领批判》的基本思想的，也是符合中国国情的，无疑是正确的。但几年之后，即1962年，在党的八届十中全会上又提出了一个"过渡时期"。提出"在由资本主义过渡到共产主义的整个历史时期……存在着无产阶级和资产阶级之间的阶级斗争，存在着社会主义和资本主义两条道路的斗争。"1963年，在《关于国际共产主义运动总路线的建议》中更明确地提出："在进入共产主义的高级阶段以前，都是属于从资本主义到共产

---

① 《马克思恩格斯选集》第1卷，人民出版社2012年版，第421页。

② 参看王南湜、王新生：《从理想性到现实性－当代中国马克思主义政治哲学建构之路》，《中国社会科学》2007年第1期，《政治哲学的当代复兴》，中国社会科学出版社2011年版，第10—16页。

③ 《毛泽东文集》第7卷，人民出版社1999年版，第216页。

主义的过渡时期，都是无产阶级专政时期。"此即所谓"大过渡"。显然，这个"大过渡"理论是所谓"无产阶级专政下继续革命理论"的一部分，是它的理论前提。这个理论的社会实践后果，也已经有许多文章阐述过了。这里只是就现实性的马克思主义政治哲学的建构何以可能或不可能的问题谈点看法。

按照这种"大过渡"的理论，不仅把阶级斗争严重地扩大化了，而且把整个社会主义阶段归入"过渡时期"，社会主义社会就成了一个没有质的稳定性的过渡性社会，而不是一个具有自身稳定结构的独立的社会发展阶段。过渡性社会是一个社会生活变动不居的社会，人们难以说明这个社会的政治结构，没有也不须有阶段性的即现实性的价值目标，因此，难以为这种"大过渡"提供一种事实性与价值性相统一的政治哲学的支持，恐怕事实上也没有人想过要去做这种政治哲学的研究。

中国社会主义事业的发展，显然是处在一个极其重要的历史转折关头，亟须有理论上的重大创新，社会主义初级阶段理论便应运而生了。放弃了"大过渡"的观点，把社会主义社会看成不同于"过渡时期"也不同于共产主义社会的独立的社会发展阶段，而且这个阶段时间会很漫长，这就会合乎逻辑地肯定社会主义社会的发展也是分阶段的，也就合乎逻辑地将我们身处其中的社会看作是一种需要从政治哲学上加以把握的稳态社会。当然，对于中国社会主义初级阶段的概念，还不能仅仅从一般社会主义发展过程去理解，它不是泛指任何国家进入社会主义都会经历的初始阶段，而是特指中国在生产力落后、市场经济不发达的条件下建设社会主义必然要经历的特定阶段。在这个阶段，已经建立了社会主义的基本制度、法律制度和初步的社会权利规范，但还不完善；已经具有了稳定的社会结构包括政治结构，但还不成熟；因为还需要进行系统的改革，所以可以说也是一个社会大变动的阶段，但这个改革是在共产党的领导下有序进行的，是有明确的目标和步骤的，各种制度、规范正是在改革中，即通过改革逐步完善的。因此立足于社会主义初级阶段的理论和实践，建构一种事实性和价值性相统一的现实性政治哲学就不仅是可能的，而且是非常必要的。习近平同志在主持十八届中央政治局第一次集体学习时指出，要深刻领会中国特色社会主义的总依据、总布局、总任务，总依据就是社会主义初级阶段，"不仅在经济建设中要始终立足初级阶段，而且在政治建设、文化建设、社会建设、生态文明建设中也要始终牢记初级阶段。"社会主义初级阶段是现在中国最基本、最重大、最确凿的事实性。所以，我们现在建构的现实性政治哲学毋宁说是社会主义初级阶段的政治哲学。

国家治理现代化就是针对中国特色社会主义制度尚不完善、国家治理体系尚不完善的状况提出的，是我们在社会主义初级阶段必须实现的一项重大的基本任务。在党的领导下，在推进深化改革的过程中，建立了并逐步完善着包括制度、法律、权利规范等在内的各种社会规范。这是我们建构现实性政治哲学的极为重要的基础和条件。从科学与价值的统一中，对这些社会规范的正当性（主要是正义性）进行哲学的追问就是一种政治哲学的研究，而且是最地道的政治哲学研究。政治哲学是典型的实践哲学，不能按照某种理论哲学的模式，从逻辑上推导出一种"政治哲学"来，而只能在建设、改革的实践中创造出来。可见，现在是政治哲学研究的最好时机。错过这个时机，我们将愧对这个伟大的时代。

关于政治哲学的话语建构，还需要作一点必要的补充说明。事实性与价值性的统一或认知与规范的统一，只是对于政治哲学学科性质的最基本的说明，还远不是完全的或充分的说明。说白了，那只是说的进入政治哲学领域的门坎。至于进入这个门坎以后，能做出什么样的政治哲学来，那就取决于对于这个统一的理解和实现这个统一的方式了。马克思主义和自由主义活跃于同一个时代，但它们对于这个时代的事实性的把握和价值目标的选定就完全不一样。马克思主义从资本主义的生产方式，从社会化的大生产，看出了它推动人类社会向更高的阶段发展的趋势，从而提出了人类解放的价值目标。而自由主义所把握到的事实性则只是一种局限于资产阶级狭隘眼界的事实性，它从资本主义生产方式取得的成就，从资本主义取代封建主义所显示出来的优越性，认定资本主义是人类历史的最完备的社会形式。受这种认知上的局限，它提出的价值目标也就是适应于资本主义生产方式的政治解放的目标，即或者是继续完成政治解放的任务，或者是巩固和扩大政治解放的成果。这说明，如何把握事实，如何确定价值目标，如何达成事实与价值的统一，都是受着人们的理论立场、理论视角等等制约的，是由基本的世界观和方法论支配的。

可见，建构马克思主义政治哲学的话语体系，并不是要放弃历史唯物主义的话语，用一种与其不同的话语去取代它，而只是要把它置于政治哲学的思想语境即事实性与价值性相统一的思想语境下。前面说的曾经流行的历史唯物主义教科书的缺陷（排除价值论的维度），不是历史唯物主义本身的缺陷。历史唯物主义是有鲜明的价值维度的，人类解放就是整个马克思主义哲学的价值旨归。排除价值论的维度只是传统教科书的缺陷，即人们对历史唯物主义的解释上的缺陷。这是决不容许混淆的两回事。建构马克思主义政治哲学的话语体系，丝毫也不意味着失去历史唯物主义的话语，而是保持并强化历史唯物主义所固有的话语优势。

附：相关论著

（1）陈晏清：《社区文明建设的时代意义》，《天津日报》1997 年 1 月 7 日、《陈晏清哲学文集》第 7 卷，南开大学出版社 2017 年版。

（2）陈晏清：《市民社会论》序言（该书为王新生所著），广西人民出版社 2003 年版。

（3）陈晏清、王新生：《政治哲学的当代复兴及其意义》，《哲学研究》2005 年第 6 期。

（4）陈晏清：《政治哲学的兴起与当代中国马克思主义政治哲学的建构》，《中国社会科学》2006 年第 6 期。

（5）陈晏清：《政治哲学的时代使命》，《求是学刊》2006 年第 3 期。

（6）陈晏清、赵前苗：《后形而上学转向与政治思维方式的变更》，《天津社会科学》2006 年第 1 期、《新华文摘》2006 年第 11 期。

（7）陈晏清、王新生：《当前我国马克思主义政治哲学研究的几个问题》，《哲学研究》2010 年第 11 期、《新华文摘》2011 年第 1 期。

（8）陈晏清等：《政治哲学的当代复兴》，中国社会科学出版社 2011 年版。

（9）陈晏清："新时代政治思维方式研究丛书"总序（该丛书由陈晏清主编），人民出版社 2022 年版。

附录
在执教 60 年纪念仪式上的讲话

在哲学院院庆的大喜日子，同时为我个人举办执教 60 年的纪念仪式，这不仅是对我个人的关爱，也是借此表达对于曾经在南开哲学学科任教的所有教师的怀念和尊重。南开的哲学学科能取得今天这样辉煌的成就，能有今天这样良好的局面，是几代学人共同奋斗和付出的结果。选择我作为他们的代表，明显的理由是，我算是哲学系重建后这 60 年历史的最完整的见证者。此外，我再想不出来还有什么特别的理由。所以，校、院领导和同事们校友们给我这么高的礼遇，我真是受之有愧。

刚才，校党委杨庆山书记给我颁发了一个大奖——"卓越贡献奖"。我非常感谢庆山书记，也非常感谢哲学院的领导！只是这个奖的名头太大了，大得令人惶恐。实事求是地说，干了 60 年不可能没有一点贡献，但绝谈不上"卓越"。当然，从态度上说，在这几十年里，对于哲学系（院）的建设和发展，我是比较上心，比较投入的。但主观的态度和客观的效果常常是不一致的。至于我为什么这么投入，主要是因为我有比较强烈的"命运共同体"的观念。我把哲学系视为所有南开哲学人的命运共同体。在这里的人，个人要想改变自己的命运，首先就要和大家一起改变哲学系的命运。对于大多数人来说，这是最靠谱的办法。"命运共同体"这个词，现在是很热很响亮的词，过去很少用，但这个观念从来就有。我一到南开，就把南开哲学系视为命运共同体。不过，在刚来南开的那些日子，这个观念是以一种负面的形式表现出来的。当时思想上有过比较大的波动，不大认可这个"共同体"。我从人大毕业到南开，看到这两个哲学系的反差（或者叫落差）实在太大了。这里除温公颐先生的逻辑学以外，几乎没有任何学术基础，几门重要的课都开不出来，都要请当时的邻居——建立在六里台的河北大学哲学系的教师来上。觉得这个"共同体"基础太差了，很为自己的未来命运担忧，甚至想尽快离开这个地方。好在这个思想波动的时间不长，而且只是在自己的脑海中翻滚，并没有什么外部表现，所以，这个弯子也好转。当时也是受到一些人和事的感动，我调整了自己的思路，待一段时间就清醒过来了。南开哲学系刚刚建立，当然谈不上什么学术建设、学术积累，但它不会永远是这个样子。我想，还是应当相信马克思讲的道理：环境改变人，人也改变环境。有点志气的年轻人不能等着别人把"环境"建设好了再去坐享其成。年轻人不论到哪里，都得是创业。即使按最初的分配方案留在人大，在那里也是创业。现在既然到了这里，首先就应当想着努力把自己塑造成为这里的主人，去开创出一片属于自己的天地。从这个短暂的思想波动中清醒过来后，我就把自己的命运和南开哲学系的命运越来越紧地绑在一起了。后来的几十年，不论身处顺境还是逆境，都不改初心，一定要让南开哲学系改变模样。和这里的大多数人一样，对于南开哲学系的事业可以算得上是相当投入的了。

那么，我到底投入了什么？是怎么投入的？有的人可能首先想到的是我在哲学系做了十几年的系主任。但说实在话，我在管理工作岗位上投入并不多。只是因为我是哲学系的教职员工一人一票民选的系主任，不能辜负了大家的信任，加上当时面临的问题比较多，比较棘手，所以开头两年投入不得不多一点。上任后，我做的最重要也是最有效的工作，是在党委领导和支持下，高高竖起了学术兴系的旗帜。学术兴系，这首先是为人们反思、评论和调整是非观念确立了一个新的坐标，一个人人可以把握的坐标。在学术兴系的旗帜引导下，哲学系迅速地从十年"文革"造成的混乱中走了出来，停止了内耗，步入了正常发展的轨道。1986 年，马克思主义哲学、中国哲学同时获准建立博士点，加上原来的逻辑学博士点，我们这个原来基础极差而且体量很小的哲学系，居然已经拥有三个博士点。单从博士点的数量看，南开哲学系在全国高校哲学系中排位第五，仅次于北大、人大、武大和复旦。到这时候，大家都感觉到我们的哲学系开始改变模样了，我觉得自己也基本上完成了出任系主任的主要使命，而恰恰我所在的马哲学科却正处在学科发展的关键时期，有许多十分急迫的事情需要去做。所以，我曾两次正式提出辞职，但一再被校党委驳回了。可见，从我执教 60 年的整个历史来看，我主要投入的是我所在的马克思主义哲学学科的建设，即使是在管理工作岗位上的时候，80% 以上的时间和精力都是投在马哲学科的建设上。我在马哲学科建设上做的工作，归结起来是做了一件事，就是和我的学生们、同事们一起，为探索一条既体现马克思主义的学风，又具有鲜明的南开哲学学科特色的学术道路做了一些努力。为了说明这一点，我先向大家汇报两件事情。一是 2020 年 1 月，人民出版社约稿，要我写一下自己的学术经历；一是在这四个月之后，2020 年 5 月，中国哲学年鉴约稿，他们从这一年起开辟了"学者自述"的新栏目，也是要我写一下自己的学术经历。这两家都是很高端的出版机构，他们不约而同，要我写这种稿子，大概都是希望让更多的人了解南开马哲学科的学术道路，所以，我欣然接受了这个任务。

年鉴约的稿子是文章，限 2 万字，用的题目是"返本开新的哲学之路"。所谓"返本"就是恢复马克思主义哲学的真精神、真面目，说到底，就是返回到原创性学说，返回到学说的创始人，返回到马克思。这样才能有效地剔除后人随意附加于它甚至是蓄意强加于它的东西，而把它的真精神剥显出来。为什么一定要"返本"？这理由很明显也很简单：就是因为有些以马克思主义的名义说话的人实际上是离开了马克思，或者是有些本来宣称自己相信马克思的人，因为受到西方思潮的影响或其他方面的影响，开始怀疑马克思。属于"返本"范畴的，我们主要做了四件事情。第一件事是对"文化大革命"、对"四人帮"进行系统的哲学批判，推进哲学理论上的拨乱反正；第二件事是清理新中国成立以来的哲学思潮（主要是唯意志论和"斗争哲学"）；第三件事是清除以英国哲学家波普和英籍奥地利经济学家哈耶克为代表的国外历史非决定论思潮对中国思想界的影响，系统地论证马克思的辩证的历史决定论，捍卫唯物史观；第四件事是研究哲学教科书体系的改革，消除苏联哲学教科书的消极影响。从 1976 年 10 月开始，到 2007 年 12 月《辩证的历史决定论》一书出版，历时 31 年。这四件事，都是对于直接攻击或歪曲和篡改马克思主义哲学的理论和思潮的批判和清理。都做得比较系统，并出版了各自独立的专著。都基本上属于基础理论的研究。我们对于马克思主义哲学的基础理论研究，也不是去作世界之外的遐想，去写无病呻吟的文章，去发漫无边际的议论，而是牢牢立足于现实的实践，以现实实践中的重大问题或现实的思想斗争、理论斗争中的重大问题为导向的。在"返本"中，在基础理论方面做的主要的工作，是对马克思主义哲学进行了全面的实践论解读，从而全面地确定了实践观点在马克思主义哲学中的核心地位。这是贯穿于整个"返本"过程，贯穿于上述拨乱反正、思想解放、批判历史非决定论、哲学体系改革四项工作之中的一条基本的理论线索。实践观点的核心地位的全面确立，也就意味着马克思主义哲学的实践批判本性的全面回归，这为"开新"准备了最重要的观念前提。所谓"开新"就是开创马克思主义哲学研究的新局面，是新的研究领域的开辟，新的理论、新的观念的创造。这就必须探寻哲学的新的生长点。这个生长点不在书本上，不在历史中，不在任何别的地方，而只能存在于我们时代的现实生活的土壤中。所以，哲学理论创新的前提性的工作，是开辟哲学与现实生活会通的渠道。经过多年的探索，我们认为，社会哲学、政治哲学就是最佳的渠道之一。20 世纪 80 年代中期开始直至现在长达近 40 年之久的社会哲学、政治哲学的研究，就属于"开新"的工作。

"返本开新"是借用了新儒家常用的一个词儿，它同"守正创新"是一个意思，只是针对中国的哲学状况，加了一层分析，那就是说明了，只有经过认真的"返本"，才能有真正的"守正"，才能守住真正的"正"，才能遵循马克思开辟的哲学道路作出理论的创新。

人民出版社约的是书稿，书名是《与时代同行——我的哲学研究之路》。如果说，哲学年鉴的文章是侧重于从哲学研究的理论内容上把握和叙述我们的研究道路，那么，这本书则是侧重于从哲学研究的实践意义上把握和叙述我们的研究道路。我们的研究工作，都是力求适应中国社会发展变革的理论需要，哲学研究的主题是从拨乱反正、思想解放、社会改革、社会转型到国家治理，随着现实实践的深化而不断变换的。在理论内容上，同上述文章是大体一致的，只是篇幅扩大了十多倍。文章列了 6 个专题，书是列了 8 个专题。文章中的"清理新中国成立以来的哲学思潮"拆成了两个题目。清理唯意志论，主要讲了对马克思主义"自由王国"理论的理解；清理"斗争哲学"主要讲了辩证法关于矛盾同一性范畴的规定，都是哲学上的重大问题，都是要改变哲学界的传统解释，而且学术性、思辨性太强，需要讲得细一点。另外，增加了"哲学教材的建设和改革"这个专题。教材建设也是我的十分重要的学术经历，从 1979 年应肖前主编的邀请参加教育部统编教材《辩证唯物主义原理》的编写开始，到我独自编写《马克思主义哲学纲要》及其修订本，到协助肖前教授主编作为高校马哲博士点联合攻关成果的《马克思主义哲学原理》（上下册），再到组织我们南开的学术团队编写的"九五"国家教委重点教材《马克思主义哲学高级教程》，历时 22 年。都是全国性教材，都是适应于中国现代化的历史需要，也是与时代同行的。

实际上，还有第三种叙述线索，那就是从学科建设的角度把握和叙述我们的研究道路。从这个角度说的话不宜在上述的文章和书里讲得太多，但最适合于今天的场合，最适合于在南开内部讲话。从学科建设的角度，我们的工作归结于一点，就是着力打造南开马哲的学科特色，或采取更哲学一点的说法，是塑造南开哲学的学术个性。我认为在南开这样的学校，至少是一些重要的大学科都应当经过几十年或更长时间的持续努力，形成自己的学术传统。而要形成学术传统，塑造它的鲜明的学术个性是绝对必需的，否则是谈不上所谓学术传统的。在我还比较年轻的时候，在我开始掌管这个学科的时候，就已经朦朦胧胧地有了这种意念。哲学系重建时的系主任、我们的老前辈温公颐先生常向青年教师传授他的治学经验。我印象最深的是两条。一是他说船要停靠大码头，码头大了好掉头。二是说要有自己的特长，让别人不可取代。温老讲的就是要不断创新，要创造自己的学术个性。老人家讲的是学者个人，其实对于学科的建设也有启发。但温先生的学科是逻辑学，我必须从马克思主义哲学学科的角度去解读。让船便于掉头，是说的要随时准备开启新的航程，驶向新的目标，在高校做个教师不能抱着一部讲稿吃一辈子。这话在当时是很有针对性的。至于码头，我觉得像南开大学这样的"码头"够大的了。如果你踏踏实实只想做一个学者，没有其他的雄心大志的话，如果单就学术研究、学科发展来说，只要路子走得对，只要肯努力，在这里想做成什么事都没有不可越过的障碍。所以，我想对温老的话做点小小的修改，应当改成要把研究的平台做大。什么样的平台最大？对于哲学的研究来说，就是面对自己的时代，面对时代的问题，让哲学活跃在自己时代的舞台上。没有比这更大的平台了。在温老的启发下，得到这样一种认识非常非常重要。后来，哲学研究、学科发展过程中发生的许多事情，都让我的思路向这种认识靠近、集中，并由此而形成了马哲学科建设的许多重要观念，例如，哲学应是根植于现实生活的终极关怀，必须更新哲学的研究范式，大力推进哲学研究的实践转向，必须确立哲学研究的完全的问题意识，哲学应当以哲学的方式为现实服务，应当逐步完善马克思主义哲学的学科体系、学术体系，以及关于领域哲学的观念，包括近代体系哲学无可挽回地终结以后，第一哲学必然以领域哲学的形式表达这样一种观念，等等。这些观念汇到一起，就是我们选定社会哲学、政治哲学的研究方向的观念依据。

20 世纪 80 年代中期，我们就开始了社会哲学的研究。1984 年底，教育部在广州召开了一个有各高校哲学系主任参加的哲学教育改革座谈会，在会上高教司司长提出大学哲学系应当开设"当代中国哲学"的课程。这个意见同我的看法非常一致。我认为我国哲学教育存在的最严重的问题就是脱离当代中国实际。在革命战争时代，毛泽东同志曾批评"教哲学的不引导学生研究中国革命的逻辑"，我说现在应当批评的是"教哲学的不引导学生研究中国现代化的逻辑"。党的十一届三中全会以后，停止了"以阶级斗争为纲"，转为"以经济建设为中心"，这是一个历史时代的转折。现时代的主要的时代内容和时代特征就是推进中国的社会主义现代化，这是时代的主题，也是哲学的主题。广州会议后，我决心一定建设好这门课程，并以"中国社会主义现代化的哲学思考"为题，申报了国家教委"七五"规划项目。《当代中国社会哲学》这本书就是这个项目的最终成果。从这以后，我们的哲学研究的主要内容或者说哲学研究的主题就是探讨中国社会主义现代化的逻辑。把它叫作"社会哲学"或"政治哲学"，是因为我们是学校、是教育单位，我们的研究工作是纳入了教学体制的，因此，是要明确它的学科归属的。如果从研究内容来说都是研究中国式现代化的逻辑，是不是叫"社会哲学"并不重要。我们后来的社会哲学研究是把当代中国的社会转型作为切入点的，并且出版了由我和王南湜主编的"社会哲学研究丛书"（10 卷），实际上就是一套当代中国社会转型理论的丛书。但这套丛书有两次险些被砍掉，因为有人不赞成"社会转型"这个提法。我的解释是：社会转型指的是由传统社会向现代社会转型、由农业社会向工业社会转型、由前市场经济社会向市场经济社会转型，就是从社会结构的变化这个角度讲的现代化。西方主要资本主义国家或叫"先发"国家是在资本主义条件下即通过资本主义的道路实现了这个转型，我们是在社会主义条件下即通过社会主义的道路实现这个转型，没有任何理由或依据把它理解为由社会主义社会向资本主义社会转型。这正是中国社会转型的特殊性所在，是中国式现代化的特殊性所在，是我们的哲学必须给予特别关注的理由所在，这套丛书由山西教育出版社出版，可以说"巷子"够深的了，但出版后很快销售一空。说明这种研究适应了中国社会发展变革的理论需要，说明了有些朋友的担心是多余的。政治哲学的研究重点也是当代中国政治建设的道路，其代表性的著作之一，是由我和王新生、闫孟伟主编的"新时代政治思维方式研究"丛书（8 卷），最近已由人民出版社出版。主题是"国家治理现代化和政治思维方式的更新"，还是从政治建设的角度讲的现代化。

不同的是，20 世纪 90 年代以后，社会哲学的研究纳入了学科建设的范畴。我们是于 1993 年把社会哲学确定为主要博士研究方向的，

2003 年又把社会哲学的研究收缩、集中到政治哲学方向，也是在我国最先把政治哲学作为主要博士研究方向的，2006 年申报国家重点学科时，是把政治哲学作为最重要的学科支撑点的。纳入学科建设的范畴，事情就复杂多了。其中最重要的问题是说明社会哲学或政治哲学是否属于马克思主义哲学的学科体系的一部分。开展社会哲学、政治哲学的研究，集中地体现了南开马哲学科的学术个性，但个性不能脱离共性而存在。如列宁所说"个别一定与一般相联而存在"。脱离马克思主义哲学的共性，它就不是马克思主义的社会哲学或政治哲学。关于这个问题，我们写过不少文章。尤其在政治哲学方面，这个问题显得更突出一些。今天因为时间关系不能再讲下去了。在不久前的"新时代政治思维方式研究丛书"的发布会上，我在发言中已经讲得比较详细。

总之，南开马哲学科的学术研究，如我的那本书的书名所标示的，是密切结合时代的现实实践，紧跟时代的步伐前行的。哲学在反映时代、引领时代、塑造时代的同时，也实现了它自身的时代化，使之真正成为"时代精神的精华"。所以，应当说，这条哲学道路就是一条推进马克思主义哲学中国化时代化的道路。我们的研究水平可能不高，但这个研究道路、研究方向无疑是正确的。今天哲学院举办这个纪念仪式，给我一个这么好的机会向校友们汇报我的学术经历，这让我非常开心。我最为开心的是这个活动可能有助于鼓励我的学生们、南开马克思主义哲学学科的后继者们继续坚持这条我们共同开拓的学术道路。这也是我所理解的院庆活动的意义所在。

谢谢大家！

后　记

2020 年初，人民出版社约我写一下自己的学术经历，这是对我的莫大信任和鼓励。这个要求同我自己的想法非常吻合，我本来也想好好总结一下自己的学术研究。几年前曾写过一个回忆录《我的哲学人生》，作为哲学文集的第八卷于 2017 年由南开大学出版社出版。那本书主要讲事，只是涉及学术，所以总有言犹未尽之感。现在这本书讲哲学研究经历，则改变了侧重点，主要讲学术，事只是作为背景涉及。

我的哲学研究经历平淡无奇，如果一定要讲什么特点的话，可以勉强说出这么三点：其一是力求适应中国社会发展变革的理论需要，哲学研究的主题是从拨乱反正、思想解放、改革开放、社会转型到国家治理，随着现实实践的发展而不断变换的，是紧跟中国社会发展变革的步伐前行的。主要正是因为这一点，我把本书的书名定为《与时代同行——我的哲学研究之路》。其二是有明确的问题意识。对于现实问题的哲学研究自不必说，即使对于哲学基础理论的研究也是有明确的问题意识引导的。除了主编过两部学术资料性的著作和在教材建设的早期按照传统的框架编写过一本哲学教科书以外，我几乎没有写过那种无的放矢、无病呻吟的文章。三是，主要由于上述两点，我的研究工作自始至终都伴随着不同性质、不同形式的理论争鸣。

按照历史顺序，我把自己哲学研究的主要内容列了八个专题，大体上可以将其归纳为三大块。第一大块是对与马克思主义哲学对立的哲学思潮的回击和清理。这主要包括"哲学理论上的拨乱反正"和"历史哲学研究"两个专题。"哲学理论上的拨乱反正"叙述的是对"四人帮"哲学的系统批判,"历史哲学研究"主要是对以英国哲学家波普和英籍奥地利经济学家哈耶克等为代表的历史非决定论思潮的批判。这是近几十年里直接攻击或歪曲和篡改马克思主义哲学并对我国思想界产生了广泛影响的最重要的两股哲学思潮。我在《"四人帮"哲学批判》的绪论里说:"往往在政治上的斗争结束以后许久许久,人们还可以在哲学的领域里听到这次斗争留下的回声。"事实果真如此。"四人帮"在"文化大革命"中煽起的那股哲学思潮的流毒并没有彻底肃清。随着岁月的流逝,随着亲历了"文革"的那一代人的陆续离去,那场民族的灾难及酿成灾难的思想理论也会在人们的记忆中模糊起来,因而在某种特定的条件下死灰复燃也不是绝对不可能的。对于历史非决定论思潮的影响,也有一些特别值得重视的情况。在一个时期里,这种思潮在思想界的影响所涉及的人数恐怕不是一个微不足道的少数,加上决定论的问题在理论上也确有不少难点,因此,虽不明确反对历史决定论但心存疑惑的更是大有人在。这种影响至今也没有完全消除。出于这些考虑,对这两个专题的叙述用的篇幅最大,远远超过了其他专题。这是本人有意为之,目的是尽可能多的为后人留下些历史的思想资料。

第二大块,是对马克思主义哲学的一些重要概念、理论乃至整个解释框架的新理解。这一块包括"哲学教材的建设和改革"、"马克思主义哲学的实践论解读"、"马克思主义'自由王国'理论的新理解"、"辩证法矛盾学说的新理解"等四个专题。这一块中的问题多是在学习中发生的。当我带着自己所关注的问题再次向马克思主义的经典著作请教时,发现原来的理解不符合经典著作的原意。新见解的提出,自然会引起学界的争论。这种争论是不可避免也无须避免的。这是马克思主义哲学工作者内部的争论。就我来说，实际上是我的现在和过去之间的争论。我在争论中的基本态度是自信而不自负。对于自己的见解的评判以及对于别人的评判的评判，都严格地以马克思主义经典作家的系统论述为依据。

第三大块是开拓马克思主义哲学研究的新领域，主要包括"社会哲学研究"、"政治哲学研究"两个专题。关于社会哲学的争论主要是在学科观念上的争论，而关于政治哲学的争论则主要在研究方法或研究路向方面，当然也还涉及一些同学科观念上的分歧相关的问题。这些领域的研究更加具有明显的探索性，因此，我对于这些争论更加抱着热情欢迎的态度，力争在争论中推进研究。从学科建设角度说，社会哲学、政治哲学作为马克思主义哲学的分支学科，也有可能在基于深思熟虑的争论中走向成熟。

书稿写完以后，我体会到，总结也是一种再创造，是一种理论上的升华。这种"升华"的突出体现，就是更为深入地把握到了各相关专题的研究成果在理论内涵上的相互贯通及其内在联系。例如，马克思主义哲学的主体性维度曾经是一个备受争议的话题，我在这本书里通过总结这些年的研究，应该说是给出了更为系统的回答。在"马克思主义哲学的实践论解读"专题里说：马克思的哲学变革循着《关于费尔巴哈的提纲》的思路，是要在实践观点的基础上重建哲学的主体性维度；说明以一种同客观性相统一的现实的主体性原则同唯心主义的抽象的主体性原则相区别、相对立，大有利于抵御唯心主义的进攻，大有利于把唯物主义的哲学路线坚持到底。后来在"历史哲学研究"的专题里基本的叙述线索就是说明辩证的历史决定论也是对唯物史观的实践论解读，解读的结论就是辩证的历史决定论乃历史决定论和历史选择论的统一，亦即历史规律对历史主体的客观制约性与历史主体的价值选择的统一。坚持和阐明这个统一，就使历史非决定论者对唯物史观的攻击没有了任何"理由"（即借口）。在"政治哲学研究"的专题里，说明把主体性维度、价值论维度引进历史观，使学界关于唯物史观和政治哲学的关系的误解也得以澄清。传统教科书解释的历史唯物主义是排除了价值论维度的，而以规范性研究为特征的政治哲学则要求把握事实与价值的统一，因而有些学者认为唯物史观和政治哲学是两种无内在关联的话语体系。按照对唯物史观的新的解读就可以说明，建构政治哲学的话语体系不是要放弃历史唯物主义的话语，而正是要保持和强化历史唯物主义所固有的话语优势。

作为哲学研究经历的一个总结，在对以往研究成果的叙述上自然会有些重复，但这不是简单的重复。因为是在与当时不同的另一种语境下述说，所以叙述重点的确定、叙述内容的选取和叙述方式的调整都需考虑如何适合于新的语境。有些内容还根据现在的思考作了必要的补充。

这本书既是对我个人学术经历的一个总结，在一定意义上也是对我所在的南开大学马克思主义哲学学科研究经历的一个总结。1986年南开马哲学科建立博士点后，有了稳定的学术团队，而且这个团队日益壮大，做的课题也越来越大。我的研究工作不再是单枪匹马，而是一种学科群体的行为了。许多课题的主要工作是我的学生们做的。他们也在这种合作研究中成长起来，成熟起来，许多人已成为我国马克思主义哲学学科的重要学术骨干甚至是领军人物。这是同理论成果一样重要的成果。

回顾近半个世纪的学术经历，最让我感到荣幸和高兴的事情之一，是我的第一本著作和最后一本著作都是在人民出版社出版的。中间还出版了我参与的两本，还有近几年我主编的两套丛书也将与现在写的这本书几乎同时在此出版。对于人民出版社几十年来始终如一的支持，我由衷地感谢！

最后，我要对本书的责任编辑、马列部主任崔继新先生为这本书的出版付出的心血表示最诚挚的谢意！

2021 年 12 月于南开园

责任编辑：崔继新

装帧设计：汪　莹

图书在版编目（CIP）数据

与时代同行：我的哲学研究之路 / 陈晏清　著 . — 北京：人民出版社，
　　2023.9

ISBN 978 - 7 - 01 - 025894 - 2

I. ①与… 　 II. ①陈… 　 III. ①社会哲学－研究 　 IV. ① B0

中国国家版本馆 CIP 数据核字（2023）第 159063 号

与时代同行

YU SHIDAI TONGXING

——我的哲学研究之路

陈晏清　著

人 民 出 版 社 出版发行

（100706　北京市东城区隆福寺街 99 号）

北京新华印刷有限公司印刷　新华书店经销

2023 年 9 月第 1 版　2023 年 9 月北京第 1 次印刷

开本：710 毫米 × 1000 毫米 1/16　印张：20.5

字数：251 千字

ISBN 978 - 7 - 01 - 025894 - 2　定价：138.00 元

邮购地址 100706　北京市东城区隆福寺街 99 号

人民东方图书销售中心　电话（010）65250042　65289539